suhrkamp taschenbuch
wissenschaft 2150

Wäre ein unendliches Leben nicht auch unendlich langweilig? Die Annahme, die menschliche Sterblichkeit sei Voraussetzung eines wünschenswerten Lebens, ist weit verbreitet. Aber lässt sie sich auch halten? Marianne Kreuels setzt sich mit den verschiedenen Argumenten für diese Position auseinander, wie sie unter anderem von Bernard Williams und Martha Nussbaum vorgebracht wurden, und zeigt, dass sie allesamt nicht überzeugend sind. Anhand zahlreicher anschaulicher Gedankenexperimente arbeitet sie in ihrem scharfsinnigen Essay heraus, dass auch ein unendliches Leben ein wünschenswertes Leben sein kann, das sich – abgesehen natürlich von seiner Länge – nicht vom Leben eines Sterblichen unterscheiden muss.

Marianne Kreuels war Mitarbeiterin am Philosophischen Seminar der Universität zu Köln und ist derzeit als freie Autorin und Lektorin tätig.

Marianne Kreuels

Über den vermeintlichen Wert der Sterblichkeit

Ein Essay in analytischer Existenzphilosophie

Suhrkamp

Bibliografische Information der Deutschen Nationalbibliothek
Die Deutsche Nationalbibliothek verzeichnet diese Publikation
in der Deutschen Nationalbibliografie; detaillierte bibliografische Daten
sind im Internet über http://dnb.d-nb.de abrufbar.

suhrkamp taschenbuch wissenschaft 2150
Erste Auflage 2015

Umschlag nach Entwürfen
von Willy Fleckhaus und Rolf Staudt
Druck: Druckhaus Nomos, Sinzheim
Printed in Germany
ISBN 978-3-518-29750-6

Inhalt

Danksagung

Bei der Entstehung dieses Buches haben mich mehrere Personen unterstützt, bei denen ich mich an dieser Stelle gerne bedanken möchte.

Zuallererst geht mein ganz herzlicher Dank an Prof. Dr. Thomas Grundmann für seine unermüdliche und unersetzliche Unterstützung seit Beginn meines Studiums und für die ausgezeichnete Betreuung meiner Promotion. Ohne seine Förderung in den letzten neun Jahren hätte ich dieses Buch aus unzähligen Gründen nicht geschrieben.

Privatdozent Dr. Héctor Wittwer hat mir insbesondere in der Anfangsphase meiner Arbeit mit vielen Ratschlägen geholfen, wofür ich mich ebenfalls herzlich bedanke. Susanne Mantel danke ich sehr für ihre äußerst hilfreichen Hinweise zum dritten Kapitel dieses Buches.

Prof. Dr. Andreas Hüttemann, Prof. Dr. Dr. h. c. Andreas Speer und der a.r.t.e.s. Forschungsschule in Köln danke ich für die Betreuung meiner Promotion. Bei Eva Gilmer und Jan-Erik Strasser vom Suhrkamp Verlag bedanke ich mich herzlich für die Unterstützung bei der Realisierung dieses Buches.

Für inhaltliche und freundschaftliche Unterstützung danke ich vor allem Anna Rosenbaum, die mir mit zahlreichen Verbesserungsvorschlägen in vielen Gesprächen sowie mit der Korrektur des gesamten Manuskriptes sehr geholfen hat, und meinem guten Freund Lars Weisbrod, der mich immer darin bestärkt hat, das Projekt einer analytischen Existenzphilosophie weiterzuverfolgen.

Der nachfolgende Text wurde im Wintersemester 2013/2014 von der Philosophischen Fakultät der Universität zu Köln als Dissertation angenommen.

Köln, im Juli 2014

1. Einleitung: Sterben, Tod und Sterblichkeit

Der Tod ist die radikalste Bedrohung der menschlichen Existenz. Insofern ist es nicht verwunderlich, dass der Tod und seine Bewertung seit jeher Gegenstand philosophischer Betrachtung sind. Schon Platon stellt im *Phaidon* fest, zu philosophieren bedeute, sich mit dem Sterben auseinanderzusetzen,[1] und Sophokles lässt den Chor in *Ödipus auf Kolonos* konstatieren: »Nie geboren zu sein, ist der / Wünsche größter; und wenn du lebst, / Ist das andere, schnell dahin / Wieder zu gehen, woher du kamest.«[2]

Neben begrifflichen oder ethischen Problemen sind für Philosophen solche Fragen von Interesse, die das menschliche Verhältnis zu Tod und Sterblichkeit betreffen. Dazu gehören Fragen wie diejenige, ob es sich beim Tod um ein Übel für den Betroffenen handelt und, damit zusammenhängend, ob es rational ist, den eigenen Tod zu fürchten. Die Frage nach der Bewertung des Todes bleibt gleichermaßen aktuell, obwohl sich viele Rahmenbedingungen der menschlichen Existenz und auch des menschlichen Todes verändert haben und noch verändern. Dies gilt auch für die Bewertung eines radikal verlängerten Lebens bis hin zur vollständigen Aufhebung der Sterblichkeit.

Gegenüber anderen Fragen innerhalb der philosophischen Thanatologie – der philosophischen Auseinandersetzung mit Tod und Sterben – zeichnet sich die Frage, ob die Unsterblichkeit eine wünschenswerte Alternative zum sterblichen Dasein wäre, in besonderem Maße dadurch aus, dass ihre Beantwortung nicht nur die Auseinandersetzung mit dem Tod, sondern vor allem die Auseinandersetzung mit dem menschlichen *Leben* und dessen Wert erfordert. Die Relevanz dieser Frage nach der Attraktivität der Unsterblichkeit lässt sich insbesondere aus zwei Perspektiven begründen. Erstens kann der Wunsch, nicht sterben zu müssen, nicht nur aus der Angst vor dem eigenen Tod, sondern auch aus der Sehnsucht erwachsen, mehr Zeit für all das zu haben, womit man sich in seinem Leben beschäftigen will. Zweitens werfen die bereits

1 Vgl. Platon, *Phaidon*, in: ders., *Werke in acht Bänden*, hg. v. Gunther Eigler, Band 3, Darmstadt 1974, S. 35 (67d).

2 Sophokles, *Ödipus auf Kolonos*, Freiburg i. Br. 1948, S. 101 (1224-1227).

existierenden sowie die in absehbarer Zeit eventuell zur Verfügung stehenden technologischen Möglichkeiten, das menschliche Leben zu verlängern, die Frage auf, inwiefern eine Verlängerung des Lebens für den Betroffenen eigentlich wünschenswert ist. Während nämlich einerseits die Sehnsucht nach einem möglichst langen Leben oder sogar nach der Unsterblichkeit ein für das menschliche Denken wesentliches Moment darstellen kann, so wird doch andererseits immer wieder dafür argumentiert, dass dem menschlichen Leben ohne dessen Endlichkeit etwas Wesentliches verloren ginge. Um Argumente für und wider diese beiden Perspektiven geht es im vorliegenden Buch.

1.1 Die Frage nach dem Wert der Sterblichkeit

Die Argumente, die im Folgenden untersucht werden sollen, beschäftigen sich also mit der Frage, ob die Sterblichkeit eine notwendige Bedingung für ein attraktives menschliches Leben ist. Oder andersherum: Kann ein unendliches, unsterbliches Leben auch ein gutes Leben sein?

Um die Implikationen dieser Frage zu verstehen, stellen wir uns eine lebenslustige junge Frau namens Alise vor.[3] Alise trifft eines Tages auf eine ältere Dame, die ihr eine kleine Schachtel zusteckt. Diese Schachtel enthält, wie die alte Frau ausführt, eine Tablette, die denjenigen, der sie einnimmt, unsterblich macht. Alise glaubt einerseits nicht recht an derartigen Zauber, ist andererseits aber doch zu neugierig, um die Schachtel einfach wegzuwerfen. Sie trägt sie einige Wochen in ihrer Manteltasche mit sich herum.

Eines Nachts geht sie nach einem Abend, den sie zusammen mit ihren Freunden verbracht hat, nach Hause. Sie denkt an die Endlichkeit und Kürze ihres Lebens und daran, wie schnell die Zeit vergeht, die sie mit den Menschen verbringen kann, die sie liebt. Schon in einigen Jahrzehnten werden nicht nur alle ihre Freunde, sondern auch sie selbst sterben müssen. Viele unzusammenhängende Gedanken schießen ihr durch den Kopf: Werden meine Kinder alleine zurechtkommen, meinen Körper wird man in der

3 Dieser sowie alle anderen in diesem Buch verwendeten Eigennamen sind einem Roman von Boris Vian entliehen. Vgl. Boris Vian, *Der Schaum der Tage*, Frankfurt/M. 1979.

Erde verscharren, ich werde nie wieder Rad fahren, nie wieder bei Regen auf der Terrasse Rotwein trinken, wie fühlt es sich an, tot zu sein? Ohne länger zu zögern, greift Alise in ihre Tasche, öffnet die Schachtel und schluckt die kleine, schillernde Tablette.

In den folgenden Jahren lebt Alise ihr Leben weiter wie bisher. Da sich nichts verändert, vergisst sie die alte Frau und die Tablette nach und nach. Wenn sie in seltenen Momenten doch einmal daran denkt, lächelt sie über ihre eigene Einfältigkeit. Im Lauf der Zeit lernt sie neue Menschen kennen, ihre Kinder werden langsam erwachsen, und auch sie selbst altert. Ihre Interessen verändern sich, aber sie genießt ihr Leben noch immer in vollen Zügen. Im Alter von etwa sechzig Jahren jedoch bemerkt Alise eine irritierende Veränderung an ihrem Körper: Er hat *aufgehört*, sich zu verändern. Nach einigen weiteren Jahren besteht kein Zweifel mehr daran, dass Alise aufgehört hat zu altern. Mit beinah siebzig Jahren scheint sie äußerlich im selben Alter zu sein wie ihre beiden Kinder.

In der Zwischenzeit sind nicht nur Alises Kinder und Enkelkinder gealtert, sondern auch viele ihrer Freunde verstorben. Nach einigen weiteren Jahren ist niemand mehr übrig, den Alise schon seit ihrer Jugend kennt. Zwar macht sie neue Bekanntschaften und schließt auch die eine oder andere neue Freundschaft, jedoch entfremdet sie sich nach und nach von der sie umgebenden Welt, an der sie zunehmend das Interesse verliert. Unternimmt sie den Versuch, jemandem von ihrer Lebensgeschichte zu erzählen, wird sie zunächst verspottet. Merken ihre Bekannten aber, dass Alise tatsächlich nicht mehr älter wird, wenden sie sich in der Regel von ihr ab. Die wenigen Personen, mit denen sie noch immer eine echte Freundschaft verbindet, begleitet Alise bis zu deren Tod. Schlussendlich frustriert das Sterben ihrer Freunde Alise so sehr, dass sie überhaupt keine Beziehungen mehr eingeht und das Interesse an ihren Mitmenschen vollends verliert. Sie fühlt sich nicht mehr zugehörig und empfindet keine Sympathie, kein Mitgefühl, keine moralischen Verpflichtungen mehr.[4]

4 Ähnlich den Unsterblichen in Jorge Luis Borges' Erzählung »Der Unsterbliche« ist sie zu altruistischen Handlungen aus Mitleid nicht mehr fähig. Vgl. Jorge Luis Borges, »Der Unsterbliche«, in: ders., *Die Bibliothek von Babel*, Stuttgart 1974, S. 3-20, hier S. 15 f. Während Borges' Unsterbliche keine *Dringlichkeit* verspüren, jemand anderen aus einer unangenehmen Lage zu befreien, verliert Alise ganz grundsätzlich den Wunsch, anderen Menschen zu helfen.

Die Beerdigungen ihrer beiden Kinder, die sie aus einiger Entfernung beobachtet, tragen zu ihrer Distanz zur Welt und zu den Menschen bei. Denn obwohl sie einerseits den Verlust ihrer Kinder kaum erträgt, ist sie andererseits kein Teil der Generation ihrer Enkel, die sich um die Gräber von Alises Kindern versammelt. Die uralte Alise fühlt sich – vergleichbar mit Fosca, dem unsterblichen Protagonisten aus Simone de Beauvoirs Roman *Alle Menschen sind sterblich*[5] – unter den Lebenden zunehmend wie eine Tote. Nach und nach verliert sie nicht nur das Interesse an ihren Mitmenschen, sie verliert – obwohl ihr Gehirn keinerlei Altersschädigungen aufweist – Stück für Stück ihre frühen Erinnerungen und damit ihre Persönlichkeit.[6] Die Dinge, die ihr früher Freude bereitet haben – Spiele, Gespräche, Kunst, Literatur, Sport, Reisen –, verlieren ihren Reiz, alles wird ihr gleichgültig. Ihr Charakter beginnt, sich aufzulösen, ihr Verhalten ergibt kein stimmiges Gesamtbild mehr, sie handelt in jedem Moment ihren Launen entsprechend. Kein Moment ist ihr mehr wert als irgendein anderer, ihr Leben wird zu einer Aneinanderreihung gleichförmiger Tage ohne jede Form oder Dramaturgie.

Als sie das Elend ihres unsterblichen Daseins nicht mehr länger erträgt, versucht Alise, ihr Leben zu beenden, und stürzt sich von einem Hochhaus; doch ihre Verletzungen heilen innerhalb von Stunden.[7] Einige weitere erfolglose Versuche, sich selbst zu töten, folgen, bis Alise schließlich erkennt, dass sie ihr unerträgliches Dasein bis in alle Ewigkeit fortsetzen muss. Die Unsterblichkeit erweist sich als Fluch.

5 Vgl. Simone de Beauvoir, *Alle Menschen sind sterblich*, Reinbek 1970.

6 Darin ähnelt sie den unsterblichen Struldbrugs aus dem dritten Teil von Jonathan Swifts Roman *Gullivers Reisen*. Vgl. Jonathan Swift, *Gullivers Reisen*, Frankfurt/M. 1974. Aufgrund der fortschreitenden Alterung verlieren die Struldbrugs allerdings nicht nur ihre Interessen und ihre Persönlichkeit, sondern auch nahezu alle ihre Fähigkeiten. Auch David Lewis' 969-jähriger Methusalem verändert sich im Laufe seines Lebens so stark, dass er nicht mehr als dieselbe Person bezeichnet werden kann. Vgl. David Lewis, »Überleben und Identität«, in: Ludwig Siep (Hg.), *Identität der Person. Aufsätze aus der nordamerikanischen Gegenwartsphilosophie*, Basel, Stuttgart 1983, S. 68-95, hier S. 83.

7 Über Unsterblichkeit, gepaart mit einer solchen Fähigkeit zur körperlichen Wiederherstellung, verfügt zum Beispiel H. P. Lovecrafts Cthulhu, ein im Pazifik versunkenes riesenhaftes Monster, dessen Kopf sich regeneriert, nachdem ein Schiff hindurchgefahren ist. Vgl. Howard Phillips Lovecraft, »Cthulhus Ruf«, in: *Cthulhu. Geistergeschichten*, Frankfurt/M. 1972.

Alises Geschichte scheint uns zu sagen: Auch wenn der Wunsch nach dem unendlichen Leben auf den ersten Blick verständlich ist, handelt es sich bei der Sterblichkeit bei genauerer Betrachtung um eine »wunderbare Tatsache«,[8] die – um den Preis unseres Todes – verhindert, dass wir ein Leben wie Alise führen müssen. Entsprechend fasst der amerikanische Wissenschaftler Leon Kass zusammen: »Die Endlichkeit ist ein Segen für jedes menschliche Wesen, ob es das weiß oder nicht.«[9]

Die unerträglichen Konsequenzen der Unsterblichkeit werden in Literatur und Film, aber auch in der Philosophie[10] immer wieder drastisch ausgemalt. Die Sterblichkeit, so eine verbreitete Meinung, sei eben die Bedingung dafür, dass das Leben ein »abgeschlossenes Ganzes« und jeder Moment dieses Lebens wertvoll sei. Zudem sei die Begrenztheit der Lebenszeit die notwendige Bedingung verschiedener Werte und Tugenden, Voraussetzung des Willens zur Gestaltung des eigenen Lebens oder notwendige Bedingung für die menschlichen Präferenzen und/oder die individuelle Persönlichkeit. Dieses Bündel von Annahmen, die alle in eine ähnliche Richtung weisen, werde ich in den folgenden Kapiteln unter die Lupe nehmen. Dabei wird sich herausstellen, dass keines der Argumente schlussendlich überzeugen kann: Die Sterblichkeit scheint *keine notwendige Bedingung* der genannten Aspekte des Lebens zu sein. Die untersuchten Argumente sprechen also nicht dafür, dass ein unsterbliches Leben zwangsläufig unerträglich und qualvoll wäre; somit sprechen sie nicht gegen eine radikale Verlängerung der menschlichen Lebenszeit bis hin zur Eliminierung der Sterblichkeit. Wenn ich darin recht habe, dann scheint die Sterblichkeit nicht konstitutiv für den subjektiven Wert des menschlichen Lebens zu sein.[11]

8 Peter Koestenbaum, *Is There an Answer to Death?*, Englewood Cliffs, London 1976, S. 76. Alle englischsprachigen Zitate in diesem Buch wurden, sofern keine Übersetzung vorlag, von mir ins Deutsche übersetzt.

9 Leon Kass, »L'Chaim and its Limits: Why not Immortality?«, 2001, ⟨http://www.firstthings.com/article/2001/05/lchaim-and-its-limits-why-not-immortality⟩, letzter Zugriff 31. 5. 2013.

10 Eine für die gegenwärtige Debatte besonders einflussreiche philosophische Darstellung diesseitiger Unsterblichkeit stammt aus Bernard Williams' Aufsatz »Die Sache Makropulos«. Ich diskutiere Williams' Argument im zweiten Kapitel.

11 Dadurch ist nicht ausgeschlossen, dass *andere* Argumente für den Wert der Sterblichkeit gefunden werden können. Solche Argumente sind mir jedoch

Ich setze mich in diesem Buch also kritisch mit einer Reihe von Argumenten auseinander, die behaupten, dass die Sterblichkeit aus dem einen oder anderen Grund essenziell für ein wünschenswertes menschliches Leben sei. Bei der Frage, was ein wünschens- oder lebenswertes Leben ausmacht und worin der Wert eines Lebens für die individuelle Person besteht, handelt es sich um eine Frage, deren Antwort keineswegs selbstverständlich ist und die demnach selbst der philosophischen Diskussion bedarf. Diese Diskussion kann ich im Rahmen dieses Essays jedoch nicht leisten. Ich werde also weder eine positive Bestimmung des Wertes des menschlichen Lebens vornehmen noch selbst eine ausgearbeitete Theorie darüber vertreten, welches Leben für eine Person *wünschenswert* wäre. Mir geht es vielmehr darum, zu zeigen, dass die Sterblichkeit nicht notwendigerweise mit denjenigen Eigenschaften des menschlichen Lebens zusammenhängt, die wir für *gewöhnlich* als Bestandteile eines wünschenswerten Lebens ansehen und/oder die von den Vertretern des jeweiligen Argumentes als solche betrachtet werden. So gehen zum Beispiel Vertreter des in Abschnitt 4.4 nachgezeichneten *Authentizitätsarguments* davon aus, dass es sich bei der Authentizität um eine Eigenschaft handelt, die für ein wünschenswertes Leben von Bedeutung ist. Diese Annahme kann natürlich angezweifelt werden. In Bezug auf die Frage, was ein wünschenswertes, ein attraktives menschliches Leben schlussendlich tatsächlich auszeichnet, bleibe ich im Rahmen dieses Buches jedoch neutral. Stattdessen konzentriere ich mich ausschließlich auf die Frage, wie der Zusammenhang zwischen der Sterblichkeit und dem jeweils infrage stehenden Aspekt des menschlichen Lebens beschaffen ist und ob er *notwendigerweise* besteht.

Die Untersuchung dieser Frage fällt in einen Forschungsbereich, den ich als *analytische Existenzphilosophie* bezeichne.[12] Darunter

nicht bekannt. Die hier diskutierten Argumente scheinen erstens am häufigsten (implizit oder explizit) vertreten zu werden und zweitens die stärksten bisher ersonnenen zu sein.

12 Diese Bezeichnung ist bisher nicht gebräuchlich. Mir ist nur eine Verwendung des Ausdrucks »analytic existentialism« als Bezeichnung für die Auseinandersetzung mit den existenziellen Phänomenen des menschlichen Daseins aus der Perspektive der analytisch orientierten Gegenwartsphilosophie bekannt – der Philosoph David Benatar argumentiert unter diesem Schlagwort dafür, dass auch und insbesondere die grundlegenden Fragen der menschlichen Existenz mit begrifflicher und argumentativer Klarheit beantwortet werden müssen. Vgl.

verstehe ich die Auseinandersetzung mit bestimmten inhaltlichen Fragen – nämlich solchen, die die existenziellen Phänomene des menschlichen Daseins wie etwa den Tod betreffen – unter Verwendung der Methoden der analytischen Philosophie. Im weiten Sinne analytische Methoden[13] wie begriffliche Klarheit und präzise Argumentation können bei den genannten Fragen einen wichtigen Beitrag leisten. So finden sich etwa Ideen und Argumente, die für die Beantwortung existenzphilosophischer Fragen relevant sind, keineswegs nur in der analytischen, ja nicht einmal nur in der dezidiert philosophischen Literatur. Die analytische Herangehensweise kann und soll hier dazu dienen, verschiedenste Ideen für die Diskussion nutzbar zu machen, indem sie diese in eine einheitliche philosophische Terminologie übersetzt, systematisiert und anschließend bewertet.

Die Analyse der verschiedenen Argumente für den Wert der Sterblichkeit erfolgt in den Kapiteln zwei bis fünf, die trotz zahlreicher inhaltlicher Bezüge und teils verwandter Argumentationen[14] prinzipiell unabhängig voneinander gelesen werden können. Jedes dieser Kapitel untersucht jeweils ein Argument beziehungsweise eine Reihe verwandter Argumente, die auf verschiedene Arten nachzuweisen versuchen, dass die Sterblichkeit konstitutiv für den Wert des menschlichen Lebens ist. Im zweiten Kapitel untersuche ich den Zusammenhang der Sterblichkeit mit der menschlichen Persönlichkeit, indem ich mich damit beschäftige, ob eine Unsterbliche früher oder später in existenzieller Langeweile versinken würde und in welcher Weise die Sterblichkeit die Persönlichkeitsentwicklung von Menschen beeinflusst. Im Zentrum des dritten Kapitels steht der Einfluss der Sterblichkeit auf die eigene Lebensgestaltung – insbesondere in Hinblick auf die Fragen, ob

David Benatar, »Introduction«, in: ders. (Hg.), *Life, Death, and Meaning. Key Philosophical Readings on the Big Questions,* Lanham 2009, S. 1-17, hier S. 1-3.

13 Demgegenüber kennzeichnen im *engen* Sinne analytische Methoden, die sich insbesondere auf die Sprachanalyse fokussieren, bestimmte philosophische Strömungen der ersten Hälfte des 20. Jahrhunderts. Vgl. zu dieser Unterscheidung und zu den Merkmalen der »analytischen Einstellung« in dem hier verwendeten weiten Sinn Ansgar Beckermann, *Analytische Einführung in die Philosophie des Geistes*, Berlin, New York 2001, S. VII-IX.

14 Aufgrund dieser Zusammenhänge stellt die Einteilung, die ich in dieser Arbeit vorgenommen habe, nur eine unter verschiedenen Möglichkeiten dar, die vorliegenden Argumente zu systematisieren.

die Sterblichkeit notwendig dafür ist, zur Gestaltung des eigenen Lebens motiviert zu sein und ob die menschliche Lebensgestaltung als Mechanismus zur Bewältigung der Todesangst verstanden werden sollte. Im vierten Kapitel steht ein möglicher Zusammenhang zwischen der Sterblichkeit und den menschlichen Werten und Tugenden sowie der Fähigkeit zur Wertschätzung im Vordergrund. Besonderes Augenmerk liegt dabei auf dem Wert der Authentizität. Im fünften Kapitel beschäftige ich mich mit der Frage, ob Tod und Sterblichkeit dem menschlichen Leben eine bestimmte, abgeschlossene Form geben, die für ein wünschenswertes Leben notwendig ist. In einem letzten, kurzen Schlusskapitel fasse ich die Ergebnisse dieser Analysen zusammen und zeige ihre inhaltlichen und methodischen Konsequenzen auf.

Bevor ich nun also die verschiedenen Argumente für den Wert der Sterblichkeit diskutiere, folgen in den weiteren Abschnitten des ersten Kapitels noch einige Vorüberlegungen zur Methode des Gedankenexperimentes, die für die folgende Untersuchung eine wesentliche Rolle spielt; sowie zur Sterblichkeit und zur Unsterblichkeit selbst, die unter anderem vom Bewusstsein derselben abgegrenzt werden müssen. Dazu werden einige Differenzierungen, etwa zwischen notwendiger und kontingenter Sterblichkeit beziehungsweise Unsterblichkeit erforderlich sein.

1.2 Drei Arten von Gedankenexperimenten

Einerseits handelt es sich bei der Frage nach den Implikationen der Sterblichkeit um die Frage nach den *psychologischen* Auswirkungen des Sterblichkeitsbewusstseins auf die jeweils sterbliche Person. Andererseits offenbaren sich Funktion und Wert der Sterblichkeit im Vergleich mit einem *un*sterblichen Leben, das im Rahmen eines Gedankenexperiments imaginiert wird.

Die Frage nach den Implikationen der Sterblichkeit ist also auf der einen Seite eine deskriptive Frage nach der Beschaffenheit der aktualen Welt in einer bestimmten Hinsicht (hinsichtlich der menschlichen Sterblichkeit). Auf dieser Ebene gilt es, die Rolle der Sterblichkeit in der aktualen Welt zu untersuchen, indem die Lebenssituation von Personen in ebendieser Welt in den Mittelpunkt gestellt wird. Da es sich dabei um die Frage nach den psychologischen Auswirkungen des Sterblichkeitsbewusstseins handelt, werde ich auf dieser Ebene psychologische Erkenntnisse berücksichtigen.

Eine solche deskriptive psychologische Perspektive, die auf empirischen Untersuchungen basiert, bildet insbesondere in Teilen des zweiten und dritten Kapitels zur menschlichen Persönlichkeit und Lebensgestaltung die Basis meiner Argumentation, etwa wenn ich in Abschnitt 2.3 den Einfluss des chronologischen Lebensalters[15] auf die Veränderung der menschlichen Persönlichkeit über die Zeit hinweg untersuche.[16] Dies gilt auch für die Argumentation in den Abschnitten 3.3 und 3.4, die auf einer psychologischen Theorie über die vom Sterblichkeitsbewusstsein ausgelösten Kompensationsmechanismen basiert.

Empirisch-psychologische Studien zu den Auswirkungen des Sterblichkeitsbewusstseins stehen jedoch nicht für sich allein. Mir geht es nicht nur darum, die psychologischen Auswirkungen des Sterblichkeitsbewusstseins in der aktualen Welt, in der (zumindest momentan) alle Menschen sterblich sind, darzustellen. Stattdessen soll vor allem die darauf aufbauende Frage beantwortet werden, *wie eng* die Sterblichkeit einerseits mit der psychischen Beschaffenheit von Personen andererseits zusammenhängt, also die Frage, ob die Psyche unsterblicher Personen ganz ähnlich beschaffen sein könnte wie diejenige sterblicher Personen. Diese Frage lässt sich, da keine unsterblichen Personen zur empirischen Untersuchung zur Verfügung stehen, nur im Rahmen eines Gedankenexperiments beantworten. Die Methode des Gedankenexperiments ist daher für diese Untersuchung von besonderer Bedeutung.

Gedankenexperimente basieren auf vorgestellten Szenarien. Daher können auch fiktionale Darstellungen der Unsterblichkeit in Filmen, Büchern oder anderen Kunstwerken als Inspirationsquelle für Gedankenexperimente dienen:

15 Als »chronologisches Lebensalter« einer Person bezeichne ich die Lebenszeit seit ihrer Geburt; als »biologisches Lebensalter« den biologischen Zustand, in dem sich ihr Körper befindet. Eine Person kann also chronologisch altern, ohne biologisch zu altern. Leben ist notwendigerweise mit chronologischer, nicht jedoch mit biologischer Alterung verbunden.

16 Aus den Ergebnissen dieser Untersuchung ziehe ich im zweiten Abschnitt des Kapitels Schlüsse über die mögliche Persönlichkeitsentwicklung eines Unsterblichen. Im Rahmen der folgenden Klassifikation von Gedankenexperimenten handelt es sich dabei um ein deskriptives Gedankenexperiment, das mit psychologisch-spekulativen Überlegungen illustriert wird.

Gedankenexperimente

> Man kann sich die literarische Erkundung der Unsterblichkeit als ein Gedankenexperiment vorstellen: eine Konstruktion, die nicht entworfen wird, um die Unsterblichkeit im wörtlichen Sinne zu erforschen, sondern *den Wert des endlichen Lebens*, indem dieses mit einer fiktionalen Unsterblichkeit verglichen wird. Die Konklusion dieses Gedankenexperimentes ist nicht gewiss, sondern nur plausibel.[17]

Auf diese Weise können, wie Jeff Noonan zusammenfasst, nicht nur Erkenntnisse über die Unsterblichkeit selbst, sondern auch Erkenntnisse über den Wert der Sterblichkeit für das menschliche Leben gewonnen werden.

Gedankenexperimente stellen nicht nur in der Philosophie, sondern auch in den Naturwissenschaften, in der Mathematik oder der Geschichtswissenschaft eine eigene Erkenntnisquelle dar. In den Naturwissenschaften sind sie insbesondere dann hilfreich, wenn echte Experimente zu aufwändig, nicht unbedingt nötig oder prinzipiell undurchführbar sind,[18] während philosophische Gedankenexperimente dazu dienen, modale Hypothesen zu überprüfen. Da sie eine Aussage über eine alternative Möglichkeit treffen oder nahelegen, lässt sich auf ihrer Basis eine Notwendigkeitsaussage zurückweisen oder induktiv bestätigen.[19] Dabei können die Möglichkeiten, die im Gedankenexperiment dargestellt werden, ganz verschiedener – zum Beispiel logischer, physikalischer, technologischer oder moralischer – Natur sein. Entsprechend breit ist der Anwendungsbereich philosophischer Gedankenexperimente.[20]

Gemeinsam ist diesen philosophischen Gedankenexperimenten, dass wir zur Beurteilung einer jeweils imaginierten Situation auf unsere Intuitionen angewiesen sind. Zu unterscheiden sind drei Hinsichten, in denen die Intuitionen des Betrachters eines imaginierten Szenarios aufschlussreich sein können: erstens hinsichtlich der Frage, was in einer imaginierten Situation *passieren* würde, zweitens hinsichtlich der Frage, wie wir eine imaginierte

17 Jeff Noonan, »The Life-Value of Death. Mortality, Finitude and Meaningful Lives«, in: *Journal of Philosophy of Life* 1 (2013), S. 1-23, hier S. 17, Hervorh. d. Autors.

18 Vgl. James Robert Brown, *The Laboratory of the Mind. Thought Experiments in the Natural Sciences*, London, New York 1991, S. 1.

19 Wenn sich in einer Reihe von Gedankenexperimenten immer wieder die Intuition einstellt, dass eine bestimmte Eigenschaft vorliegt, handelt es sich um einen guten induktiven Grund für die Annahme, dass diese Eigenschaft notwendig ist.

20 Vgl. Roy A. Sorensen, *Thought Experiments*, Oxford, New York 1992, S. 6.

Situation *beschreiben* würden, sowie drittens hinsichtlich der Frage, wie wir eine imaginierte Situation *bewerten* würden. Während Gedankenexperimente des zweiten Typs deskriptiver Art sind und insbesondere in der Erkenntnistheorie oder der Metaphysik eine Rolle spielen, sind normative Gedankenexperimente des dritten Typs vor allem bei ästhetischen oder ethischen Fragestellungen aufschlussreich.[21]

Während die Frage danach, was in einer imaginierten Situation passieren würde, zum Beispiel in naturwissenschaftlichen Gedankenexperimenten gestellt wird, spielen für die Untersuchung der Implikationen der Sterblichkeit insbesondere die zweite und die dritte Analyseebene – also die Frage nach der Beschreibung und die Frage nach der Bewertung der imaginierten Situation der Unsterblichen – eine Rolle. (An wenigen Stellen werde ich zudem auf einen dritten Typ von Gedankenexperimenten zurückgreifen, der lediglich der Illustration dient und den ich als *psychologisch-spekulatives* Gedankenexperiment bezeichne. In solchen psychologischen Spekulationen werden Erkenntnisse über die Psyche Sterblicher auf die Psyche unsterblicher Personen übertragen.) Primär werde ich in den folgenden Kapiteln, in denen jeweils verschiedene Argumente für den Wert der Sterblichkeit auf dem Prüfstand stehen, mittels deskriptiver Gedankenexperimente untersuchen, ob eine bestimmte menschliche Eigenschaft oder ein Aspekt des menschlichen Lebens notwendigerweise mit der Sterblichkeit verknüpft ist. Ein Beispiel für diese Funktion des Gedankenexperimentes ist meine Auseinandersetzung mit einer Prämisse des Argumentes von Martha Nussbaum in Abschnitt 4.2. Diese Prämisse besagt, dass das Risiko zu sterben, dem Menschen in der aktualen Welt ausgesetzt sind, eine notwendige Bedingung für unser System von Werten und Tugenden darstellt. Dieses Wertesystem, so Nussbaum, könnten Bewohner einer Welt, in der das Todesrisiko nicht gegeben ist, nicht teilen. Bei dieser Prämisse handelt es sich um eine Notwendigkeitsaussage: Eine Welt, in der das Todesrisiko eliminiert wäre, das konkrete System menschlicher Tugenden (zu denen etwa Mut und Großzügigkeit gehören) jedoch bestehen bliebe, sei unmöglich.

Das Gedankenexperiment der Unsterblichkeit dient hier unter anderem dazu, zu zeigen, dass die Aufhebung der Sterblichkeit,

21 Vgl. Tamar Szabó Gendler, *Thought Experiment. On the Powers and Limits of Imaginary Cases*, New York, London 2000, S. 25.

die zugleich die Aufhebung des Todesrisikos bedeuten würde, die Möglichkeit von Tugenden wie Mut oder Großzügigkeit *nicht* zwangsläufig ausschließen muss. Wir können uns eine Welt voller Unsterblicher vorstellen, die zwar nicht im Angesicht des Todes, jedoch durchaus im Angesicht verschiedener anderer Risiken, wie etwa des Risikos körperlicher Verletzungen, agieren und damit Mut beweisen könnten. Wie sich herausstellen wird, verknüpft Nussbaum die Sterblichkeit zu eng mit anderen menschlichen Eigenschaften wie zum Beispiel der körperlichen, aber auch der psychischen Verletzbarkeit – sie scheint anzunehmen, dass die Verletzlichkeit die Sterblichkeit impliziert. Dass es sich dabei allerdings nicht um einen metaphysisch notwendigen Zusammenhang handelt,[22] lässt sich eben im Rahmen eines deskriptiven Gedankenexperimentes zeigen. Mit der Frage, wie die Situation einer Unsterblichen korrekt beschrieben wird, lässt sich also herausfinden, ob bestimmte Aspekte des Lebens notwendigerweise mit der Sterblichkeit verknüpft sind oder nicht.

Im Rahmen eines normativen Gedankenexperimentes geht es um die Frage, wie wir die Situation einer unsterblichen Person *bewerten* würden. Ein solches Gedankenexperiment muss die alternative Lebenssituation einer unsterblichen Person in einer Weise beschreiben, die Urteile über den Wert dieser Situation ermöglicht. So ist das Beispiel von Alise ein Gedankenexperiment, das eine bestimmte Bewertung von Alises Situation nahelegt: Wir bewerten sie intuitiv als nicht wünschenswert.

Die Form des normativen Gedankenexperiments kommt unter anderem in Abschnitt 5.2 zum Tragen, in dem ich zeige, dass eine Lebensgeschichte, die narrativ abgeschlossen[23] ist, nicht zwangsläufig ein für die jeweilige Person wünschenswertes Leben beschreibt. Unsere Intuitionen deuten darauf hin, dass die narrative Abgeschlossenheit keine hinreichende Bedingung eines wertvollen Le-

22 Ein metaphysisch notwendiger Zusammenhang gilt in allen möglichen Welten. Vgl. zur metaphysischen Möglichkeit Saul A. Kripke, *Name und Notwendigkeit*, Frankfurt/M. 1993.

23 Auf Basis der narrativistischen Position, die ich in Abschnitt 5.1 entwickle, muss eine Geschichte narrativ abgeschlossen sein, um als vollständige Geschichte zu gelten. Vertreter des narrativistischen Argumentes versuchen zu zeigen, dass auch das Leben als Geschichte betrachtet werden sollte und demzufolge die Bedingung der Abgeschlossenheit erfüllen muss.

bens darstellt: Eine Lebensgeschichte kann narrativ vollständig sein und dennoch – dies bestätigt die Intuition – kein wünschenswertes Leben beschreiben.

Die beiden bisher skizzierten Formen von Gedankenexperimenten liefern Erkenntnisse über die Beschaffenheit und den Wert eines zumindest potenziell unendlichen Lebens. Eine dritte Weise, auf die alternative Welten untersucht werden können, besteht in der psychologischen Spekulation darüber, wie eine bestimmte Person sich entwickeln, fühlen oder verhalten würde, wenn sie unsterblich wäre. Von den beiden anderen Formen des Gedankenexperimentes unterscheidet sich diese psychologische Spekulation vor allem dadurch, dass jene von der Vorstellbarkeit einer Situation auf ihre Möglichkeit schließen, während diese eine bestimmte psychologische Entwicklung als wahrscheinlich annimmt.

Spekulationen dieser Art sind natürlich mit Vorsicht zu genießen, da sie in der Regel außerordentlich fehleranfällig sind. Psychologische Untersuchungen zeigen etwa, dass Personen insbesondere die Dauer ihrer zukünftigen positiven und negativen Gefühle drastisch überschätzen.[24] Entsprechend können wir nur Vermutungen darüber anstellen, ob wir für den Rest eines unendlichen Lebens Spaß daran finden würden, der beste Schachspieler aller Zeiten zu werden, oder daran, dasselbe Musikstück immer und immer wieder zu hören. Schlüsse von der Vorstellbarkeit einer Situation auf ihre psychologische Wahrscheinlichkeit sollten – im Gegensatz zu Schlüssen von der Vorstellbarkeit einer Situation auf ihre metaphysische Möglichkeit – bei der Untersuchung der möglichen Implikationen der Sterblichkeit keine schweren argumentativen Lasten tragen. In Abschnitt 2.3, in dem ich zunächst die Persönlichkeitsveränderung sterblicher Personen im Laufe ihres Lebens untersuche, argumentiere ich dafür, dass die positiven Aspekte dieser Entwicklung auch im Leben einer Unsterblichen vorkommen könnten. Diese Argumentation basiert nicht auf der Übertragung der empirischen Erkenntnisse über sterbliche auf die Psyche unsterblicher Menschen, sondern in erster Linie auf einem deskriptiven Gedankenexperiment, in dem ich zeige, dass eine solche Entwicklung der Persönlichkeit nicht notwendigerweise mit

24 Dieses Phänomen wird als Voreingenommenheit hinsichtlich der Dauer (»durability bias«) bezeichnet. Vgl. Timothy D. Wilson, *Strangers to Ourselves. Discovering the Adaptive Unconscious*, Cambridge, London 2002, S. 138.

der Sterblichkeit verknüpft ist. Die psychologischen Spekulationen darüber, in welcher Weise sich die Persönlichkeiten unsterblicher Personen im Laufe ihres Lebens verändern würden, dienen lediglich der Illustration dieses Gedankenexperiments.

1.3 Die Beschaffenheit der Sterblichkeit

Bei der Sterblichkeit handelt es sich um eine dispositionale Eigenschaft, die sich nur unter bestimmten Bedingungen – etwa zerstörerischen Einflüssen auf den menschlichen Organismus – manifestiert. Eine dispositionale, nichtmanifeste Eigenschaft kann selbst nur sehr eingeschränkt kausalen Einfluss auf das Leben der Person ausüben – sie kann allenfalls den Tod der Person, aber wahrscheinlich nichts darüber hinaus verursachen. Aus diesem Grund muss, wenn die Frage nach den Implikationen der Sterblichkeit untersucht werden soll, zwischen der Sterblichkeit und dem *Bewusstsein* von der Sterblichkeit unterschieden werden. Das Bewusstsein der Sterblichkeit liegt bereits während des Lebens vor, auch dann, wenn das Sterben noch nicht angefangen hat und das Todesereignis noch in entfernter Zukunft liegt. Daher kann das Sterblichkeitsbewusstsein bereits während des Lebens kausal wirksam sein.

Der Begriff des Bewusstseins kann auf verschiedene Weisen verwendet werden.[25] Bei der Rede vom Bewusstsein der Sterblichkeit wird der Bewusstseinsbegriff transitiv oder intentional verwendet. Transitives oder intentionales Bewusstsein ist immer Bewusstsein *von* etwas; insofern ist das Bewusstsein der Sterblichkeit immer das Bewusstsein von einer bestimmten Tatsache (dem Vorliegen einer bestimmten Eigenschaft). Beim Sterblichkeitsbewusstsein handelt es sich um das Bewusstsein von der Tatsache der eigenen Sterblichkeit, ohne dass *Wissen* von dieser Tatsache vorliegen muss

25 Die Zuschreibung »bewusst« wird nach Robert van Gulick einerseits auf ganze Lebewesen (»creature consciousness«), andererseits auf bestimmte mentale Zustände (»state consciousness«) angewandt. Vgl. Robert van Gulick, »Consciousness«, in: Edward N. Zalta (Hg.), *The Stanford Encyclopedia of Philosophy*, Ausgabe Sommer 2011, ⟨http://plato.stanford.edu/archives/sum2011/entries/consciousness/⟩, letzter Zugriff 1.12.2014. Beim Sterblichkeitsbewusstsein handelt es sich um einen bestimmten bewussten mentalen Zustand.

in dem Sinn, dass die Person bestimmte epistemische Standards erfüllt.[26]

Hinsichtlich der Fragestellung dieser Arbeit besteht ein relevanter Unterschied zwischen solchen Personen, die davon überzeugt sind, dass ihr Leben zum Zeitpunkt ihres biologischen Todes unwiderruflich endet (in dem Sinn, dass der Tod das Ende jeglichen personalen Lebens darstellt), und denjenigen, die von einer Fortexistenz nach dem biologischen Tod in irgendeiner Form ausgehen. Eine Person, die von einer Fortsetzung ihres Lebens nach ihrem eigenen biologischen Tod überzeugt ist, könnte sich etwa im diesseitigen Leben anders verhalten, weil sie damit rechnet, dass ihre Handlungen nach ihrem Tod im Jenseits unter moralischen Gesichtspunkten von einer höheren Instanz bewertet werden.

Auffassungen über den biologischen Tod, die den Glauben an irgendeine Form personaler Fortexistenz beinhalten, werde ich im Rahmen dieses Buches nicht berücksichtigen. Der Hauptgrund dafür ist die Vielzahl verschiedener Überzeugungen über die Beschaffenheit des Lebens nach dem Tod und des Jenseits, die jeweils ganz unterschiedliche Konsequenzen für die Lebensführung der Person mit sich bringen können.[27] Ein weiterer Grund dafür, die Möglichkeit eines Lebens nach dem Tod und entsprechende Überzeugungen nicht zu berücksichtigen, sind die zahlreichen inhaltlichen Probleme solcher Auffassungen. So vertritt derjenige, der von einer Fortexistenz des Lebens nach dem biologischen Tod ausgeht,

26 Ich werde an dieser Stelle also weder der Frage nachgehen, *wie* das menschliche Wissen von der Sterblichkeit zustande kommt und gerechtfertigt ist, also untersuchen, ob es induktiv oder auf andere Weise erworben wurde (vgl. dazu z. B. Bernard Schumacher, *Der Tod in der Philosophie der Gegenwart*, Darmstadt 2004, S. 83-86), noch diskutieren, *ab wann* (in welchem Alter) Menschen in der Regel umfassendes Wissen von der Tatsache ihres eigenen Todes erwerben (vgl. dazu z. B. Perry Childers, Mary Wimmer, »The Concept of Death in Early Childhood«, in: *Child Development* 42 (1971), S. 1299-1301; oder Richard Lansdown, Gail Benjamin, »The Development of the Concept of Death in Children Aged 5-9 Years«, in: *Child: Care, Health, and Development* 11 (1985), S. 13-20).

27 Religiöse Überzeugungen, die unter anderem im Glauben an die Fortexistenz der Seele über den Tod hinaus bestehen, werde ich lediglich in ihrer Funktion als Angstbewältigungsmechanismus beleuchten. Diese Perspektive wird der Vielzahl möglicher Überzeugungen über das Leben nach dem Tod und über die Beschaffenheit des Jenseits natürlich nicht gerecht, aber das ist auch gar nicht der Anspruch dieses Buches.

häufig auch einen Substanzdualismus, der besagt, dass eine immaterielle Seelensubstanz von der Materie des Körpers unabhängig existieren kann.[28] Oft liegen einem solchen Glauben an die Fortexistenz der Seele nach dem biologischen Tod religiöse Überzeugungen zugrunde, innerhalb deren der Glaube an das Leben nach dem Tod durch andere Annahmen (zum Beispiel über das Wesen eines Gottes) gestützt werden kann. Ein solcher Substanzdualismus wird in der gegenwärtigen Philosophie aus verschiedenen Gründen nur noch selten vertreten.[29] Aus diesen Gründen beschränke ich mich im Rahmen dieser Arbeit auf diejenigen Auffassungen, die den Tod als das Ende der personalen Existenz betrachten.

Relevant ist die Frage nach dem Bewusstsein der Sterblichkeit etwa hinsichtlich der Verdrängungsmechanismen, die für das Todesbewusstsein eine Rolle spielen und die ich vor allem im Rahmen des Bewältigungsargumentes (Abschnitt 3.3) untersuche. Wenn eine Person die Tatsache ihrer eigenen Sterblichkeit effektiv verdrängt, kann man ihr dann noch ein Bewusstsein dieser Tatsache zuschreiben? Diese Frage ist nicht zu beantworten, ohne genauer

28 Alternativen, die mit einem materialistischen Leib-Seele-Monismus verträglich sind, können solche Auferstehungstheorien sein, bei denen der Körper selbst nach dem Tod der Person wieder zum Leben erweckt oder neu erschaffen wird. So vertritt etwa Lynne Rudder Baker die Position, dass Personen aus ihren Körpern konstituiert, aber nicht mit diesen identisch sind und wiederauferstehen können, ohne dass eine Seelensubstanz angenommen werden muss. Vgl. Lynne Rudder Baker, »Material Persons and the Doctrine of Resurrection«, in: *Faith and Philosophy* 18 (2001), S. 151-167; sowie dies., »Death and the Afterlife«, in: William J. Wainwright (Hg.), *The Oxford Handbook of Philosophy of Religion*, Oxford 2005, S. 366-391. Die Plausibilität dieser und anderer Auferstehungstheorien werde ich im Rahmen dieser Arbeit nicht beurteilen.

29 Vgl. Kenneth Einar Himma, »What Is a Problem for All Is a Problem for None: Substance Dualism, Physicalism, and the Mind-Body Problem«, in: *American Philosophical Quarterly* 42 (2005), S. 81-92, hier S. 81. Eine Ausnahme ist z. B. Richard Swinburne, der davon ausgeht, dass eine vom Körper unabhängige, immaterielle Seelensubstanz existiert, die zusammen mit dem Körper eine Person bildet. Im Gegensatz zur Seele ist der Körper jedoch kein *notwendiger* Bestandteil der Person. Vgl. Richard Swinburne, *The Evolution of the Soul*, Oxford 1986. Andere Vertreter des Substanzdualismus sind etwa John Foster, *The Immaterial Self: A Defence of the Cartesian Dualist Conception of the Mind*, London, New York 1991, und Peter Unger, *All the Power in the World*, New York 2006. Zu den Problemen des Substanzdualismus vgl. z. B. Beckermann, *Analytische Einführung in die Philosophie des Geistes*, S. 43-62.

zu beleuchten, wie der Begriff des Bewusstseins in diesem Zusammenhang verwendet wird. Darüber hinaus fordert das Authentizitätsargument, das ich im vierten Kapitel diskutiere, dass eine Person sich ihre Sterblichkeit auf besondere Weise bewusst macht, um ein authentisches Leben führen zu können. Heideggers Überlegungen, auf denen dieses Argument basiert, machen deutlich, dass das Bewusstsein von der eigenen Sterblichkeit mit einer besonderen *Intensität* verbunden sein kann. Diese Intensität charakterisiert Jerry Valberg wie folgt: »Es ist eine Sache, über die Tatsache, dass ich sterben werde, nachzusinnen oder daran zu denken; und etwas anderes, wenn mir diese Tatsache tatsächlich *bewusst wird*. Die Tatsache wird mir dann bewusst, wenn ich von ihrer Bedeutung überwältigt bin [...].«[30] Die Möglichkeit der Verdrängung sowie Annahmen wie diejenige, dass das Bewusstsein der Sterblichkeit die Person in ausgezeichneter Weise betreffen kann, erzwingen eine Auseinandersetzung mit der Frage, in welcher Weise Personen ihre eigene Sterblichkeit bewusst *ist* und in welcher Form sie bewusst *gemacht* oder aus dem Bewusstsein verdrängt werden kann.[31]

Die Art und Weise, in der eine Person sich ihrer Sterblichkeit mehr oder weniger bewusst sein kann, betrifft verschiedene Bereiche. So können Überzeugungen etwa entweder okkurrent oder dispositional sein. Okkurrente Überzeugungen sind solche, die sich in einem Gedanken manifestieren.[32] Demgegenüber kann man eine dispositionale Überzeugung einer Person auch dann zuschreiben, wenn sie in diesem Moment keinen Gedanken hat, der diese Überzeugung manifestiert. So werden etwa Überzeugungen wie diejenige, dass 568 eine größere Zahl ist als 14, von den meisten Menschen auch zu einem Zeitpunkt geteilt, zu dem sie keinen entsprechenden Gedanken haben. Hinsichtlich des Unterschieds zwischen dispositionalen und okkurrenten Überzeugungen könnte ein besonderes Bewusstsein der Sterblichkeit etwa darin bestehen, dass man gegenwärtig – oder besonders häufig – Gedanken hat, die die

30 Jerry Valberg, *Dream, Death, and the Self*, Princeton, Oxford 2007, S. 155.

31 Vgl. zur Frage, wann ein mentaler Zustand als bewusst bezeichnet werden kann, David M. Rosenthal, »Two Concepts of Consciousness«, in: *Philosophical Studies: An International Journal for Philosophy in the Analytic Tradition* 49 (1986), S. 329-359.

32 Vgl. Robert Audi, »Dispositional Beliefs and Dispositions to Believe«, in: *Noûs* 28 (1994), S. 419-434, hier S. 420.

eigene Sterblichkeit thematisieren. Eine Person, die ihre Sterblichkeit verdrängt, hat demnach nur eine dispositionale, nicht jedoch eine okkurrente Überzeugung von der Tatsache, dass sie sterblich ist. Bei der Frage, wie ein besonderes Bewusstsein der Sterblichkeit beschaffen sein kann, spielt diese Unterscheidung also eine Rolle, indem sie etwa die Tatsache erklären kann, dass auch verdrängte – also lediglich dispositionale – Überzeugungen für das Leben einer Person von Bedeutung sein können. Valbergs Charakterisierung des besonderen Sterblichkeitsbewusstseins, die nicht nur einen manifesten Gedanken, sondern echte Betroffenheit fordert, wird sie jedoch nicht vollends gerecht.

Zur Beantwortung der Frage, wie eine Person sich ihrer Sterblichkeit in besonderem Maße bewusst sein oder wie sie diese aus ihrem Bewusstsein verdrängen kann, ist auch Ned Blocks Unterscheidung zwischen Zugangsbewusstsein und phänomenalem Bewusstsein gewinnbringend. Unter zugangsbewussten Überzeugungen versteht Block solche Informationen, die für rationale Sprechakte oder Handlungen oder als Prämisse eines Arguments verfügbar sind. Demgegenüber bezeichnet das phänomenale Bewusstsein die qualitative Seite einer Erfahrung, ermöglicht also eine Aussage darüber, »wie es ist«, in einem bestimmten Zustand zu sein. Phänomenales Bewusstsein kann dabei ohne Zugangsbewusstsein vorliegen. Eine lediglich phänomenal, nicht jedoch zugangsbewusste Information ist von anderen Überzeugungen isoliert, sodass sie für Argumentationen oder Sprechakte nicht zugänglich ist.[33] Um also eine Rolle im Leben einer Person zu spielen, etwa indem sie in Gedanken, Sprechakten oder Argumentationen verwendet wird, muss das Bewusstsein – die Überzeugung – der eigenen Sterblichkeit einer Person zumindest zugangsbewusst sein. Das »Bewusstmachen« der Sterblichkeit kann nach dieser Unterscheidung darin bestehen, dass die Überzeugung von einem bloß phänomenalen in einen zugangsbewussten Zustand überwechselt. Die Verdrängung der Sterblichkeit äußert sich demnach im Bestreben, die Überzeugung der eigenen Sterblichkeit von anderen Überzeugungen zu isolieren.

Valberg scheint es in seiner Charakterisierung des intensiven

33 Vgl. Ned Block, »On a Confusion about a Function of Consciousness«, in: *Behavioral and Brain Sciences* 18 (1995), S. 227-287.

Sterblichkeitsbewusstseins jedoch um noch mehr zu gehen: Auch eine Person, die sich mit ihrer Sterblichkeit philosophisch auseinandersetzt (deren Überzeugung in Blocks Sinn also zugangsbewusst sein muss), muss vom Faktum ihres eigenen zukünftigen Todes noch nicht *bewegt* oder *betroffen* sein. Diese Betroffenheit lässt sich aber durch die Unterscheidung zwischen einer kognitiven und einer affektiven Ebene des Bewusstseins erhellen. Eine Überzeugung, die zugangsbewusst im Sinne Blocks ist, ist kognitiv bewusst, ohne zwangsläufig mit einer emotionalen Einstellung verbunden zu sein. Emotionen scheinen jedoch eine wichtige Rolle zu spielen, wenn Valberg und andere Philosophen davon sprechen, dass eine Person vom Faktum ihres Todes in besonderer Weise betroffen ist – entsprechend bezeichnet Valberg die Aussicht auf den eigenen Tod dann, wenn sie besonders intensiv ist, als *beunruhigend*,[34] und Heidegger bestimmt die angemessene Reaktion auf das echte Bewusstsein des eigenen Todes als *Angst*.[35] In diesem Sinn liegt erst dann ein maximales Bewusstsein der Sterblichkeit vor (das zum Beispiel die authentische Lebensführung gemäß dem Authentizitätsargument möglich macht), wenn das Bewusstsein des Todes nicht nur mit anderen Überzeugungen in Verbindung steht und damit eine Rolle als Prämisse in Argumenten spielen kann, sondern wenn es darüber hinaus *affektiv* wirksam ist und von Emotionen wie Beunruhigung oder Angst begleitet wird.[36]

Das Bewusstsein der Sterblichkeit kann also in verschiedenen Hinsichten mehr oder weniger intensiv sein. Auf Basis dieser Spektren können Thesen verstanden werden, die besagen, dass das Sterblichkeitsbewusstsein kausal wirksam ist, obwohl die Person es verdrängt, oder dass eine Person sich ihre Sterblichkeit in besonderer Weise bewusst machen muss, um ihr Leben aus einer bestimmten Perspektive betrachten zu können.

Wenden wir uns nun wieder dem Begriff der Sterblichkeit selbst zu. Dieser ist vom Begriff des Todes kaum zu trennen. Der Begriff des Todes wiederum bezeichnet entweder ein Ereignis oder einen

Todes-
begriff

34 Vgl. Valberg, *Dream, Death, and the Self*, S. 154.

35 Vgl. Martin Heidegger, *Sein und Zeit*, Tübingen 1986, S. 251.

36 Vgl. zur affektiven Intentionalität mentaler Zustände Bennett W. Helm, *Emotional Reason. Deliberation, Motivation, and the Nature of Value*, Cambridge, New York 2001, oder Sabine Döring, *Gründe und Gefühle. Rationale Motivation durch emotionale Vernunft*, Berlin, New York 2008.

Zustand: Mit dem Ereignis des Todes ist der Übergang vom Lebendig- zum Totsein gemeint; der Zustand des Todes bezeichnet die Phase des Totseins, die zeitlich auf das Leben folgt.[37] Als Sterben bezeichnet man demgegenüber den Prozess, der sich am Ende des Lebens ereignet und der in das Todesereignis mündet. Dieser Prozess kann unterschiedlich lang ausfallen und ist unter Umständen nicht eindeutig von vorangegangenen Lebensphasen abzugrenzen.[38]

Anders als die Begriffe »Tod« und »Sterben« bezeichnet der Begriff der Sterblichkeit eine Eigenschaft, die allen Personen während ihres gesamten Lebens zukommt. Es handelt sich dabei jedoch um eine grundlegend andere Eigenschaft als zum Beispiel diejenige, eine Größe oder ein Alter oder einen Stoffwechselkreislauf zu haben, obwohl auch diese Eigenschaften in der aktualen Welt allen Personen zukommen. Wie oben bereits gesagt, handelt es sich bei der Sterblichkeit – anders als bei den genannten Eigenschaften – nämlich um eine *Disposition.* Dispositionale sind von manifesten Eigenschaften zu unterscheiden. Wenn man eine Aussage darüber trifft, dass eine Person eine bestimmte manifeste Eigenschaft hat, schreibt man ihr eine Eigenschaft zu, die ihr unter normalen Bedingungen oder im Augenblick der Zuschreibung zukommt. Wenn wir über Professor Frißtfrist aussagen, dass er 1,64 Meter groß ist, dann gilt dies in allen (normalen) Situationen und/oder zum gegenwärtigen Zeitpunkt. Anders verhält es sich mit der Zuschreibung von dispositionalen Eigenschaften. Wenn wir über ein Glas aussagen, dass es zerbrechlich, oder über ein Stück Holz, dass es brennbar ist, treffen wir eine Aussage darüber, wie sich das Glas oder das Holz unter bestimmten Bedingungen – den Manifestationsbedingungen der jeweiligen Disposition – verhalten würde. Mit der menschlichen Sterblichkeit verhält es sich genauso: Wenn wir über eine Person aussagen, dass sie sterblich ist, dann treffen wir eine Aussage darüber, wie sich die Person beziehungsweise ihr Or-

37 Verschiedentlich wird angemerkt, dass die Phase des Totseins nicht als Zustand bezeichnet werden kann, da es keine Person gibt, die sich in diesem Zustand befindet, ebenso wie diskutabel ist, ob es sich beim Todesmoment tatsächlich um ein zeitlich ausgedehntes Ereignis handelt. Diese Schwierigkeiten hinsichtlich des Todesbegriffs brauchen hier jedoch nicht gelöst zu werden, da das Phänomen des Todes selbst nicht im Zentrum der Untersuchung steht.

38 Vgl. zu diesen Differenzierungen z. B. Schumacher, *Der Tod in der Philosophie der Gegenwart*, S. 24.

ganismus unter bestimmten, schädlichen Bedingungen verhalten würde: »Dispositionen werden definiert durch Konditionale, die aussagen, wie Objekte sich in spezifischen Situationen verhalten würden.«[39]

Während allerdings eine Entität die Disposition, zerbrechlich oder brennbar zu sein, im Augenblick ihrer Manifestation nicht verliert, hört das sterbliche Subjekt mit der Manifestation seiner Sterblichkeit auf zu existieren. Damit kann ihm auch die Eigenschaft der Sterblichkeit zum Zeitpunkt der Manifestation derselben nicht mehr zugeschrieben werden. Darüber hinaus kann sich die Disposition, sterblich zu sein, zwar unter bestimmten externen Bedingungen – extrem schädlichen Einflüssen der Umwelt – manifestieren, dies muss aber nicht der Fall sein – auch intrinsische, also im Organismus ablaufende Prozesse können zum Tod führen.

Im Falle der Sterblichkeit können die Bedingungen, die erfüllt sein müssen, damit sich die Eigenschaft manifestiert (und die Person verstirbt und damit alle Eigenschaften verliert), also intrinsischer oder extrinsischer Natur sein. Dass ein Organismus unter diesen Bedingungen zerstört wird und damit eine Person verstirbt, liegt daran, dass die sterbliche Person die Bedingungen erfüllt, von denen abhängig ist, ob ein Lebewesen sterblich ist – die Existenz- oder Vorliegensbedingungen der Disposition. Darüber hinaus ist jedoch auch eine solche Manifestation der Sterblichkeit möglich, die auf den langsamen Verfall des Organismus selbst zurückzuführen ist. Dieser Prozess, die Seneszenz, ist das Phänomen der *Alterung*, dem alle Menschen in der aktualen Welt ausgesetzt sind.

Unter (biologischer) Alterung[40] versteht man einer gängigen

39 David H. Mellor, »Dispositions«, in: Hans Burkhardt, Barry Smith (Hg.), *Handbook of Metaphysics and Ontology*, Band 1 (A-K), München, Philadelphia 1991, S. 221.

40 Je nach Definition des Alterungsbegriffes umfasst er entweder nur die degenerativen Erscheinungen der Seneszenz, die gemeinhin als negativ bewertet werden, oder auch die Entwicklung / Reifung des Menschen innerhalb der ersten ca. 20-30 Jahre seines Lebens. Sicherlich wäre es nicht wünschenswert, die Reifung des Säuglings bis zum Erwachsenenalter zu unterbinden und so dauerhaft im physischen und psychischen Zustand des Säuglings zu verharren. Demgegenüber wäre die Verzögerung oder Verhinderung der *Seneszenz* des Menschen, die zwischen dem 30. und dem 50. Lebensjahr einsetzt, die wünschenswertere und womöglich ideale Version von Unsterblichkeit. Mit dem Begriff der Alterung bezeichne ich im Folgenden ausschließlich Letzteres.

Definition zufolge »die ständige Abnahme der Überlebenswahrscheinlichkeit bewirkt durch intrinsische Prozesse«.[41] Es handelt sich dabei also nicht um eine Krankheit, sondern um einen »normale[n] physiologische[n] Prozess«,[42] der durch verschiedene Veränderungen des Organismus gekennzeichnet ist, die sich nicht auf eine einzige Ursache zurückführen lassen.[43] Obwohl die Alterung gemäß dieser Definition also von äußeren Faktoren unabhängig auftritt, zeichnen alternde Lebewesen sich insbesondere durch eine zunehmende Anfälligkeit gegenüber schädlichen äußeren Einflüssen aus. Dass sich das Auftauchen bestimmter Krankheiten im Alter häuft und ältere Menschen grundsätzlich häufiger erkranken, erklärt sich also vermutlich durch das Zusammenspiel von Alterung und extrinsischen Faktoren.[44] Krankheiten, die *ausschließlich* auf die Alterung zurückzuführen sind und damit ausschließlich als Ergebnis eines intrinsischen physiologischen Prozesses verstanden werden können, sind vermutlich selten.[45] Auch wenn die Alterung eines Lebewesens kaum von der Umwelt getrennt betrachtet werden kann, ist die Unterscheidung zwischen Alterung und extrinsischen, von physiologischen Prozessen unabhängigen Risiken dennoch relevant, wie der Blick auf Lebewesen mit unterschiedlichen Alterungsverläufen verdeutlicht: Während die Wahrscheinlichkeit zu sterben bei Menschen, anderen Säugetieren oder Vögeln mit steigendem Lebensalter zunimmt, bleibt sie bei Süßwasserpolypen konstant und nimmt bei verschiedenen Reptilien sogar ab.[46] Ein Zusammenhang zwischen ansteigendem chronologischem Lebensalter und erhöhter Wahrscheinlichkeit zu

41 Thomas von Zglinicki, Thorsten Nikolaus, »Alter und Altern«, in: Robert F. Schmidt, Florian Lang (Hg.), *Physiologie des Menschen*, Berlin, Heidelberg 2007, S. 953-967, hier S. 954. Vgl. zur Definition des Alterungsbegriffs auch Robin Holliday, *Understanding Ageing*, Cambridge 1995, und Leonard Hayflick, *How and Why We Age*, New York 1994.

42 Zglinicki/Nikolaus, »Alter und Altern«, S. 954.

43 Vgl. Robin Holliday, »Aging is No Longer an Unsolved Problem in Biology«, in: Suresh I. S. Rattan u. a. (Hg.), *Understanding and Modulating Aging*, New York 2006, S. 1-9.

44 Vgl. ebd.

45 Vgl. z. B. John W. Rowe, Robert L. Kahn, »Human Aging. Usual and Successful«, in: *Science* 237 (1987), S. 143-149, hier S. 143 f.

46 Vgl. Annette Baudisch, James W. Vaupel, »Getting to the Root of Aging«, in: *Science* 336 (2012), S. 618 f., hier S. 618.

sterben ist also biologisch keineswegs für alle Lebewesen notwendig.[47]

Im Gegensatz zu den genannten Lebewesen befinden sich Menschen in unserer Welt jedoch in der Situation, sowohl zu jedem Zeitpunkt sterben zu *können* als auch zu irgendeinem Zeitpunkt sterben zu *müssen* – sie sind sowohl kontingent als auch notwendig sterblich. Das erstgenannte Faktum begründet sich durch die *prinzipielle Zerstör- und Tötbarkeit* des menschlichen Organismus, der – insbesondere in einer risikoreichen Umwelt – zahlreichen Gefahren ausgesetzt ist. Die Seneszenz in Kombination mit den extrinsischen Risiken *garantiert* zudem den Tod jedes Menschen in unserer Welt: Der menschliche Organismus ist durch intrinsische Alterungsprozesse und die auf ihn einwirkenden Umwelteinflüsse irgendwann so geschwächt, dass er aus biologischen Gründen nicht fortbestehen kann.[48] Dabei ist nach dem gegenwärtigen Forschungsstand unklar, wann dies spätestens der Fall ist.[49]

Bei Menschen in der aktualen Welt nimmt die Wahrscheinlichkeit zu sterben während ihres Lebens zu, auch wenn sie konstanten extrinsischen Risiken ausgesetzt sind. Sie sind also sowohl durch extrinsische Risiken als auch durch die Seneszenz (und die damit einhergehende höhere Anfälligkeit für extrinsische Risiken) bedroht. Wäre die menschliche Alterung aufgehoben, wären Menschen also immer noch sowohl verletz- als auch tötbar und damit immer noch sterblich:

Solange wir sterblich sind, selbst dann, wenn wir nicht der Seneszenz ausgesetzt sind [...], sind wir Opfer von extrinsischen Krankheiten, Krebserkrankungen, Strahlung, Unfällen, Krieg, Meteoriten, ungesunden Gewohnheiten und Süchten, Adipositas, Depression, Suizid, Hungersnöten,

47 Darüber hinaus ist es eine interessante Beobachtung, dass Alterung (und die damit einhergehende erhöhte Todesrate) nicht notwendig ist, um die Größe einer Population zu regulieren, wie Zglinicki und Nikolaus am Beispiel einer »Population« von Biergläsern, die in einer hektischen Kneipe zwar extrinsischen Risiken ausgesetzt sind, jedoch sicherlich nicht altern, illustrieren. Vgl. Zglinicki/Nikolaus, »Alter und Altern«, S. 954.

48 Vgl. Holliday, »Aging is No Longer an Unsolved Problem in Biology«, S. 7.

49 Verbürgt ist bislang ein Höchstalter von 122 Jahren, daraus folgt jedoch natürlich nicht, dass dies die Obergrenze darstellt. Vgl. Felipe Sierra u. a., »Prospects for Life Span Extension«, in: *Annual Review of Medicine* 60 (2009), S. 457-469, hier S. 458.

Mord, zufälligen Ereignissen und [...] wir werden niemals mit Sicherheit sagen können, wann die »Mitternachtsstunde« schlägt, bis zum Wärmetod des Universums selbst![50]

Da jedoch keine biologische Notwendigkeit zu sterben mehr bestünde – Menschen, die nicht altern, könnten unter glücklichen Umständen »bis zum Wärmetod des Universums« leben[51] –, kann eine solche Form des Lebens auch als eine Form des unsterblichen Lebens bezeichnet werden.[52] Die Eigenschaft der Sterblichkeit lässt

50 Steven Horrobin, »Immortality, Human Nature, and the Value of Life Extension«, in: *Bioethics* 20 (2006), S. 279-292, hier S. 288.

51 In Marianne Kreuels, »Kontingente und notwendige Unsterblichkeit. Einige begriffliche Präzisierungen zur Makropulos-Debatte«, in: *Zeitschrift für philosophische Forschung* 64 (2010), S. 246-259, habe ich darauf hingewiesen, dass das Leben einer Person, die lediglich nicht sterben *muss*, »de facto nahezu nie unendlich, sondern lediglich unbestimmt lang« (S. 252) ist. Kontingente Unsterblichkeit impliziert also vielmehr die Möglichkeit eines unbestimmt langen anstelle eines unendlich langen Lebens und ist von einer solchen Form der Unsterblichkeit zu unterscheiden, die nicht nur den Tod, sondern *zusätzlich* die Unverletzbarkeit durch äußere Faktoren umfasst. Vgl. dazu auch John Harris, »Immortal Ethics«, in: *Annals of New York Academy of Sciences* 1019 (2004), S. 527-534, hier S. 528. Sebastian Knell verweist auf »futurologische Schätzungen«, nach denen Personen, die kontingent unsterblich sind, ein durchschnittliches Alter von 1200 Jahren erreichen würden. Vgl. Sebastian Knell, »Sollen wir sehr viel länger leben wollen? Reflexionen zu radikaler Lebensverlängerung, maximaler Langlebigkeit und biologischer Unsterblichkeit«, in: ders., Marcel Weber (Hg.), *Länger leben? Philosophische und biowissenschaftliche Perspektiven*, Frankfurt/M. 2009, S. 117-151, hier S. 146. An anderer Stelle bezeichnet Knell diejenige Form der Unsterblichkeit, bei der der Tod noch möglich ist, als »weiche« Unsterblichkeit und die Unmöglichkeit des Todes als »harte« Unsterblichkeit. Vgl. Sebastian Knell, »Endliche Lebenszeit: Evaluative und begriffliche Überlegungen«, in: Thomas Rentsch (Hg.), *Einheit der Vernunft? Normativität zwischen Theorie und Praxis*, Paderborn 2006, S. 301-319, hier S. 313.

52 Vgl. zu dieser Verwendung des Begriffs »Unsterblichkeit« z. B. Hunter Steele, »Could Body-Bound Immortality be Liveable?«, in: *Mind* 85 (1976), S. 424-427, und Kreuels, »Kontingente und notwendige Unsterblichkeit«. Steven Horrobin kritisiert die Verwendung des Begriffs »Unsterblichkeit« im Sinne der Abwesenheit von Seneszenz (hier als kontingente Unsterblichkeit bezeichnet), da in diesem Fall der Tod immer noch möglich sei und damit gar keine echte Unsterblichkeit vorliege. Der Begriff der Unsterblichkeit sei zudem ausschließlich übernatürlichen Wesen vorbehalten, im Falle des Menschen könnte lediglich die Lebensverlängerung Diskussionsgegenstand sein. Beides müsse präzise vonein-

sich also auf verschiedene Weisen negieren, je nachdem, von welcher Form der Sterblichkeit die Rede ist: Bezieht man sich mit dem Ausdruck »Sterblichkeit« auf die Alterssterblichkeit von Personen, so schließt der Begriff der Unsterblichkeit ebendiese Alterssterblichkeit aus, ohne die Anfälligkeit des menschlichen Organismus für extrinsische Risiken zu eliminieren. Ich bezeichne diese Form der »alterslosen« Unsterblichkeit der Terminologie von Hunter Steele folgend[53] als »kontingente Unsterblichkeit«: *Kontingente Unsterblichkeit ist die Negation der Notwendigkeit des Todes.* Demgegenüber bezeichne ich diejenige Form der Unsterblichkeit, bei der der Tod tatsächlich nicht mehr möglich ist, die Person also nicht sterben *kann*, als vollständige (da sie sowohl die Abwesenheit der Alterung als auch die grundsätzliche Untötbarkeit umfasst) oder »notwendige Unsterblichkeit«: *Notwendige Unsterblichkeit ist die Negation der Möglichkeit des Todes.*

Steele stellt in Hinblick auf diese wichtige begriffliche Unterscheidung heraus, dass die Frage, ob Unsterblichkeit für eine Person wünschenswert sein könnte, stets die Frage nach dem Status der kontingenten Unsterblichkeit sein sollte. Dies ist nicht in erster Linie auf die Tatsache zurückzuführen, dass es sich dabei um ein plausibleres Szenario handelt, sondern vielmehr darauf, dass die notwendige Unsterblichkeit schon prima facie nicht wünschenswert sei: »Im Fall von notwendiger Unsterblichkeit hätte die Person keine Hoffnung, zu sterben, egal wie verzweifelt sie sich nach Er-

ander abgegrenzt werden. Vgl. Horrobin, »Immortality, Human Nature, and the Value of Life Extension«, S. 287 f.
Ein Leben, in dem der Tod sich nicht mehr ereignen muss, kann jedoch durchaus als unsterblich bezeichnet werden, sofern die jeweilige Form der Unsterblichkeit präzise bestimmt wird. Darüber hinaus stimme ich Horrobin insofern zu, als dass Unsterblichkeit und Lebensverlängerung in der Tat voneinander getrennt betrachtet werden sollten, wenn das Ziel einer Untersuchung vorrangig darin besteht, die (z. B. ethischen) Konsequenzen der Lebensverlängerung zu untersuchen. Im Zentrum dieser Untersuchung stehen jedoch die Implikationen der Sterblichkeit selbst, die sich insbesondere im Vergleich mit einer imaginierten Unsterblichkeit zeigen. Dabei geht es nicht darum, zu postulieren, dass eine solche Form der Unsterblichkeit in unserer Welt in naher Zukunft möglich oder gar wahrscheinlich ist, sondern darum, zu zeigen, dass bestimmte Aspekte des Lebens ganz unabhängig von der Länge des sterblichen oder unsterblichen Lebens betrachtet werden können.

53 Vgl. Steele, »Could Body-Bound Immortality be Liveable?«, S. 426 f.

lösung sehnt. Diese Aussicht hat einige Ähnlichkeit mit dem mittelalterlichen Bild der Hölle und kann sicherlich ganz unerträglich werden.«[54]

Diese Bewertung ist zwar auf den ersten Blick plausibel – die notwendige Unsterblichkeit scheint in der Tat nicht wünschenswert zu sein, etwa weil sie mit ewigen Qualen verbunden sein könnte –, es stellt sich jedoch die Frage, ob die kontingente Unsterblichkeit, realisiert durch die Eliminierung der Seneszenz, das menschliche Bedürfnis nach einer radikal verlängerten Fortexistenz in der aktualen Welt befriedigen kann. Da die Möglichkeit des Todes (ausgelöst durch extrinsische Faktoren) weiterhin gegeben ist, leben auch kontingent unsterbliche Personen in der ständigen Gefahr zu sterben. Eine wünschenswerte Form von kontingenter Unsterblichkeit sollte also nicht nur die Aufhebung des Alterungsprozesses, sondern ebenfalls eine möglichst umfassende Minimierung extrinsischer Risiken beinhalten.[55] (Ansätze einer solchen Minimierung sind, in Kombination mit der Minimierung der Säuglingssterblichkeit, in den letzten 160 Jahren für den drastischen Anstieg der durchschnittlichen Lebenserwartung von Personen in vielen Regionen der Welt verantwortlich gewesen.[56]) Erst wenn beide Bedingungen erfüllt sind, kann die kontingente Unsterblichkeit die Lebenserwartung von Personen tatsächlich stark beeinflussen.[57]

Für diese Untersuchung ist die Unterscheidung zwischen not-

54 Ebd., S. 426.

55 Ein sehr spezielles Problem der kontingenten Unsterblichkeit könnte im Auftreten solcher Krankheiten liegen, die ein attraktives Leben für die Person unmöglich machen, ohne dass sie zum Tod führen. Anders als in der aktualen Welt könnte die erkrankte Person in diesen Fällen nicht auf das ohnehin früher oder später eintretende Ende ihres Lebens hoffen und warten, da das kontingent unsterbliche Leben potenziell unendlich lang ist. Sofern die Person physisch nicht mehr dazu in der Lage ist, sich in dieser Situation selbst zu töten, müsste eine spezielle Lösung gefunden werden, zu der z. B. eine entsprechende Sterbehilfe-Gesetzgebung beitragen könnte.

56 Vgl. Sierra, »Prospects for Life Span Extension«, S. 458.

57 Vgl. zu diesen zwei Bedingungen Kreuels, »Kontingente und notwendige Unsterblichkeit«, S. 251, sowie Harris, »Immortal Ethics«, S. 528, der ebenfalls darauf hinweist, dass eine Verlangsamung oder Eliminierung der Alterung nicht zwangsläufig zu einer Steigerung der Lebenserwartung führen muss; bzw. dass Voraussagen über die tatsächliche Lebenserwartung solcher kontingent unsterblichen Personen kaum ohne weitere Informationen über die Außenwelt (über die extrinsischen Risiken für das Leben der Person) getroffen werden können.

wendiger und kontingenter Unsterblichkeit insbesondere deswegen relevant, weil die verschiedenen Aspekte der Sterblichkeit (die Möglichkeit, zu jedem Zeitpunkt durch einen Unfall oder Ähnliches zu sterben, die Notwendigkeit, irgendwann an den Folgen der Seneszenz zu sterben) mit verschiedenen Aspekten des menschlichen Lebens verknüpft sind. So ist zum Beispiel, wie sich in Abschnitt 4.2 zeigen wird, die kontingente, nicht jedoch die notwendige Sterblichkeit Bedingung des *Todesrisikos*. Für einen existenziellen *Zeitdruck* jedoch ist vielleicht die Eigenschaft der notwendigen Sterblichkeit erforderlich.[58] Wenn ein Argument also besagt, dass die Sterblichkeit mit diesem oder jenem Aspekt des menschlichen Lebens notwendigerweise verknüpft ist, gilt es im Einzelfall zu überprüfen, ob auch eine eingeschränkte Form der Sterblichkeit ausreichend wäre, um diesen Aspekt zu gewährleisten.

58 Möglicherweise reicht auch die Möglichkeit des Todes aus, um diesen Zeitdruck zu gewährleisten.

2. Sterblichkeit, Präferenzen und Persönlichkeit

Das Bewusstsein der eigenen Sterblichkeit beeinflusst Menschen in besonderer Weise, etwa indem es ihre Wünsche mitbestimmt. Das Ereignis des Todes und damit die menschliche Sterblichkeit begrenzen die Zeit, die zur Erfüllung dieser Wünsche zur Verfügung steht, weswegen viele Wünsche, Absichten und Ziele von Personen sich auf einen bestimmten, durch den eigenen Tod begrenzten Zeitraum richten.

Die Idee, die ich als Erstes untersuchen werde, geht davon aus, dass die Anzahl der Wünsche einer Person begrenzt ist: Die Unsterbliche hat früher oder später »[a]lles schon gesehen, alles schon erlebt«,[1] was sie gerne sehen und erleben würde, und verfiele deswegen früher oder später in einen depressiven Zustand existenzieller Langeweile.

Die Wünsche und die Persönlichkeit eines Menschen bleiben jedoch nicht während des ganzen Lebens konstant, vielmehr verändern sie sich im Lauf der Zeit mehr oder weniger radikal. Auch dieser kontinuierliche Prozess der Veränderung oder Entwicklung wird vom Tod der Person beendet; das Bewusstsein der eigenen Endlichkeit schafft einen Rahmen, innerhalb dessen die Person ihre eigene Zukunft entwirft. In einem zweiten Schritt werde ich daher der Frage nachgehen, ob die (häufig positiv bewertete) Entwicklung der menschlichen Persönlichkeit im Lauf eines Lebens nur um den Preis des Todes zu haben ist.

2.1 Die Langeweile der Unsterblichkeit

Das Motiv der *langweiligen Unsterblichkeit* ist in der Literatur weit verbreitet. Ein unendliches Leben voller Leere und Lethargie lebt zum Beispiel Fosca, der unsterbliche Protagonist in Simone

1 Christoph Huber, »›Only Lovers Left Alive‹: Die unsterbliche Hipster-Sicht«, in: *Die Presse* vom 22.12.2013, ⟨http://diepresse.com/home/kultur/film/filmkritik/1510331/Only-Lovers-Left-Alive_Die-unsterbliche-HipsterSicht⟩, letzter Zugriff 27.6.2014.

de Beauvoirs Roman *Alle Menschen sind sterblich.* Er hat in seiner Jugend von einem Lebenselixier getrunken und verharrt nach Jahrhunderten, zu ewiger Jugend verdammt, in unerträglicher Langeweile.[2] Ähnlich ergeht es Wowbagger, einer durch mysteriöse Umstände unsterblich gewordenen Person aus Douglas Adams' Science-Fiction-Roman *Das Leben, das Universum und der ganze Rest,* die zu Beginn noch Spaß an der Unsterblichkeit hat und viele langfristige Projekte beginnt, schlussendlich aber die Langeweile – insbesondere an den Sonntagnachmittagen – nicht mehr erträgt.[3] Auch in der philosophischen Thanatologie wird die Befürchtung, dass Unsterblichkeit und Langeweile eng miteinander verbunden sind, intensiv diskutiert.

Der Philosoph Bernard Williams veröffentlichte 1973 einen Aufsatz über den Zusammenhang von Sterblichkeit und menschlichen Wünschen, der sich für die Frage nach der Beschaffenheit der Unsterblichkeit als sehr bedeutsam erwies. Williams formuliert darin ganz explizit die Idee, dass Unsterblichkeit nicht wünschenswert sei, da sie – bei diachroner Identität[4] einer Person – zwangsläufig zur unerträglichen Langeweile führen würde. Ein Leben, das schon eine sehr lange Zeit andauert und in Zukunft unendlich lange bestehen würde, sei für eine Person nicht wünschenswert.[5]

2 Vgl. Simone de Beauvoir, *Alle Menschen sind sterblich,* Reinbek 1970.

3 Vgl. Douglas Adams, *Das Leben, das Universum und der ganze Rest,* München 1983, S. 8 f. Wowbaggers Form der Unsterblichkeit stellt in Adams' Roman ein besonderes Problem dar, da er nicht *seit Beginn* seines Lebens unsterblich ist. Laut Adams' Erzähler würden solche Lebewesen, die vom Beginn ihres Lebens an unsterblich sind bzw. seit Beginn ihres Lebens von ihrer Unsterblichkeit wissen, besser mit dieser umgehen können.

4 Wenn eine Person zu mehreren Zeitpunkten dieselbe ist, ist sie diachron identisch. Diachrone Identität wird auch als »Identität über die Zeit hinweg« bezeichnet. Vgl. Andre Gallois, »Identity Over Time«, in: Edward N. Zalta (Hg.), *The Stanford Encyclopedia of Philosophy,* Ausgabe Sommer 2012, ⟨http://plato.stanford.edu/archives/sum2012/entries/identity-time/⟩, letzter Zugriff 25. 11. 2014.

5 Vgl. Bernard Williams, »Die Sache Makropulos: Reflexionen über die Langeweile der Unsterblichkeit«, in: ders., *Probleme des Selbst. Philosophische Aufsätze 1956-1972,* Stuttgart 1978, S. 133-162. Williams behauptet nicht, dass ein unendliches Leben zu keinem Zeitpunkt wünschenswert wäre. Sein Argument der Langeweile bezieht sich ausschließlich auf solche Zeitpunkte bzw. Zeiträume des unendlichen Lebens, in denen sich bestimmte Bedingungen erfüllt haben. Diese Bedingungen erfüllen sich laut Williams allerdings in *jedem* unendlichen Leben zu einem zwar mit Sicherheit eintretenden, allerdings nicht genau vorhersagbaren Zeitpunkt. Ab

Um das Szenario eines unsterblichen Lebens zu illustrieren, bezieht sich Williams auf die Oper *Die Sache Makropulos* von Leoš Janáček.[6] Die Protagonistin dieses Stückes, Elina Makropulos, ist auf eine Weise unsterblich, die es ihr ermöglicht, (biologisch) für immer 42 Jahre alt zu bleiben, indem sie regelmäßig ein Lebenselixier einnimmt. Da sie sich nach einigen hundert Jahren in einem Zustand der »Langeweile, Gleichgültigkeit und Kälte«[7] befindet, der dazu führt, dass sie ihren eigenen Tod herbeisehnt, weigert sie sich schließlich, das Lebenselixier ein weiteres Mal einzunehmen, und stirbt. Die Unsterblichkeit wird in diesem Stück als ein Zustand geschildert, der es der unsterblichen Person unmöglich macht, ein befriedigendes und erfülltes Leben zu führen, da sie mit den Jahren und fortschreitendem Alter den Kontakt zur und das Interesse an der sie umgebenden Welt verliert. Williams' Argument wird seit seinem Erscheinen immer wieder diskutiert. Für die Frage nach dem Status der menschlichen Unsterblichkeit und damit auch für die Frage nach den Implikationen der Sterblichkeit ist es von unmittelbarer Relevanz.

Dafür, dass einer Person an ihrer eigenen Fortexistenz gelegen sein kann, gelten laut Williams im Wesentlichen zwei Bedingungen: die Identitäts- und die Attraktivitätsbedingung. Während die Identitätsbedingung sicherstellt, dass es sich bei der fortbestehenden Person überhaupt um diejenige handelt, deren Fortexistenz ursprünglich infrage stand, fordert die Attraktivitätsbedingung, dass ihr zukünftiges Leben ihr ausreichend attraktiv erscheint, um den Wunsch nach Weiterleben stützen zu können.

Die Identität einer Person wird nach Williams bestimmt durch ihr Wunschprofil, das ihre Erwartungen an die Zukunft umfasst. Sofern sich *alle* ihre Wünsche verändern, hat die Person aufgehört zu existieren. Über die Zeit hinweg muss die personale Identität in Gestalt des Wunschprofils bestehen bleiben. Dies ist die *Identi-*

diesem Zeitpunkt sei das Leben der unsterblichen Person nicht mehr wünschenswert.

6 Vgl. Leoš Janáček, *Die Sache Makropulos. Oper nach der gleichnamigen Komödie von Karel Čapek,* Wien 1927. Das Leben der unsterblichen Elina M. ist in einigen Hinsichten anders beschaffen als das von Alise aus Abschnitt 1.1; so hat Erstere etwa die Möglichkeit, ihrer Unsterblichkeit selbst ein Ende zu setzen, indem sie die Einnahme des Unsterblichkeitselixiers verweigert.

7 Williams, »Die Sache Makropulos«, S. 134.

tätsbedingung. Darüber hinaus muss der Person, die den Wunsch hat weiterzuleben, ihr Leben ausreichend attraktiv erscheinen – sonst würde sie den Wunsch weiterzuleben verlieren. Daher dürfen Williams zufolge nicht alle ihre Wünsche erfüllt sein (sie muss unerfüllte Wünsche haben), denn ein Leben, in dem alle Wünsche erfüllt sind, sei für die Person nicht mehr attraktiv. Unerfüllte Wünsche sind nach Williams also die Bedingung für den Wert des eigenen Weiterlebens. Dies ist die *Attraktivitätsbedingung*. Die Identitäts- und die Attraktivitätsbedingung bilden zusammen die Basis von Williams' Argument für die Langeweile der Unsterblichkeit.[8]

Die Identitätsbedingung soll hierbei sicherstellen, dass auch tatsächlich *ich* diejenige Person bin, die in Zukunft existieren wird, wenn ich mich um mein zukünftiges Leben sorge. Der Wunsch nach Unsterblichkeit, den Personen äußern können, wird in der Regel unter der Prämisse formuliert, dass es *das Leben des Wünschenden* ist, das sich unendlich (oder zumindest um eine sehr lange Zeitspanne) verlängert: Das zukünftige Leben einer Person, die nicht ich ist, betrifft mich in einer vollkommen anderen Weise als mein eigenes Weiterleben. Die zweite Bedingung gewährleistet, dass mir das Weiterleben irgendwie *attraktiv* erscheint, da ich ansonsten sinnvollerweise kein Interesse daran haben könnte, mein Leben fortzusetzen. Da Personen sich für ihr zukünftiges Leben ganz unterschiedliche Dinge wünschen können, ist diese Bedingung abstrakt formuliert, ohne einen konkreten Lebensinhalt als Bedingung für dessen Wert festzuschreiben. Stattdessen besagt sie, dass der Wunsch, weiterzuleben, von bestimmten anderen Wünschen abhängig ist. Sollten diese nicht mehr vorhanden sein (weil sie etwa vollständig erfüllt sind), so fiele auch der Wunsch nach dem persönlichen Weiterleben weg.

Um diese Annahme zu verstehen, gilt es, die Klasse von Wün-

8 Vgl. ebd., S. 148. Williams' Argument besteht nicht in der Idee, dass es die Sterblichkeit selbst ist, die den Handlungen, die wir ausführen, oder den Zielen, die wir verfolgen, ihren Sinn verleiht. Vielmehr stellt er die negativen Konsequenzen der *Abwesenheit* der Sterblichkeit heraus und argumentiert so dafür, dass die Sterblichkeit bei der Wahl zwischen den beiden Alternativen das geringere Übel darstellt, auch, wenn sie uns möglicherweise prima facie als nicht wünschenswert erscheint und wir die Sicherheit unseres zukünftigen Todes zunächst gerne abwenden würden.

schen eingehender zu betrachten, die Williams als Bedingung für den Wert des persönlichen Weiterlebens ansieht. Williams unterscheidet insbesondere zwischen zwei Arten von Wünschen, nämlich zwischen konditionalen und kategorischen Wünschen. Abhängig (konditional) und unabhängig (kategorisch) sind diese Wünsche jeweils *von der eigenen Existenz*. Konditionale Wünsche sind also abhängig davon, dass die Person, deren Wünsche es sind, fortbesteht. So kann ich mir zum Beispiel wünschen, heute früh Feierabend zu machen, morgen ausgiebig zu frühstücken oder mit neunzig Jahren fürsorglich gepflegt zu werden. Diese Wünsche gelten nur *für den Fall*, dass ich meinen Feierabend, den morgigen Tag oder mein einundneunzigstes Lebensjahr auch tatsächlich erlebe. Anders gesagt: Konditionale, das heißt in diesem Fall existenzbedingte Wünsche werden durch den Tod der Person, deren Wünsche es sind, nicht frustriert.

Kategorisch sind demgegenüber diejenigen Wünsche, die das Überleben selbst bedingungslos zum Inhalt haben und deren Erfüllung daher die eigene Existenz erfordert, wie zum Beispiel der Wunsch, eine komplizierte Operation zu überstehen, der Wunsch, dass die eigenen Kinder in Gegenwart ihrer Eltern aufwachsen, der Wunsch, das Trompetespielen zu erlernen, oder der Wunsch, einen Gedichtband zu veröffentlichen. Diese kategorischen Wünsche sind es, die unsere Projekte und Pläne beinhalten und die somit dafür von Bedeutung sind, dass überhaupt ein Interesse am Überleben besteht. Diejenigen unerfüllten kategorischen Wünsche, mit denen Williams sich beschäftigt, werden durch den eigenen Tod frustriert, er bezieht sich also nur auf (im nichtmoralischen Sinn) *egozentrische* kategorische Wünsche.

Nicht alle bedingungslosen Wünsche setzen die eigene Identität in Williams' Sinn voraus. Ein Wunsch, der an keine Bedingungen geknüpft ist, könnte etwa darin bestehen, dass eine Behandlungsmöglichkeit für eine bestimmte Krankheit entwickelt wird. Dieser Wunsch ist zwar bedingungslos (im Gegensatz zu Williams' Klasse der konditionalen, also bedingten Wünsche), erfordert jedoch nicht die Existenz der eigenen Person. Dies ist erst der Fall, wenn ich mir wünsche, dass *ich* diejenige Person bin, die die Therapie gegen diese Krankheit entdeckt, oder dass ich die Entdeckung der neuen Behandlung *miterlebe* – wenn der Wünschende, so Williams, sich wünscht, dass seine eigene Existenz zur Erfüllung seines Wunsches notwendig ist.[9] Solche egozentrischen kategorischen Wünsche sind diejenigen, um die es ihm bei seiner Unterscheidung geht.[10]

Williams nimmt an, dass es die kategorischen Wünsche einer Person sind, die ihre Identität bestimmen. Zudem sind es diese Wünsche, die dafür verantwortlich sind, dass eine Person überhaupt ein Interesse an ihrem eigenen Weiterleben hat. Nur wer Pläne hat, die er in Zukunft realisieren möchte, hat einen Grund, sein Leben fortzusetzen:

> (L1) Der Wert des Lebens einer Person ist für diese davon abhängig, dass sie unerfüllte kategorische Wünsche hat.

Die These, dass die kategorischen Wünsche dafür verantwortlich sind, dass die Person am Weiterleben ein Interesse hat, formuliert Williams selbst wie folgt: »[D]er Zustand, in dem ich weiterlebe, müsse so beschaffen sein, dass er mir bei meiner Zukunftsbetrachtung als ein Leben erscheint, das in angemessener Beziehung zu den Absichten steht, die ich jetzt mit dem Wunsch verbinde, überhaupt überleben zu wollen.«[11] Es muss also nicht nur der Fall sein, dass eine Person kategorische Wünsche *hat*, sondern es muss auch eine gewisse Wahrscheinlichkeit dafür bestehen, dass diese Wünsche sich in Zukunft erfüllen. Kurz gesagt: Die Zukunft muss die Aussicht bieten, dass sich ein Interesse erfüllt, damit eine Person sich diese Zukunft für sich wünschen kann. Sofern eine Person keine kategorischen Wünsche dieser Art mehr hat, verliert sie das Interesse an ihrer Zukunft überhaupt.

Eine weitere wichtige Prämisse von Williams' Argument, die in seiner Position zur personalen Identität begründet liegt, ist die Annahme, dass die Zahl der kategorischen Wünsche, die eine individuelle Person haben kann, endlich ist. Eine Person mit einem einigermaßen konstanten Charakter hat, so Williams, nur eine begrenzte Zahl von Interessen und eine begrenzte Zahl von Plänen, die sie in ihrem Leben realisieren kann.

9 Vgl. ebd., S. 140.

10 Vgl. zur Klassifikation verschiedener Arten von Wünschen Thomas Grundmann, »Egoismus, Altruismus und die Furcht vor dem eigenen Tod«, unveröffentl. Vortrag bei der Konferenz *Sterben und Tod* an der Humboldt-Universität Berlin, 14. Juni 2012.

11 Vgl. Williams, »Die Sache Makropulos«, S. 148.

(L2) Eine Person hat nur eine endliche Zahl kategorischer Wünsche.

Williams muss für sein Argument zudem auf eine Zusatzannahme über die Natur der kategorischen Wünsche zurückgreifen: die Annahme, dass jeder einzelne dieser kategorischen Wünsche einer Person irgendwann erfüllt ist. Die Zeit, die nötig ist, um einen beliebigen kategorischen Wunsch zu erfüllen (einen Plan umzusetzen, ein Interesse auszuleben), ist immer begrenzt. Williams vertritt also ebenfalls die Prämisse (L3):

(L3) Jeder kategorische Wunsch ist nach einer endlichen Zeit erfüllt.

Aus den Prämissen (L2) und (L3) ergibt sich die für Williams' Argument zentrale Schlussfolgerung:

(L4) Alle kategorischen Wünsche einer Person sind nach einer endlichen Zeit erfüllt.

Da die Zahl der kategorischen Wünsche einer Person, deren Vorhandensein eine der Bedingungen für ein wünschenswertes Weiterleben darstellt, endlich ist, sind alle diese Wünsche zwangsläufig zu irgendeinem Zeitpunkt des Lebens einer Person erfüllt – es sei denn, die Person stirbt vorher.

Sofern sich zu einem Zeitpunkt *während des Lebens* alle kategorischen Wünsche einer Person erfüllen, stellt der Tod für diese Person kein Übel mehr dar. In den Fällen, in denen der Tod die Erfüllung kategorischer Wünsche verhindert, ist er ein Übel für den Betroffenen, da er es unmöglich macht, die Erfüllung der verbliebenen kategorischen Wünsche herbeizuführen und/oder zu erleben. Häufig sterben Personen dann, wenn sie noch kategorische Wünsche haben. Aus diesem Grund stellt der Tod in sehr vielen Fällen ein Übel für den Betroffenen dar. Die gegenwärtige ungefähre Lebenszeit eines Menschen reicht nicht aus, um seine diachrone Identität zu gefährden: Eine Person wird während ihres Lebens nicht alles erleben, was für sie (mit ihrem stabilen Charakter) theoretisch von Interesse ist. Deswegen ergeben sich in unserer Welt keine Probleme für Williams' Bedingung der Identität. Eine

Person kann ein abwechslungsreiches Leben führen, ohne dass ihre personale Einheit gefährdet ist.

Wäre ein menschliches Leben sehr viel länger, würde sich dies Williams zufolge ändern. Personen, die aufgrund ihres stabilen Charakters nur eine gewisse Anzahl kategorischer Wünsche und damit Projekte haben, für die zu leben es sich lohnt, hätten zu irgendeinem Zeitpunkt zwangsläufig alles erlebt, was zu erleben ihnen wichtig ist: Alle ihre kategorischen Wünsche wären erfüllt. Sofern jedoch alle kategorischen Wünsche einer Person umfassend erfüllt sind, stellt sich, so nimmt Williams an, zwangsläufig eine Form der Langeweile ein, die sich von derjenigen, die wir aus kurzen Phasen unseres Leben kennen, grundlegend unterscheidet: Es handelt sich dabei vielmehr um »eine in ihrer Eigenart geradezu wahrnehmbare Reaktion auf die Dürftigkeit der eigenen Beziehung zur Umwelt«,[12] um eine Form des *taedium vitae*; eine grundlegende Lebensmüdigkeit, konstituiert durch die Abwesenheit jeglicher Projekte und Anliegen; eine Langeweile, die, sofern sie einmal eingetreten ist, nicht wieder aufgehoben werden kann.

Williams' Argument ist also das folgende:

(L1) Der Wert des Lebens einer Person ist für diese davon abhängig, dass sie unerfüllte kategorische Wünsche hat.
(L2) Eine Person hat nur eine endliche Zahl kategorischer Wünsche.
(L3) Jeder kategorische Wunsch ist nach einer endlichen Zeit erfüllt.
(L4) Alle kategorischen Wünsche einer Person sind nach einer endlichen Zeit erfüllt *(aus L2 und L3)*.
(L5) Ein zeitlich unbegrenztes Leben hat für eine Person keinen Wert *(aus L1 und L4)*.

Williams' Argument ist gültig. Die Prämisse (L1), die besagt, dass es die unerfüllten kategorischen Wünsche sind, die die Attraktivität des Lebens gewährleisten, scheint zudem plausibel zu sein.[13]

12 Ebd., S. 154.

13 Williams schlägt damit ein Modell zur Erklärung des Wertes des Lebens vor, das auch dazu geeignet ist, die Frage nach dem Übel des Todes zu beantworten. Vgl. zur Gegenüberstellung von Williams' Modell, das den Tod in Hinblick auf frustrierte Wünsche analysiert, mit dem Ansatz von Thomas Nagel, der den Tod

Im Folgenden werde ich mich daher mit den Prämissen (L2) und (L3) und damit mit der daraus folgenden Annahme (L4) kritisch auseinandersetzen.

2.2 Warum das Argument der Langeweile nicht überzeugt

Bevor ich verschiedene Einwände gegen Williams' Argument vorbringe, ist zunächst eine Klärung des Begriffs der Langeweile erforderlich, mit deren Hilfe sich der Prima-facie-Einwand zurückweisen lässt, Williams stelle ungerechtfertigt hohe Anforderungen an das Leben einer Unsterblichen.

Williams geht erstens davon aus, dass das Leben des Unsterblichen zwangsläufig langweilig werden würde, und verlangt zweitens, dass im Leben des Unsterblichen überhaupt keine Langeweile vorkommt: »Das einzige, was für die Ewigkeit gut genug ist, ist etwas, das die Langeweile *unvorstellbar* macht.«[14] Diese Forderung an ein unsterbliches Leben ist von verschiedenen Seiten kritisiert worden.[15]

Bei der Bedingung, dass Langeweile im menschlichen Leben unvorstellbar sein soll, handelt es sich, so die Kritik, um eine Bedingung für den Wert des Lebens, die wir an unser endliches Leben (zu Recht) nicht stellen: Auch im endlichen Leben von Personen ist Langeweile nicht unvorstellbar, und trotzdem kann ein solches Leben wertvoll und für die Person insgesamt attraktiv sein. Ein wünschenswertes Leben scheint mit Langeweile nämlich immer dann verträglich zu sein, wenn der Zustand der Langeweile nicht von Dauer ist, sondern von erfüllten Lebensphasen abgelöst wird. Insofern, so Williams' Kritiker, sollten wir auch von einer Unsterblichen nicht verlangen, dass sie sich *niemals* langweilt: Auch eine

als Verlust von intrinsisch prima facie wertvollem Leben sieht, z. B. Grundmann, »Egoismus, Altruismus und die Furcht vor dem eigenen Tod«.

14 Williams, »Die Sache Makropulos«, S. 154, Hervorh. d. Autors.

15 Vgl. z. B. John Martin Fischer, »Why Immortality is Not so Bad«, in: *International Journal of Philosophical Studies* 2 (1994), S. 257-270; Hunter Steele, »Could Body-Bound Immortality be Liveable?«, in: *Mind* 85 (1976), S. 424-427; oder Lisa Bortolotti, Yujin Nagasawa, »Immortality Without Boredom«, in: *Ratio* 22 (2009), S. 261-277.

Unsterbliche, die sich manchmal langweilt, kann dann ein wertvolles Leben haben, wenn diese Phase ihres Lebens nach absehbarer Zeit endet und darauf ein erfüllterer Lebensabschnitt folgt. Die Unsterbliche könnte sich, wie Hunter Steele vorschlägt, einen Teil der Zeit mit intellektuellen Aufgaben, einen anderen Teil mit Tischtennis beschäftigen; sich einen weiteren Teil der Zeit damit vertreiben, einen Filmstar zu verführen und schließlich auch einen Teil ihres Lebens damit verbringen, gelangweilt zu sein.[16]

Tatsächlich ist Williams' Bedingung der *unmöglichen* Langeweile irritierend. Es ist für seine Argumentation nicht nötig, dass sich die Unsterbliche *niemals* langweilt[17] – sie darf sich eben nur nicht auf unerträgliche, irreversible Art langweilen, die es per definitionem ausschließt, dass diese Lebensphase von einer anderen, unterhaltsameren und erfüllenderen Phase abgelöst werden könnte. Ein solcher irreversibler Zustand scheint aber von ganz anderer Art zu sein als derjenige, den wir alltagssprachlich mit dem Begriff der Langeweile bezeichnen: Augenscheinlich erfordert dieser alltagssprachliche Begriff keineswegs die Abwesenheit aller kategorischen Wünsche.

Jeremy Wisnewski folgend, müssen wir zwischen zwei Formen von Langeweile differenzieren: erstens derjenigen, die wahrscheinlich beinahe jeder Mensch aus seinem Leben kennt und die auch solche Personen überkommt, die aufgrund einer Vielzahl von Interessen dazu motiviert sind, ihr Leben in der Zukunft fortzusetzen. (Möglicherweise hilft das episodische Auftreten solcher Formen von Langeweile sogar dabei, ein fortwährend von kategorischen Wünschen erfülltes Leben überhaupt zu ermöglichen.[18]) Davon zu unterscheiden ist zweitens diejenige Form von Langeweile, die in vollkommener Interesselosigkeit besteht. Nur bei letztgenannter

16 Vgl. Steele, »Could Body-Bound Immortality be Liveable?«, S. 426.

17 Williams weist lediglich darauf hin, dass man die Langeweile des unsterblichen Lebens nicht einfach als ein notwendiges Übel in Kauf nehmen könne, da sie keinem höheren Gut diene, welches die Langeweile rechtfertige. Vgl. Williams, »Die Sache Makropulos«, S. 155.

18 Dies könnte zum Beispiel der Fall sein, weil vorübergehende Langweile in einem Bereich einer Disziplin, die Gegenstand eines kategorischen Wunsches ist, dazu führt, dass die Person sich einem anderen Bereich zuwendet, der ebenfalls in den Gegenstandsbereich desselben kategorischen Wunsches fällt. Vgl. dazu Jeremy Wisnewski, »Is the Immortal Life Worth Living?«, in: *International Journal for Philosophy of Religion* 58 (2005), S. 27-36, hier S. 30 f.

Form handelt es sich um Langeweile in Williams' Sinn: Nur die Langeweile, die in vollkommener Interesselosigkeit besteht, wird konstituiert durch die *Abwesenheit kategorischer Wünsche*, um die allein es Williams im Rahmen des Langeweile-Argumentes geht.

Langeweile kommt in den allermeisten Fällen dann vor, wenn durchaus noch kategorische Wünsche vorhanden sind – ich weiß heute nichts mit mir anzufangen und langweile mich, habe aber trotzdem den Wunsch, zukünftig herauszufinden, wie man ein Soufflé zubereitet oder einen Pullover strickt, sowie den Wunsch, einen Beruf zu ergreifen oder Kinder zu haben. Dagegen ist die Form, die laut Williams (a) kennzeichnend für ein nichtwünschenswertes Leben ist und die sich (b) im unendlich langen Leben früher oder später einstellt, diejenige, bei der keine kategorischen Wünsche, das heißt Interessen, die den Wunsch nach Fortexistenz motivieren, mehr vorhanden sind. Diese Form der Langeweile bezeichnen Lisa Bortolotti und Yujin Nagasawa als »habituell« oder chronisch.[19] Die Forderungen, die Williams ans Leben einer Sterblichen und an das einer Unsterblichen stellt, sind also nicht asymmetrisch, wenn man Langeweile nicht im alltagssprachlichen, sondern in seinem Sinne versteht: Situative Langeweile ist mit einem wertvollen Leben durchaus verträglich, chronische Langeweile jedoch nicht. Langeweile als Abwesenheit kategorischer Wünsche ist prinzipiell auch im sterblichen Leben vorstellbar. Sofern Williams' Annahme, dass es die unerfüllten kategorischen Wünsche sind, die den Wert des Lebens für die Person festlegen, zutrifft, wäre auch das Leben einer Sterblichen in einem solchen Fall nicht mehr attraktiv für sie, und sie hätte keinen Grund, es fortzusetzen. Eine solche Person würde vermutlich unter schweren Depressionen

19 Bortolotti/Nagasawa, »Immortality Without Boredom«, S. 268. Bortolotti und Nagasawa versuchen in ihrer Untersuchung zu zeigen, dass die *Erfüllung* sämtlicher kategorischer Wünsche (wie im Fall von Elina Makropulos) üblicherweise *nicht* die Quelle dieser habituellen Langeweile darstellt. Vielmehr resultiere diese in der Regel aus dem Verlust oder der *Frustration* aller Projekte und Interessen, da dies mit einem Gefühl des Scheiterns einhergehe. Dieses wiederum führe zur Langeweile oder, treffender: zum Ekel am Leben im Allgemeinen und dadurch womöglich sogar zur habituellen Langeweile in ihrer extremsten Ausprägung: Depressionen und Suizid. Dieses Gefühl des Scheiterns müsse sich beim Unsterblichen jedoch auch dann nicht einstellen, wenn dieser keine kategorischen Wünsche mehr habe, denn dieser Zustand könne ebenso gut durch Erfüllung wie durch Verlust oder Frustration erreicht worden sein.

leiden. Ihr Leben wäre gekennzeichnet durch die Abwesenheit jeglicher Interessen ebenso wie jedweder Hoffnung und jedes Wunsches an die Zukunft (zum Beispiel des Wunsches, die Depression zu überwinden). Womöglich wäre ein solches Leben für die Person tatsächlich nicht mehr wünschenswert. Der alltagssprachliche Begriff der Langeweile wird der Dramatik einer solchen Situation in diesem Fall zwar nicht gerecht; wenn man unter Langeweile allerdings die Abwesenheit kategorischer Wünsche versteht, trifft der Begriff sowohl auf den in dieser Weise Depressiven als auch auf den Unsterblichen, dessen Wünsche vollständig erfüllt wurden, zu.

In Bezug auf die Frage nach den Implikationen der Sterblichkeit ergeben sich aus den bisherigen Überlegungen folgende Konsequenzen: Die Sterblichkeit garantiert nicht die Abwesenheit habitueller Langeweile, oder anders gesagt: sie garantiert nicht, dass eine Person kategorische Wünsche hat. Vielmehr könnten pathologische Formen chronischer Langeweile auch im Leben einer sterblichen Person auftreten.

Auf Basis der Differenzierung zwischen Langeweile im alltagssprachlichen Sinn und chronischer, habitueller Langeweile, die in der Abwesenheit kategorischer Wünsche besteht,[20] kann Williams' Argument eingehender untersucht werden. Eine der Möglichkeiten, seine Theorie anzugreifen, ist es, die Prämisse (L3) zu kritisieren, nach der jeder kategorische Wunsch einer Person zu irgendeinem Zeitpunkt ihres Lebens zwangsläufig erfüllt ist. Sollte sich diese Prämisse als falsch herausstellen, könnte auch die Prämisse (L4) nicht aufrechterhalten werden, die besagt, dass nach einer endlichen Zeitspanne alle kategorischen Wünsche einer Person erfüllt sind. Williams' Argument wäre dann zwar gültig, aber nicht schlüssig, und es wäre nicht länger auszuschließen, dass eine Person über einen unbegrenzt langen Zeitraum hinweg ein attraktives und abwechslungsreiches Leben führen könnte.

Die Interessen von Personen an ihrer Zukunft können verschiedener Natur sein. Ein Instrument zu erlernen, die eigenen Kinder großzuziehen, ein Buch zu schreiben oder an der Entwicklung eines Medikamentes beteiligt zu sein sind alles kategorische Wünsche im williamsschen Sinn. Was genau muss jedoch der Fall sein, damit

20 Im Folgenden werde ich mit dem Begriff der Langeweile immer den von Williams als Abwesenheit kategorischer Wünsche charakterisierten Zustand bezeichnen.

ein Wunsch nicht mehr dazu geeignet ist, das Interesse an der eigenen Fortexistenz zu befördern?

Williams erwähnt in seiner Untersuchung nicht, dass Wünsche im Leben von Personen auf verschiedene Weise ihre Bedeutung verlieren können; man sollte nicht davon ausgehen, dass sich alle diese Wünsche im Verlauf eines Lebens tatsächlich *erfüllen.* Dies gilt für das endliche und das unendliche Leben gleichermaßen: Auch eine Unsterbliche kann in ihrer Beziehung zu einem anderen Menschen scheitern, sie kann einsehen, dass ihre schriftstellerische Begabung nicht ausreicht, um einen großen Roman zu schreiben, die Erziehung ihrer Kinder als misslungen betrachten oder feststellen, dass sie keine eigenen Kinder bekommen kann. Egal, wie unendlich lange die Unendlichkeit sein mag, sie bringt sicherlich nicht notwendigerweise mit sich, dass die Unsterbliche alle möglichen Talente besitzt oder überhaupt mehr Fähigkeiten hat als eine sterbliche Person – sie hat lediglich mehr Zeit zur Verfügung, um ihre begrenzten Mittel intensiver zu nutzen.

Abgesehen von der Begrenztheit ihrer Fähigkeiten und biologischen Verfasstheit, ist die Unsterbliche ebenso wie die Sterbliche auch durch externe Faktoren eingeschränkt. Aus unendlicher Lebenszeit folgt nicht, dass die Unsterbliche während ihres Lebens an keine zeitlichen, räumlichen oder sozialen Grenzen stößt. Auch sie kann etwa nicht an zwei Orten gleichzeitig sein, mit zwei Personen dasselbe intime Erlebnis teilen, die Einflüsse anderer Personen auf sich selbst eliminieren oder eigene Handlungen ungeschehen machen. Aus diesem Grund ist es sehr wahrscheinlich, dass auch eine Unsterbliche in manchen ihrer Wünsche dauerhaft frustriert werden kann.

Ist das Projekt einer Unsterblichen endgültig gescheitert, so ist der mit diesem Projekt verknüpfte kategorische Wunsch frustriert. Deswegen muss der kategorische Wunsch zwar nicht verschwinden – die Unrealisierbarkeit eines Wunsches garantiert sicherlich nicht, dass eine Person diesen Wunsch nicht *haben* kann. Andererseits ist es eine unplausible Annahme, dass solche dauerhaft frustrierten kategorischen Wünsche den Wert des Lebens einer Person ausmachen. Im Gegenteil scheint es im Sinn eines wünschenswerten Lebens eher gewinnbringend zu sein, sich von solchen Wünschen, die niemals realisiert werden können, zu verabschieden: Eine Person, die aus biologischen Gründen keine eigenen Kinder haben kann, wird womöglich ein glücklicheres Leben führen, wenn sie den Wunsch nach eigenen Kindern aufgibt. Dies ist unabhängig davon der Fall, ob der als unrealisierbar erkannte Wunsch seine motivationale Kraft verliert: Mit einer gewissen Wahrscheinlichkeit unglücklich sind sowohl die Person, die sich weiterhin eigene Kinder wünscht, ohne dass sie irgendetwas tut, um diesen (unerfüllbaren) Wunsch zu erfüllen, als auch diejenige, die in verzweifeltem Aktionismus wider besseres Wissen aussichtslose Schritte zur Erfüllung ihres Wunsches unternimmt.

Es spricht also vieles dafür, dass auch (endgültig) frustrierte Wünsche in Williams' Sinn als erschöpft gelten können, oder anders gesagt: Dauerhaft frustrierte kategorische Wünsche können kaum in Williams' Kategorie derjenigen Wünsche fallen, die den Wert des Weiterlebens sicherstellen (auch wenn diese frustrierten Wünsche weiterhin *vorhanden* sein können). Wenn wir mit Williams davon sprechen, dass die kategorischen Wünsche einer Person erschöpft sind, müssen wir erstens im Blick behalten, dass damit keineswegs immer die *Erfüllung* aller dieser Wünsche einhergehen muss. Zweitens kann eine Person trotz der Tatsache, dass ihr Leben Williams' Kriterium zufolge keinen Wert mehr hat, weiterhin kategorische Wünsche (oder zumindest Präferenzen) haben, nämlich solche, die dauerhaft frustriert sind.[21]

Die bisherigen Überlegungen dienten der Klärung der Frage, was es heißt, dass die kategorischen Wünsche einer Person den Wert ihres Fortlebens bestimmen, und auf welche Arten diese Wünsche erschöpft sein können. Williams geht wahrscheinlich von Beispielen wie den genannten aus, wenn er vermutet, dass *alle* kategorischen Wünsche früher oder später nicht mehr dazu geeignet sind, das Interesse an der eigenen Fortexistenz sicherzustellen. Jeder, der Kinder bekommen möchte, hat dies irgendwann getan und diese Kinder beim Aufwachsen begleitet, sofern kein Ereignis eingetreten

21 Williams äußert sich selbst an einer Stelle dazu, welche Arten kategorischer Wünsche dem Leben einer Person seinen Wert geben können: nur solche, die in Zukunft möglicherweise erfüllt werden könnten. Vgl. Williams, »Die Sache Makropulos«, S. 148. Eine solche Formulierung lässt einen gewissen Spielraum zu. Ob darunter zum Beispiel auch die im Folgenden diskutierten »großen« Wünsche fallen, die mit sehr hoher Wahrscheinlichkeit im eigenen Leben nicht erfüllt werden, ohne dass eine prinzipielle Unmöglichkeit der Erfüllung besteht, bleibt unklar.

ist, das die endgültige Frustration des Kinderwunsches zur Folge hatte. Wer ein Instrument erlernen möchte, gelangt mit diesem, wenn er das nötige Talent besitzt, wenn ihm unbegrenzt viel Zeit zum Üben zur Verfügung steht und er ausreichend viel Durchhaltevermögen mitbringt, zur Meisterschaft – oder er gibt seinen kategorischen Wunsch auf. Jeder, der ein Buch schreiben möchte, hat irgendwann die letzte Seite geschrieben oder seinen kategorischen Wunsch zwischendurch verloren, und so weiter. Entsprechend lautete Williams' Annahme (L3): Jedes Interesse, das eine individuelle Person haben kann, ist zu irgendeinem Zeitpunkt erschöpft. Diese Prämisse kann kritisiert werden. Tatsächlich ist überhaupt nicht klar, wieso der Unsterbliche keine Wünsche haben sollte, deren Erfüllung ihm unbegrenzt lange Befriedigung verschafft. Ich werde nun drei Arten kategorischer Wünsche vorstellen, die (L3) widersprechen.

Mit John Martin Fischer[22] muss zwischen erschöpfbaren und nichterschöpfbaren kategorischen Interessen differenziert werden. Während die erschöpfbaren kategorischen Interessen von der von Williams beschriebenen Art (nach endlicher Zeit erschöpft) sind, können nichterschöpfbare Interessen immer und immer wieder befriedigt werden, ohne dass die zeitweilige Erfüllung des Wunsches das Interesse an der Zukunft verringert: Eine Person kann sich für alle oder zumindest für sehr viele Zeitpunkte ihres Lebens wünschen, dass ein solcher kategorischer Wunsch erfüllt wird. Diese Art kategorischer Wünsche bezeichne ich als *generell*. Generelle Wünsche bestehen (falls eine Person sie hat) unabhängig davon, ob oder wie oft sie schon erfüllt wurden. Man kann zum Beispiel ein generelles Interesse daran haben, ein bestimmtes Gemälde immer und immer wieder zu sehen, ein Musikstück immer und immer wieder zu hören, seine Freunde immer um sich zu haben oder ein Gericht – Fischer mag zum Beispiel Gänseleber – immer und immer wieder zu essen, ohne dass der Genuss an dem Erlebnis mit der Zeit abnimmt. Möglicherweise würde der Genuss sogar zunehmen, da der Unsterbliche die Zeit hat, sich so ausführlich mit einer Sache zu beschäftigen, dass er besonders viele Details und Feinheiten wahrnehmen kann. Grundsätzlich sind aber auch solche generellen Wünsche vorstellbar, deren Erfüllung immer wieder befriedigend

22 Vgl. Fischer, »Why Immortality is Not so Bad«.

ist, auch ohne dass diese Befriedigung einer Veränderung unterliegt oder mit einer Form von Fortschritt verbunden ist. Ein weiteres Beispiel für ein solches generelles Interesse sind religiöse oder spirituelle Erfahrungen, die eine Person während ihres Lebens immer wieder oder auch fortwährend macht, ohne eine Form von Langeweile, Erschöpfung oder Desinteresse zu empfinden. Auch dabei kann es sich um ein generelles kategorisches Interesse handeln, das das Interesse am Weiterleben auch in einem unendlich langen Leben aufrechterhalten kann.

Abgesehen von den genannten generellen Interessen sind auch noch besonders *große* kategorische Wünsche denkbar, die sich mit sehr hoher Wahrscheinlichkeit niemals vollständig erfüllen lassen. Diese Wünsche können dennoch eine motivationale Kraft ausüben, weil auch Teilerfolge bei ihrer Erfüllung die Bemühungen der Person rechtfertigen. Solche Wünsche können zum Beispiel darin bestehen, ein umfassendes Wissen über einen Interessensbereich zu erwerben, mitzuerleben (und/oder aktiv daran mitzuwirken), dass alle Menschen friedlich miteinander leben oder dass für jede Krankheit ein Heilmittel gefunden wird. Sofern ein Sterblicher solche Wünsche hat, kann er zwar sein Leben an diesen Zielen ausrichten, muss aber davon ausgehen, dass sein Tod den Wunsch, das entsprechende Ereignis zu erleben, frustrieren wird – er kann kaum damit rechnen, dass zu irgendeinem Zeitpunkt seines Lebens alle Krankheiten heilbar sein werden; er kann jedoch trotzdem während seines gesamten Lebens auf dieses Ziel hinarbeiten.

Wünsche der genannten Art sind nicht prinzipiell unerfüllbar, in der Vorstellung einer vollständig friedlichen Welt oder eines umfassenden Wissens auf einem Gebiet liegt kein Widerspruch. In Hinblick auf die Beschaffenheit der aktualen Welt und die Veränderungen, denen diese unterliegt, ist die Erfüllung dieser Wünsche jedoch höchst unwahrscheinlich. Sofern man davon ausgeht, dass im Lauf der Zeit immer wieder neue Krankheiten oder neue Tatsachen, die gewusst werden können, entstehen, so ist der Wunsch, alle Krankheiten therapieren zu können oder alles Wissen in einem Bereich zu erwerben, unerfüllbar. Da eine endliche Zeit zur Erfüllung eines solchen Wunsches nicht ausreicht, kann dieser sogar eine Unsterbliche über einen beträchtlichen Zeitraum oder sogar für immer beschäftigen.

Bisher wurden zwei Arten von kategorischen Wünschen genannt, die nicht in endlicher Zeit erfüllt sein müssen. Eine dritte Art sind *relationale* kategorische Wünsche, die darin bestehen, in einem bestimmten Verhältnis zu anderen Personen zu stehen: Eine Person kann sich wünschen, ein besserer Physiker oder Fußballer zu sein als alle anderen. Wenn der Unsterbliche, wie wir annehmen wollen, keine übermenschlichen Fähigkeiten besitzt und ein kontinuierlicher Wettbewerb unter Sportlern oder Wissenschaftlern besteht, wird sich dieser Wunsch höchstens für eine gewisse begrenzte Zeit, niemals jedoch endgültig erfüllen lassen.

Die Veränderung der aktualen Welt stellt in solchen Fällen sicher, dass ein kategorischer Wunsch praktisch nicht *dauerhaft* erfüllbar ist. Williams vernachlässigt in seiner Argumentation die Tatsache, dass die Welt durch ihre fortwährende Veränderung immer wieder neue Weisen bereitstellt, bereits bestehende (und womöglich zeitweise erfüllte) Interessen zu befriedigen.[23] Man kann den Wunsch haben, ein Computerexperte zu sein, und dieses Ziel kann man zu einem Zeitpunkt auch erreicht haben. Durch den stetigen Fortschritt im Bereich der Computertechnik ist es jedoch erforderlich, immer neues Wissen zu erwerben, um den Wunsch auch dauerhaft zu befriedigen. Auch derjenige, der als Literaturwissenschaftler Experte auf dem Gebiet der Gegenwartsliteratur sein möchte, wird nicht umhinkommen, immer wieder neue Bücher zu lesen. Zahlreiche andere Beispiele, in denen ein kategorischer Wunsch aufgrund der Veränderung der Welt nie dauerhaft erfüllbar ist, sind vorstellbar.

Es ist also nicht der Fall, dass die kategorischen Wünsche einer Person in unendlich langer Zeit zu irgendeinem Zeitpunkt zwangsläufig erschöpft sind: Generelle Wünsche wie derjenige, eine bestimmte Tätigkeit immer wieder auszuführen, große Wünsche wie derjenige, ein bestimmtes sehr weit entferntes oder sogar prinzipiell unerreichbares Ziel zu verfolgen, oder relationale Wünsche wie

23 Vgl. zu diesem Einwand auch Wisnewski, »Is the Immortal Life Worth Living?«, S. 34: »[S]ogar wenn jemand in einen Zustand gerät, in dem keine kategorischen Wünsche vorhanden sind, folgt daraus nicht, dass dieser Zustand dauerhaft ist. [...] Der Fehler, den Williams begeht, wenn er annimmt, dass ein unendliches Leben notwendigerweise zu einem unendlich langweiligen wird, besteht, wie mir scheint, darin, sich vorzustellen, dass ein bestimmter Bereich von Möglichkeiten in dem Moment existiert, in dem ich die Unsterblichkeit will, und dass dieser Möglichkeitsbereich derselbe bleibt.«

derjenige, dauerhaft der Beste in einer Disziplin zu sein, können den Unsterblichen während der gesamten Dauer seines Lebens motivieren, seine Existenz fortzusetzen. Darüber hinaus bietet die sich verändernde Welt dem Unsterblichen immer wieder neue Möglichkeiten, seine generellen, großen oder relationalen Wünsche auf neue Weise zu befriedigen. Prämisse (L3), die besagt, dass jedes Interesse einer Person in endlicher Zeit erschöpft sein muss, ist also nicht haltbar.

Williams' Position hat noch eine weitere Schwachstelle. Es ist nämlich fraglich, wieso die Identität einer Person überhaupt von einer begrenzten Menge kategorischer Wünsche abhängig sein soll. Dagegen sprechen mindestens zwei Gründe.

Veränderungen der Welt (zum Beispiel in Gestalt des technischen Fortschritts) können der Unsterblichen neue Möglichkeiten bieten, kurzzeitig erfüllte Interessen auf neue Weise zu befriedigen. Die bisher genannten Beispiele zeigen, dass die personale Identität nicht auf den *konkreten* kategorischen Wünschen einer Person beruhen kann: Diese konkreten Wünsche ändern sich zum Beispiel bei einer an der Informatik Interessierten dahingehend, dass sie immer neue Programme oder Programmiersprachen beherrschen möchte. Bestehen bleibt lediglich die abstrakte Präferenz,[24] Computerexperte zu sein – personale Identität kann also höchstens auf abstrakten Präferenzen, nicht jedoch auf konkreten kategorischen Wünschen beruhen.

Die Wünsche von Personen scheinen also hierarchisch geordnet zu sein. So wird sich zum Beispiel ein besonderes Interesse an Lebensmitteln und deren Verarbeitung – eine abstrakte Präferenz – immer auf Basis der zur Verfügung stehenden konkreten Möglichkeiten äußern. Ein Koch, dessen Begeisterung an innovativer Küche sich noch vor einigen Jahrzehnten darin geäußert hat, dass er Nahrungsmittel aus anderen Kontinenten in seine Gerichte einbrachte, lebt sein Interesse jetzt aus, indem er (ermöglicht durch

24 Als abstrakte Präferenzen im Gegensatz zu konkreten Wünschen bezeichne ich diejenigen Vorlieben einer Person, die während ihres gesamten Lebens bestehen bleiben. Abstrakte Präferenzen, die dem Subjekt selbst nicht präsent sein müssen, manifestieren sich in veränderlichen konkreten Wünschen. Vgl. auch Tim Schroeder, »Desire«, in: Edward N. Zalta (Hg.), *The Stanford Encyclopedia of Philosophy*, Ausgabe Frühjahr 2014, ⟨http://plato.stanford.edu/archives/spr2014/entries/desire/⟩, letzter Zugriff: 18. 11. 2014.

die Fortschritte der molekularen Küche) die altbekannten Lebensmittel in neuen Aggregatzuständen präsentiert. Auch wenn es richtig sein sollte, dass die Identität einer Person in irgendeiner Weise mit ihren Wünschen verknüpft ist, so ist es nicht zwangsläufig der Fall, dass ihre (übergeordneten) abstrakten Präferenzen immer mit denselben (untergeordneten) konkreten kategorischen Wünschen verbunden sind.

Williams nimmt an, dass die Wünsche einer Person ihre Identität konstituieren. Bleibt eine Person bei vollständiger Transformation aller ihrer Wünsche mit sich selbst identisch, dann können diese Wünsche also nicht ihre Identität ausmachen. Da es nun aber vorstellbar (und womöglich sogar in der aktualen Welt der Fall) ist, dass die Wünsche ein und derselben Person sich vollständig verändern, kann dies nicht richtig sein: Personales Überleben scheint mit einer langsamen und kohärenten Transformation *aller* kategorischen Wünsche durchaus verträglich zu sein. Dass jemand gegenwärtig vollkommen andere Wünsche hat als noch vor einigen Jahrzehnten oder Jahrhunderten, reicht für sich genommen jedoch nicht dafür aus, dass wir ihn für *eine andere Person* halten – sofern die neuen Wünsche die alten nach und nach und nicht abrupt abgelöst haben, sofern jeweils aufeinanderfolgende Wünsche oder mentale Zustände kausal miteinander zusammenhängen[25] und sofern die Veränderung aller Wünsche im Licht der eigenen Lebensgeschichte – der Erfahrungen und des gewonnenen Wissens – kohärent ist.[26] Sogar in der aktualen Welt kann eine solche langsame Transformation aller kategorischen Wünsche vorkommen. Williams formuliert mit seinem Kriterium für diachrone personale Identität also zu starke Bedingungen dafür, dass eine Entität zu zwei verschiedenen Zeitpunkten als dieselbe Person bezeichnet werden kann: Er fordert eine besondere Konstanz der Wünsche, die wesentlicher Bestandteil der Persönlichkeit sind. Diese starken Anforderungen müssen aber gar nicht erfüllt sein, um personales Überleben zu gewährleisten.

25 Siehe zur Veränderung mentaler Zustände in Hinblick auf das Problem diachroner personaler Identität David Lewis, »Überleben und Identität«, in: Ludwig Siep (Hg.), *Identität der Person. Aufsätze aus der nordamerikanischen Gegenwartsphilosophie*, Basel, Stuttgart 1983, S. 68-95.

26 Vgl. zu biografischer Veränderung und Kohärenz Michael Quante, *Person*, Berlin, New York 2007, S. 158-160.

Derek Parfit differenziert zwischen zwei verschiedenen psychologischen Relationen, die zwischen Personen zu verschiedenen Zeitpunkten bestehen können: psychologischer *Kontinuität* einerseits, starker psychologischer *Verbundenheit* andererseits. Eine starke Verbundenheit zwischen zwei Personen zu einem Zeitpunkt besteht dann, wenn zwischen diesen Personen eine gewisse Menge an *direkten* psychologischen Verbindungen (wie zum Beispiel Erinnerungen) besteht. Für die psychologische Kontinuität zwischen zwei Personen-zu-einem-Zeitpunkt ist es dagegen ausreichend, dass sich einige Stränge starker psychologischer Verbundenheit (im oben genannten Sinn) überlappen und so eine Kontinuität zwischen den beiden Personen herstellen.[27]

Nach Parfit und Timothy Chappell, der mit Parfit gegen Williams argumentiert, ist ein Kriterium für personales Überleben, das psychologische Kontinuität anstelle von starker Verbundenheit verlangt, besser dazu geeignet, verschiedene praktische Fragen diachroner Identität zu beantworten.[28] Dazu zählt insbesondere die Beobachtung, dass die Identität der Person eine transitive Relation ist: Ich bin (in Parfits Sinn) stark mit meinem gestrigen Ich verbunden (zum Beispiel durch Erinnerungen an Dinge, die ich gestern erlebt habe), und mein gestriges Ich war gestern auf dieselbe Art mit meinem vorgestrigen Ich verbunden. Obwohl sich diese Reihe vermutlich sehr lange in die Vergangenheit fortsetzen lässt, ist dadurch nicht gezeigt, dass ich mit meinem Ich vor zehn Jahren (oder gar mit *allen* meinen vorhergegangenen personalen Stadien) stark verbunden bin. Durchaus gezeigt ist jedoch, dass mein damaliges und mein heutiges Ich in gewisser Weise ich sind – obwohl keine starke direkte Verbindung besteht, überlappen sich einzelne Stränge solcher starken Verbindungen und gewährleisten so die psychologische Kontinuität. Parfit formuliert dieses Argument wie folgt: »Weil Identität eine transitive Relation ist, muss das Kriterium für Identität ebenfalls eine transitive Relation sein. Weil starke Verbundenheit nicht transitiv ist, kann sie nicht das Kriterium für Identität sein.«[29] Mit anderen Worten: Starke Verbundenheit kann aufgrund ihrer Intransitivität kein Kriterium für personales Über-

27 Vgl. Derek Parfit, *Reasons and Persons*, New York 1986, S. 205 f.

28 Vgl. Timothy Chappell, »Infinity Goes Up On Trial: Must Immortality Be Meaningless?«, in: *European Journal of Philosophy* 17 (2007), S. 30-44, hier S. 38 f.

29 Parfit, *Reasons and Persons*, S. 206.

leben sein, *sich überlappende Stränge* direkter Verbundenheit jedoch schon.[30]

Auf dieser Basis lässt sich auch ein Versuch von Hans Jonas, das personale Überleben des Unsterblichen zu problematisieren, zurückweisen.[31] Jonas geht davon aus, dass die begrenzten Kapazitäten des menschlichen Gehirns überhaupt nicht ausreichen, um Erinnerungen, Erfahrungen und Informationen abzuspeichern, die sich in einem extrem langen Leben ansammeln würden. Dies mag richtig sein, ist allerdings irrelevant, wenn die Erinnerung an alle früheren personalen Stadien für das personale Überleben gar nicht notwendig ist. Theoretisch kann eine Person zum Zeitpunkt t_2 auch dann dieselbe Person sein wie eine Person zu t_1, wenn sie keine gemeinsamen Erinnerungen mit der Person zu t_1 mehr teilt.[32]

Die bisherigen Überlegungen zeigen, dass Williams' Bedingung für personale Identität – die Annahme, dass die Identität einer Person in einer unveränderlichen Menge kategorischer Wünsche besteht –, auf der sein Argument für die Langeweile der Unsterblichkeit basiert, zu stark ist. Er muss auf diese Prämisse zurückgreifen, um zu zeigen, dass mir am Überleben einer Person, mit der ich nicht direkt psychologisch verbunden bin, nicht gelegen sein kann – jedenfalls nicht auf dieselbe Weise, auf die *mein* Überleben für mich von Interesse ist. Die obigen Ausführungen zur Transitivität der Identität mentaler Zustände machen jedoch deutlich, dass dies nicht der Fall ist: Sofern zwischen meinem gegenwärtigen Ich und einer zukünftigen Person eine Kette von sich »überlappenden

30 Parfit geht es in seiner Untersuchung darum, zu zeigen, dass *Identität* über die Zeit hinweg gar nicht das ist, auf das es ankommt, wenn wir uns fragen, ob eine Person überlebt. Stattdessen sei es eine bestimmte *Relation zwischen mentalen Zuständen* (nämlich die Relation mentaler Kontinuität), die beim Überleben von Personen – nicht jedoch bei der Frage nach personaler Identität – eine Rolle spiele.

31 Vgl. Hans Jonas, »Last und Segen der Sterblichkeit«, in: ders., *Philosophische Untersuchungen und metaphysische Vermutungen*, Frankfurt/M. 1992, S. 81-100, hier S. 98.

32 Auch Lewis thematisiert das Problem, dass eine Person mit einer sehr langen Vergangenheit unter Umständen nicht mehr mit allen ihren vorherigen mentalen Zuständen direkt verbunden ist. Lewis geht allerdings davon aus, dass in einer solchen Situation tatsächlich zwei Personen existieren, die von uns deswegen als eine Person gezählt werden, weil zwei ihrer zeitlichen *Stadien* (Personen-zu-einem-Zeitpunkt) miteinander identisch sind. Vgl. Lewis, »Überleben und Identität«, S. 83-85.

(Erinnerungs-)Strängen«[33] besteht, die aus der Zukunft bis zu meinem jetzigen Ich zurückreicht, kann das Leben dieser zukünftigen Person als das meine (oder zumindest das für mich in derselben Weise relevante) angesehen werden. Diesen Punkt hebt in Bezug auf Williams' Argument auch Aaron Smuts hervor:

> Damit ein unsterbliches Dasein wünschenswert sein kann, braucht es nur der Fall zu sein, dass unsere kategorischen Wünsche zu jedem beliebigen Zeitpunkt dazu in der Lage sind, uns in die Zukunft »zu treiben«. Es ist, um diese Bedingung zu erfüllen, nicht notwendig, dass wir in tausend Jahren *dieselben* kategorischen Wünsche haben wie in diesem Moment.[34]

Auch wenn eine Person sich während ihres unendlichen oder zumindest extrem langen Lebens vermutlich häufiger und damit, über das ganze Leben gesehen, insgesamt viel stärker verändert und sich demzufolge nicht zu jedem Zeitpunkt mit sich selbst zu allen anderen Zeitpunkten verbunden fühlt (und es im starken, direkten Sinne auch nicht ist), kann das Leben dieser Person als *ihr* Leben betrachtet werden. Williams' Argument ist also nicht überzeugend: Die Wünsche einer Person können sich über die Zeit hinweg vollständig verändern. Insofern hat *nicht* jede Person nur eine endliche Menge kategorischer Wünsche – auch dann, wenn eine zu ihr gehörige Person zu einem Zeitpunkt nur endlich viele solcher Wünsche hat.

Williams' Argument dafür, dass Unsterblichkeit zwangsläufig zu unerträglicher Langeweile führen würde, kann also nicht aufrechterhalten werden. Die Eigenschaft der Sterblichkeit ist, wie ich zeigen konnte, nicht notwendig, um unerträgliche Langeweile im menschlichen Leben zu verhindern.

2.3 Die Veränderung der unsterblichen Persönlichkeit

Die Bedingungen, die Williams an die personale Identität über die Zeit hinweg formuliert, sind, wie gezeigt wurde, zu stark. Welche Menge und Art von Persönlichkeitsveränderungen würde der Unsterbliche während seines Lebens aber tatsächlich erfahren, und

33 Chappell, »Infinity Goes Up On Trial«, S. 39.

34 Aaron Smuts, »Wings of Desire: Reflections on the Tedium of Immortality«, in: *Film and Philosophy* 13 (2008), S. 137-151, hier S. 140.

welche Schlüsse müssen daraus für die Rolle der Sterblichkeit gezogen werden?

Die Befürchtung, dass ein besonders langes, insbesondere ein unendliches Leben ein Problem für die Entwicklung der menschlichen Persönlichkeit mit sich bringen würde, kann in noch radikalerer Form vertreten werden als von Bernard Williams. In Jorge Luis Borges' Erzählung »Der Unsterbliche« reist der Erzähler zum Stamm der Troglodyten und findet dabei einen Fluss, dessen Wasser unsterblich macht. Der Erzähler trinkt davon, die Unsterblichkeit stellt sich jedoch als wenig angenehmer Zustand heraus – etwa weil die Unsterblichen keine persönlichen Lebensziele mehr erreichen, keine Erfolge mehr wertschätzen, kein Mitleid mehr empfinden können.[35] Der Protagonist macht sich daher auf die Suche nach einem Fluss, dessen Wasser ihm seine Sterblichkeit zurückgibt, und findet diesen nach einigen Jahrhunderten an der Küste Eritreas.

In Bezug auf die diachrone Identität der Unsterblichen heißt es bei Borges: »Sie [die Gemeinschaft der Unsterblichen] wußte, daß innerhalb eines unendlichen Zeitraums jedem Menschen alles widerfährt. [...] Niemand ist jemand, ein einziger Unsterblicher ist die ganze Menschheit.«[36] Diese Passage der Erzählung lässt sich als Befürchtung hinsichtlich der Persönlichkeitsentwicklung eines Unsterblichen verstehen, die zunächst in eine ähnliche Richtung wie Williams' Identitätsbedingung zu führen scheint, schlussendlich aber einen anderen Fokus hat. Es sei, so würde Borges vielleicht behaupten, nicht nur nicht möglich, über einen sehr langen Zeitraum hinweg einen zumindest einigermaßen konstanten Charakter zu behalten – es sei sogar der Fall, dass eine unsterbliche Person während ihres unendlich langen Lebens *jede* Entwicklung ihrer Persönlichkeit erleben würde, die zu erleben einem Menschen grundsätzlich möglich ist. Eine philosophische Formulierung dieser Idee findet sich bei Geoffrey Scarre:

Es gibt bestimmte Arten von Personen, die ich niemals sein möchte. Aber kann ich mit Sicherheit annehmen, dass ich niemals, egal wie lange ich (oder meine Nachfolge-Selbste) überlebe, eine Persönlichkeit entwickle,

35 Vgl. Jorge Luis Borges, »Der Unsterbliche«, in: ders., *Die Bibliothek von Babel*, Stuttgart 1974, S. 3-20, hier S. 15.

36 Ebd.

die Hitler oder Jack the Ripper ähnelt? Es scheint, dass ich, wenn ich der Eintönigkeit der Unsterblichkeit entgehen möchte, eine große Anzahl an Möglichkeiten, ein Mensch zu sein, durchlaufen müsste.[37]

Die Möglichkeit, sich in der Zukunft in eine Person wie Jack the Ripper zu verwandeln, ist Scarre zufolge erstens in moralischer Hinsicht alarmierend, und es sei zweitens nicht *wünschenswert*, eine Persönlichkeit zu haben, von der man wüsste, dass sie sich zukünftig so dramatisch verändern könnte. Scarre geht also davon aus, dass der Charakter einer Person in einer unendlich langen Zeitspanne sämtliche (oder zumindest sehr viele derjenigen) Entwicklungen durchläuft, die ein Charakter prinzipiell durchlaufen kann, und dass nichts denjenigen Veränderungen entgegensteht, die die Person zu einem früheren Zeitpunkt als nicht wünschenswert oder unmoralisch ansehen würde. Bei dieser Kritik handelt es sich nicht um ein Problem für die numerische Identität einer Person. Vielmehr besagt das Argument, dass ein unendliches Leben aus dem genannten Grund nicht erstrebenswert wäre, selbst wenn es als das Leben *einer* Person (oder mehrerer Personen-zu-Zeitpunkten, die in der relevanten Hinsicht miteinander verbunden sind) betrachtet werden könnte. Tatsächlich kann das von Scarre diagnostizierte Problem dann auftreten, wenn man das Kriterium für personale Identität so formuliert, wie es nötig war, um Williams' Identitätsbedingung zurückzuweisen. Sofern ein psychologisches Kriterium personaler Identität, das *keine* konstanten kategorischen Wünsche erfordert, zutreffend ist, sei eine Entwicklung hin zu einer der vielen Persönlichkeiten, die eine Person auf keinen Fall haben will, nur eine Frage der Zeit.

Auf Basis der im letzten Kapitel formulierten Vermutung, dass sich die Wünsche einer Person über die Zeit hinweg vollständig verändern können, ist Scarres Befürchtung also auf den ersten Blick plausibel. Bei der Widerlegung von Williams' Langeweile-Argument habe ich gezeigt, dass die Wünsche einer Person ihre Identität nicht konstituieren und dass die kontinuierliche Veränderung dieser Wünsche im Falle der Unsterblichkeit sogar zu begrüßen ist, damit die Langeweile im unsterblichen Leben verhindert wird. Wenn dies zutrifft, wieso sollte die Unsterbliche dann nicht davon ausgehen,

37 Geoffrey Scarre, *Death*, Stocksfield 2007, S. 58.

dass sie im Laufe ihres Lebens auch solche Präferenzen entwickelt, die sie zu einem früheren Zeitpunkt strikt abgelehnt hätte?

In Hinblick auf diese Frage ist zunächst zwischen solchen Entwicklungen, die die Person zum gegenwärtigen Zeitpunkt auf Basis ihrer Präferenzen für nicht wünschenswert hält, und solchen Entwicklungen, die grundsätzlich moralisch verwerflich sind, zu unterscheiden. Der Einwand, den ich gegen Scarres Argument formulieren werde, betrifft zwar beide Arten von Persönlichkeitsveränderungen, dennoch möchte ich hinsichtlich der ersten Klasse von Präferenzen folgende Beobachtung voranstellen: Auch sterbliche Personen neigen dazu, das Ausmaß der Veränderungen, die sie während ihres (zukünftigen) Lebens durchlaufen, zu unterschätzen.

Menschen gehen davon aus, sich zukünftig nur wenig zu verändern, obwohl sie wissen, dass sie sich in der Vergangenheit stark verändert haben [...]. Sowohl Teenager als auch Großeltern scheinen zu glauben, dass die Geschwindigkeit persönlicher Veränderung sich schleichend verlangsamt und dass sie kürzlich die Personen geworden sind, die sie bleiben werden. Die Geschichte, so scheint es, endet immer am heutigen Tag.[38]

Da die menschliche Persönlichkeit sich auch im sterblichen Leben viel stärker verändert, als wir normalerweise vermuten, und diese Veränderungen in der Regel kein Problem darstellen, sollte auch die Unsterbliche ihre *momentanen* Einschätzungen nicht überbewerten:

Ich weiß nicht, welche Wünsche ich in zwanzig Jahren haben werde, ebenso wenig wie ich vor zwei Jahren wusste, welche Wünsche ich heute habe. Die Veränderungen unserer Wünsche erfolgen typischerweise, wenn auch nicht immer, schrittweise, und selbst wenn unsere neuen Wünsche uns überraschen, erscheinen sie uns nur selten vollkommen fremd.[39]

Radikale Persönlichkeitsveränderungen existieren sowohl im sterblichen als auch im unsterblichen Leben und sind, wenn sie sich langsam und kohärent vollziehen, in der Regel kein Problem für die Identität einer Person. In vielen Fällen passt sich die eigene Be-

38 Jordi Quoidbach u.a., »The End of History Illusion«, in: *Science* 339 (2013), S. 96-98, hier S. 96 f.

39 Connie Rosati, »The Makropulos Case Revisited: Reflections on Immortality and Agency«, in: Ben Bradley u.a. (Hg.), *Handbook of the Philosophy of Death*, Oxford u.a. 2013, S. 355-390, hier S. 382.

wertung der jeweiligen Veränderung (die Bewertung hinsichtlich der Frage, ob eine Persönlichkeitsentwicklung wünschenswert ist) den Lebensumständen an. Daher kann auch der Unsterbliche der Entwicklung seiner eigenen Persönlichkeit relativ gelassen entgegensehen.

Anders verhält es sich mit der zweiten Klasse von Persönlichkeitsveränderungen, die Scarre besonders hervorhebt. Diese Entwicklungen sind nicht nur besonders weit entfernt von den gegenwärtigen Präferenzen einer Person, sie sind zudem auch *moralisch verwerflich*. Zum Serienmörder zu werden ist eine abzulehnende Veränderung der Persönlichkeit, unabhängig davon, ob ich dies zu einem späteren Zeitpunkt meines Lebens – etwa zu dem Zeitpunkt, zu dem ich zum Serienmörder werde – noch glaube oder nicht. Ein Leben als Mörder könnte, ganz unabhängig von der Frage nach den subjektiven Bewertungen der Person, aus moralischen Überlegungen nicht wünschenswert sein. Daher, so Scarres Idee, könnten wir einer Unsterblichkeit, die eine solche Option besonders wahrscheinlich macht, nicht zustimmen und sollten die Sterblichkeit bevorzugen.

In Abschnitt 2.2 habe ich dafür argumentiert, dass die Wünsche einer Person ihre Identität nicht konstituieren und sich daher im Leben der Unsterblichen vollständig verändern können, ohne dass ihre Identität über die Zeit hinweg gefährdet ist. Dabei habe ich freilich explizit hervorgehoben, dass, auch wenn die Identität nicht auf den *konkreten* Wünschen einer Person beruht, es doch gewisse *abstrakte Präferenzen* geben kann, die über das gesamte Leben der Unsterblichen konstant bleiben und sich lediglich in immer neuen, konkreten Wünschen realisieren. Eine solche Grundpräferenz könnte zum Beispiel darin bestehen, sich an gewissen moralischen Standards zu orientieren, zum Beispiel keiner anderen Person bewusst Leid zuzufügen. Diese oder vergleichbare Präferenzen könnten den Charakter einer Person durchaus ganz grundsätzlich konstituieren und verhindern, dass sie andere Menschen tötet oder sich in anderer Weise hin zu einer Person entwickelt, deren Charaktereigenschaften aus moralischen Gründen abzulehnen sind. Wenn die Wünsche einer Person hierarchisch strukturiert sind, kann es unwandelbare Grundpräferenzen geben, die den Rahmen abstecken, in dessen Grenzen sich die Entwicklung und Veränderung der Persönlichkeit vollzieht.

Aus diesem Grund muss die Unsterbliche die Möglichkeit, sich zum Mörder zu entwickeln, nicht mehr fürchten als die Sterbliche. Da auch die Unsterbliche unwandelbare Grundpräferenzen haben kann, hat sie in der Regel[40] die Möglichkeit, eine solche Entwicklung zu verhindern. Dennoch bleibt eine gewisse Ad-hoc-Plausibilität der Idee bestehen, dass die Unsterblichkeit unsere Bewertungen dessen, was in unserem Leben in positiver oder negativer Hinsicht gravierend und entscheidend ist, in relevanter Weise verändern würde.[41]

Oben habe ich darauf hingewiesen, dass Personen sich im Lauf ihres Lebens hinsichtlich ihrer Überzeugungen und Präferenzen in der Regel offenbar viel stärker verändern, als sie selbst vermuten. In dieser Hinsicht unterscheidet sich das Leben der Sterblichen also womöglich gar nicht so sehr von dem einer imaginierten Unsterblichen. Studien in der experimentellen Psychologie untersuchen allerdings nicht nur die Frage, ob Personen sich überhaupt verändern, sondern fragen auch nach den systematischen Mustern, die diesen Veränderungen zugrunde liegen.

Die Psychologie des Alterns konzentriert sich häufig auf den

40 Extremsituationen, in denen Handlungen sogar gegen diese Grundpräferenzen einer Person verstoßen, sind natürlich vorstellbar. In eine solche Situation kann jedoch die Unsterbliche ebenso wie die Sterbliche geraten.

41 Bemerkenswerterweise wird in der philosophischen Literatur nicht nur die hier diskutierte Sorge vertreten, dass der Unsterbliche sich während seines Lebens in einer Weise verändert, die er selbst keineswegs wünschen kann. Zudem wird an verschiedenen Stellen die Idee formuliert, dass gerade die Sterblichkeit eine Bedingung der *Einzigartigkeit* jedes Menschen darstellt: »[W]enn alle Möglichkeiten des Lebens für jeden über einen unbegrenzt langen Zeitraum verfügbar wären [...], umso mehr würden alle dazu tendieren, sich zu gleichen. Je länger solche Leben andauern würden, umso weniger einzigartig würden materiell unterschiedliche Menschen werden.« (Jeff Noonan, »The Life-Value of Death. Mortality, Finitude and Meaningful Lives«, in: *Journal of Philosophy of Life* 3 (2013), S. 1-23, hier S. 20.) Es seien, so Noonan in diesem Zusammenhang, gerade die Beschränkungen und Grenzen des Lebens in der aktualen Welt, die unsere Leben als *individuelle* konstituieren. Auch Peter Koestenbaum vertritt die Position, dass nicht nur die Einzigartigkeit, sondern auch die Unersetzbarkeit der Person wesentlich mit deren Sterblichkeit zusammenhängt (vgl. Peter Koestenbaum, *Is there an Answer to Death?*, Englewood Cliffs, London 1976, S. 72). Diese Befürchtung ist extrem unplausibel. Gerade weil das Leben des Unsterblichen besonders lang ist (und dementsprechend besonders viele Projekte, Erlebnisse, Beziehungen usw. enthält), ist es besonders unwahrscheinlich, dass das Leben des Unsterblichen dem einer anderen Person gleichen kann.

geistigen Verfall, der mit der Alterung einhergeht. Die Psychologin Laura Carstensen diagnostiziert:

In der Psychologie, ebenso wie in den meisten anderen Natur- oder Sozialwissenschaften, konzentriert sich die Altersforschung in erster Linie auf den Verfall. Und sie hat ihn gefunden. Der alternde Geist ist langsamer und fehleranfälliger bei der Verarbeitung von Informationen. Er ist weniger geschickt darin, alte Informationen auf neue Weisen zu betrachten. Das Gedächtnis leidet. [...] Der Verfall ist besonders offensichtlich bei Aufgaben, die eine aufwändige Verarbeitung erfordern, welche auf Aufmerksamkeit, Beschränkung und Arbeits- sowie vorausschauendes und episodisches Gedächtnis angewiesen ist.[42]

Obwohl auch Philosophen den »Wert des Alters« durchaus anerkennen,[43] spielt der Faktor der Alterung im Kontext der Philosophie der Unsterblichkeit eine spezielle Rolle. Wenn im Rahmen eines philosophischen Gedankenexperimentes ein besonders erstrebenswertes beziehungsweise ideales Unsterblichkeitsszenario entworfen wird, beinhaltet dieses in der Regel nicht nur die Eliminierung der Sterblichkeit, sondern auch die Eliminierung der Alterung ab einem gewissen Punkt, der im Erwachsenenalter liegt. Welten, in denen Personen zwar unsterblich sind, jedoch fortgesetzt altern, werden selten als attraktiv dargestellt. Die unsterbliche Rasse der Struldbrugs in Jonathan Swifts *Gullivers Reisen* oder die Unsterblichen in Jorge Luis Borges' Erzählung »Der Unsterbliche« illustrieren eindrücklich, wie wenig reizvoll die Unsterblichkeit in Verbindung mit lebenslanger Alterung wäre.[44] In einer Darstellung der Konsequenzen radikaler Lebensverlängerung rückt auch Leon Kass die psychischen Konsequenzen der Alterung in ein äußerst negatives Licht:

Nach einer Weile [...] hören die meisten von uns auf, die Welt mit frischen Augen zu betrachten. Wenig überrascht uns, wenig schockiert uns, rechtschaffene Entrüstung angesichts von Ungerechtigkeit stirbt aus. [...] Viele

42 Laura L. Carstensen, »Growing Old or Living Long: Take Your Pick«, 2007, ⟨http://www.issues.org/23.2/carstensen.html⟩, letzter Zugriff 29. 1. 2013.

43 Positive geistige Eigenschaften, die Personen mit einem hohen Lebensalter häufig zugesprochen werden, sind etwa besondere geistige Reife durch mehr Lebenserfahrung, Gelassen- oder Ausgeglichenheit und Weisheit. Siehe z. B. Marcus Tullius Cicero, *Cato der Ältere über das Alter*, München 1963.

44 Vgl. Swift, *Gullivers Reisen* und Borges, »Der Unsterbliche«.

von uns werden kleinherzig, gedemütigt nicht vom körperlichen Verfall und nicht vom »System«, sondern vom Leben selbst.[45]

Zwischen »Altersverklärung und Alterspessimismus«[46] sollte den möglicherweise positiv zu bewertenden Implikationen der Alterung auch im Rahmen des Gedankenexperimentes der Unsterblichkeit mehr Aufmerksamkeit geschenkt werden als bisher. Von psychologischer Seite werden die Muster, nach denen Personen sich mit der Zeit zu verändern scheinen – bestimmte Verhaltensweisen, Prioritäten und Präferenzen werden stärker, andere treten eher in den Hintergrund –, auf verschiedene Weise interpretiert. Aus den jeweiligen Interpretationen ergeben sich unterschiedliche Implikationen für die Rolle der Sterblichkeit.

Für die Philosophie des Todes ist etwa die in den 1990er Jahren entwickelte Theorie sozioemotionaler Selektivität (*socioemotional selectivity theory*) interessant. Diese konzentriert sich im Forschungsbereich der Psychologie der Lebensspanne erstens nicht nur auf die negativen Erscheinungsformen der Alterung, sondern rückt die Persönlichkeitsveränderungen, die mit steigender Lebensdauer einhergehen und zunächst einmal nicht bewertet werden, in den Mittelpunkt. Zweitens spielen Tod und Sterblichkeit im Rahmen dieser Theorie eine besondere Rolle. Carstensen konnte nachweisen, dass die Persönlichkeitsentwicklung insbesondere von der *Zukunftswahrnehmung* von Personen abhängig ist – also davon, wie Personen ihre Zukunft dahingehend wahrnehmen, wie viel Zeit ihnen voraussichtlich zur Verfügung steht, um ihre Projekte fortzusetzen und ihre Wünsche zu erfüllen. Wie Menschen ihre eigene Zukunft wahrnehmen, ist nach Carstensen zunächst einmal weniger eine Frage des chronologischen Alters, das heißt der Zeit seit ihrer Geburt, sondern vielmehr eine Frage der ihnen bis zum Tod verbleibenden Zeit, des »Zeithorizontes«. In der aktualen Welt sind beide Phänomene korreliert: Je älter eine Person ist, desto weniger Zeit steht ihr in der Regel zur Verfügung. Dieser Zusammenhang besteht jedoch nicht in allen möglichen Welten: Wenn Personen nicht im Alter von etwa achtzig Jahren sterben würden, sondern

45 Leon Kass, »The Case for Mortality«, in: *The American Scholar* 52 (1983), S. 173-191, hier S. 190.

46 Elke Brendel, »Alter – philosophisch betrachtet«, ⟨http://www.gehirn-und-geist.de/artikel/866794⟩, letzter Zugriff 30. 7. 2014.

ein drastisch verlängertes Leben hätten oder sogar potenziell unsterblich wären, müsste ihre Wahrnehmung der verbleibenden Lebenszeit sich nicht von der eines jungen Menschen unterscheiden. Um die Hypothese zu belegen, welche die Persönlichkeitsentwicklung von Personen eher durch die Zukunftswahrnehmung als durch das chronologische Alter erklärt, führte Carstensen mehrere Experimente durch. Diese sollen zeigen, dass Personen verschiedener Altersgruppen sich (zum Beispiel in Entscheidungssituationen) ähnlich verhalten, sofern man ihre Zeithorizonte so manipuliert, dass diese sich nicht mehr unterscheiden – zum Beispiel, indem die älteren Teilnehmer vor einer Entscheidung gebeten werden, sich vorzustellen, sie hätten gerade durch einen Arzt erfahren, dass ihr Leben durch eine neue medizinische Behandlung beträchtlich verlängert werden kann. Es gibt also systematische Muster, nach denen sich die Persönlichkeit von Menschen mit sich schließendem Zeithorizont verändert. Zu diesen systematischen Mustern zählen veränderte Präferenzen in den Bereichen des Wissenserwerbs oder des sozialen Umfelds. Während Menschen mit offenem Zeithorizont eher daran interessiert sind, neue Informationen zu erwerben, ihren Horizont zu erweitern und dafür auch negative Emotionen in Kauf zu nehmen, orientieren sich Personen mit wahrnehmbar wenig verbleibender Zeit eher hin zu einem stabilen sozialen Umfeld, das in der Regel aus weniger, aber dafür innigeren sozialen Kontakten besteht. Darüber hinaus zeigen sich diese Personen weniger daran interessiert, neues Wissen zu erwerben, und haben ein stärkeres Bedürfnis nach solchen Informationen, die mit positiven Emotionen verbunden sind; außerdem verfolgen sie weniger langfristige Projekte, räumen dafür aber ihrem psychischen Wohlbefinden höhere Priorität ein.[47] Die Beobachtungen von Carstensen in Bezug auf die Persönlichkeitsentwicklung einer Person angesichts ihres Zeithorizontes sind zunächst rein deskriptiv. Sie trifft keine Aussagen darüber, wie diese Entwicklung sowie die jeweiligen charakterlichen Merkmale von Personen mit offenem oder begrenztem Zeithorizont zu bewerten sind. Aus den Erkenntnissen der Theorie sozioemotionaler Selektivität ergeben sich jedoch Konsequenzen für die Fragen nach Lebensverlängerung und Unsterblichkeit,

47 Vgl. Carstensen, »The Influence of a Sense of Time on Human Development«, S. 1914.

die durchaus zur Bewertung der verschiedenen Unsterblichkeitsszenarien herangezogen werden können. Die charakteristischen Merkmale junger Menschen mit offenem Zeithorizont mögen ein durchaus attraktives Leben ermöglichen – ein besonderes Interesse an neuen Informationen könnte zum Beispiel für besonders viel Abwechslung sorgen und der Langeweile vorbeugen; allerdings bewerten wir auch den Wunsch vieler älterer Personen nach emotionaler Stabilität und Sicherheit, die womöglich mit Gelassenheit einhergehen, sowie das Streben nach intensiven, gefestigten sozialen Beziehungen positiv. Ideal, so scheint es, wäre ein Leben, das hinsichtlich dieser Phasen der Persönlichkeitsentwicklung möglichst ausgewogen ist, das also sowohl Phasen mit offenem als auch Phasen mit begrenztem Zeithorizont beinhaltet. Ist ein solches Leben nur um den Preis der Sterblichkeit denkbar? Wie könnten sich die dargestellten Muster der Persönlichkeitsentwicklung im unsterblichen Leben verändern, und was folgt daraus für die Rolle der Sterblichkeit?

Vor dem Hintergrund der Erkenntnisse der Theorie sozioemotionaler Selektivität gewinnt das Gedankenexperiment der Unsterblichkeit eine neue Kontur. Zunächst einmal ist davon auszugehen, dass das grundsätzliche Interesse an neuem Wissen vorhält, solange der Zeithorizont offen bleibt. Erst wenn eine Person durch ihren zukünftigen Tod und das Wissen darum die Begrenztheit ihres Lebens wahrnähme, würde die systematische Verschiebung der Interessen eintreten, die Carstensen diagnostiziert. Im Gegensatz zu unserer Welt, in der *jede* Person zu einem Zeitpunkt ihres Lebens davon ausgehen muss, dass die verbleibende Lebenszeit stark begrenzt ist, würde dies in einer Welt voller kontingent Unsterblicher eben nur für diejenigen gelten, die an einer schwerwiegenden Krankheit leiden. Insofern würde sich die Zahl derjenigen Personen, deren Interessen sich in der von der Theorie sozioemotionaler Selektivität vorausgesagten Weise verändern, vermutlich stark verringern. Insgesamt hätten womöglich mehr Personen ein größeres Interesse an neuem Wissen, ein weiteres soziales Umfeld und würden neue Impulse emotionaler Stabilität vorziehen.

Mir geht es an dieser Stelle jedoch in erster Linie um das Leben der individuellen Person. Das Leben einer Person ist womöglich dann besonders wünschenswert, wenn es sowohl Phasen enthält, in denen das Streben nach neuen Informationen im Vordergrund steht, als auch Phasen, in denen Stabilität und Sicherheit besonders wichtig sind: Einerseits ist es zwar plausibel, dass – insbesondere im Licht der Vermeidung von Langeweile – der Wunsch nach und die Realisierung von neuen Erfahrungen und Erlebnissen Teil eines wünschenswerten Lebens sind. Zugleich legen jedoch Ergebnisse der Altersforschung nahe, dass die psychischen Begleiterscheinungen des Alters – etwa das Streben nach Sicherheit und Stabilität – mit gesteigertem emotionalem Wohlbefinden einhergehen.[48] Es ist also durchaus möglich, dass der Wert des Lebens in der aktualen Welt unter anderem von der Tatsache abhängt, dass man dieses in unterschiedlichen Phasen des Lebens sowohl »mit den Augen« eines jungen als auch mit denen eines alten Menschen inklusive der damit einhergehenden Präferenzen und Bewertungen sieht.

Dies ist jedoch auch in einer Welt möglich, in der allen Menschen prinzipiell unbegrenzt viel Lebenszeit zur Verfügung steht. Eine zeitliche Begrenzung der Zukunft muss nämlich nicht unbedingt durch das Wissen um den eigenen baldigen Tod herbeigeführt werden. Alternative Ereignisse, die die Zukunft in der beschriebenen Weise begrenzen, können zum Beispiel auch räumlicher Natur sein: Das Wissen von einem zukünftigen Standortwechsel hat einen ähnlichen Effekt.[49] Darüber hinaus sind zahlreiche andere

48 In diesem Sinn schreibt z. B. Carstensen: »[I]n Bezug auf die Emotionen kommen die besten Jahre spät im Leben. Mit Ausnahme von Demenzerkrankungen, die der Definition nach organische Wurzeln haben, verbessert sich die mentale Gesundheit im Allgemeinen im Alter. Alte Menschen als Gruppe leiden seltener an Depressionen, Ängsten und Drogenmissbrauch als ihre jüngeren Gegenstücke. Im täglichen Leben erleben sie weniger negative Emotionen als Menschen in ihren Zwanzigern und Dreißigern – den Menschen, die wir uns stereotyp als die Glücklichsten vorstellen –, aber genauso viele positive. Darüber hinaus können alte Menschen negative Emotionen besser bewältigen als junge. Wenn negative Gefühle aufkommen, hallen sie weniger lange nach als bei den jungen Menschen.« Laura L. Carstensen, *A Long Bright Future. Happiness, Health, and Financial Security in an Age of Increased Longevity*, New York 2009, S. 16 f. Vgl. zum Anstieg des emotionalen Wohlbefindens im Alter auch Arthur A. Stone u. a., »A Snapshot of the Age Distribution of Psychological Well-Being in the United States«, in: *Proceedings of the National Academy of Sciences of the United States of America* 107 (2010), S. 9985-9990, und Angelina R. Sutin, »Happiness Increases with Age, Across Generations«, ⟨http://www.psychologicalscience.org/index.php/news/releases/happier-with-age.html⟩, letzter Zugriff 24. 11. 2014.

49 Vgl. Carstensen, »The Influence of a Sense of Time on Human Development«, S. 1914.

Beschränkungen denkbar, zum Beispiel eine zukünftige Veränderung der beruflichen oder privaten Lebenssituation. Carstensen schreibt: »Enden müssen sich nicht aufs hohe Alter oder den bevorstehenden Tod beziehen. Sie müssen lediglich die Zeithorizonte einschränken. Präferenzen, die lange für unüberwindbare Effekte der biologischen oder psychologischen Alterung gehalten wurden, scheinen nun durchlässig und veränderbar.«[50] *Eine* Befürchtung hinsichtlich des unendlichen Lebens erweist sich also als unbegründet: Es ist nicht der Fall, dass Unsterbliche nie die »geistige Reife« und die damit einhergehenden durchaus positiv zu bewertenden Persönlichkeitsmerkmale (wie zum Beispiel das Streben nach kleineren, dafür aber engeren sozialen Netzwerken) von Menschen mit begrenztem Zeithorizont entfalten könnten; denn Begrenzungen des Zeithorizontes sind auch in der Welt der Unsterblichen vorhanden.[51]

Darüber hinaus ist zu beachten, dass, abgesehen von grundsätzlichen Tendenzen, die von experimentellen psychologischen Studien nachgewiesen werden können, natürlich große individuelle Unterschiede zwischen Personen bestehen. Ebenso wie in der aktualen Welt nicht alle Personen dieselbe Entwicklung durchmachen, dürften sich auch die Unsterblichen in dieser Hinsicht stark voneinander unterscheiden. Da der Einfluss der verstreichenden Zeit – also des durch die Alterssterblichkeit begrenzten Zeithorizontes – in der Welt der Unsterblichen wegfallen würde, würden diese individuellen Unterschiede hier womöglich eine noch größere Rolle spielen: Die charakterlichen Entwicklungen einer Person wären möglicherweise weniger vorhersagbar, da sie nicht mehr in einem verhältnismäßig eng abgesteckten zeitlichen Rahmen und

50 Ebd.

51 Hierbei handelt es sich gemäß der Differenzierung in Abschnitt 1.2 um ein psychologisch-spekulatives Gedankenexperiment, das – aufgrund der angesprochenen Schwierigkeiten einer Übertragung von Erkenntnissen über die Psyche eines Sterblichen auf eine unsterbliche Person – keine gesicherten Voraussagen erlaubt. Andererseits konnte ich im Rahmen eines deskriptiven Gedankenexperimentes zeigen, dass eine bestimmte Persönlichkeitsentwicklung nicht *notwendigerweise* in Zusammenhang mit der Sterblichkeit (das heißt in diesem Fall: der Nähe des Todes) steht. Stattdessen besteht möglicherweise ein Zusammenhang zwischen dieser Persönlichkeitsentwicklung und einer Begrenzung des Zeithorizontes, die nicht nur durch den zukünftigen Tod, sondern auch auf andere Weise realisiert sein kann.

auch nicht zwangsläufig in einer bestimmten Reihenfolge ablaufen würden.

Die Eigenschaft der Sterblichkeit hängt, wie deutlich wurde, in unserer Welt möglicherweise durchaus mit bestimmten psychologischen Mustern zusammen – die Präferenzen älterer Menschen sind in den unterschiedlichsten Lebensbereichen anders beschaffen als die jüngerer Menschen. Für eine Welt unsterblicher Individuen muss diese Tatsache jedoch keine Einbuße an Lebensqualität bedeuten. Auch das Leben einer Unsterblichen hätte Phasen, in denen der Person die Fragilität ihrer Lebenssituation durch das Herannahen von »Enden« der verschiedensten Art bewusst werden und entsprechend Einfluss auf ihre Prioritäten und ihre Persönlichkeit haben kann. Insofern ist es zwar der Fall, dass der herannahende Tod Einfluss auf die Überzeugungen und Präferenzen von Personen nimmt, da er den Zeithorizont beschränkt. Ein metaphysisch notwendiger Zusammenhang zwischen der Sterblichkeit und einer bestimmten Entwicklung von Präferenzen und damit der menschlichen Persönlichkeitsentwicklung besteht jedoch nicht.

2.4 Zusammenfassung

Die Argumente, mit denen ich mich in diesem Kapitel beschäftigt habe, beruhten auf der Annahme, dass die menschliche Persönlichkeit durch die abstrakten Präferenzen einer Person konstituiert wird. Besondere Bedeutung hat diese Annahme für das Langeweile-Argument, das besagt, dass diejenigen menschlichen Wünsche, die auf eine Fortsetzung des eigenen Lebens gerichtet sind, zu irgendeinem Zeitpunkt zwangsläufig nicht mehr bestehen. Daher würde jede unsterbliche Person früher oder später in existenzieller Langeweile versinken (da sie keine Interessen mehr hat, deren erhoffte Befriedigung die Zukunft als lebenswert erscheinen lässt). Unter diesen Voraussetzungen wäre die Sterblichkeit notwendig, um ebendiese unerträgliche Langeweile zu verhindern.

Des Weiteren verändern sich die Wünsche eines Menschen im Lauf seines Lebens, und man kann sich fragen, ob diese Entwicklung mit der Sterblichkeit der Person zusammenhängt. Im Hinblick auf die Persönlichkeitsentwicklung habe ich zunächst die Idee untersucht, dass die Unsterbliche Gefahr liefe, sich mit der Zeit in

Jack the Ripper oder in eine andere Art von Person, die man in der Regel auf keinen Fall sein möchte, zu verwandeln. In einem zweiten Schritt stand die Frage im Mittelpunkt, ob bestimmte, positiv bewertete charakterliche Entwicklungen nur um den Preis des eigenen Todes möglich sind.

Die These, dass ein unsterbliches Leben zwangsläufig zu unerträglicher, irreversibler Langeweile führen würde, stellte sich als nicht überzeugend heraus. Das von Bernard Williams formulierte Argument lässt sich auf verschiedene Weisen kritisieren: So ist es etwa nicht plausibel, dass die egozentrischen kategorischen Wünsche *jeder* Person früher oder später erschöpft (das heißt erfüllt oder dauerhaft frustriert) sind. Bestimmte Wünsche könnten das Leben einer Unsterblichen über einen sehr oder sogar unendlich langen Zeitraum lebenswert machen. *Generelle* kategorische Wünsche, wie etwa derjenige, ein bestimmtes Musikstück immer wieder zu hören, sind nicht zwangsläufig irgendwann erschöpft, sondern lassen sich möglicherweise immer und immer wieder zeitweilig erfüllen. Darüber hinaus kann die Unsterbliche *große* Wünsche haben, die auch über einen sehr langen Zeitraum nicht erfüllt werden können (umfassendes Wissen in einem Bereich zu erwerben), sowie *relationale* Wünsche (die beste Tennisspielerin der Welt zu sein), die durch die Veränderung der Welt und die stets wechselnde Konkurrenz höchstens zeitweilig erfüllt werden können. Grundsätzlich, so scheint es, lässt Williams außerdem das Faktum außer Acht, dass die Veränderung der Welt der Unsterblichen immer wieder neue Möglichkeiten bieten könnte, ihre bestehenden Interessen auszuweiten und zu variieren und so ihre alten Präferenzen in Form neuer Wünsche auf neue Weisen zu befriedigen.

In einem zweiten Schritt konnte ich zeigen, dass auch eine andere Prämisse von Williams' Argument – die Annahme, dass die personale Fortexistenz über die Zeit hinweg von der direkten Verbundenheit aller kategorischen Wünsche und damit von einem unveränderlichen psychischen Kern abhängig ist – nicht kritiklos übernommen werden sollte. Angelehnt an die Konzeption Derek Parfits, ist vielmehr davon auszugehen, dass es bei der Frage nach der personalen Fortexistenz auf die psychologische Verbundenheit der einzelnen geistigen Zustände der Person ankommt. Nach Parfit ist diese Verbundenheit zwar keine hinreichende Bedingung diachroner Identität. Personales Überleben ist jedoch auch ohne eine solche Identität zwischen Personen-zu-Zeitpunkten mittels der Verbundenheit möglich, weswegen sich die Wünsche über die Zeit hinweg vollständig verändern können. Die Sterblichkeit ist also nicht zwangsläufig notwendig, um unerträgliche Langeweile zu verhindern, und ist darüber hinaus keine notwendige Bedingung für die personale Fortexistenz während der gesamten Lebensdauer eines Menschen.

Aufbauend auf Williams' Annahme, dass sich die Persönlichkeit der Unsterblichen während der Dauer ihres Lebens möglicherweise sehr drastisch verändert, habe ich mich im zweiten Teil dieses Kapitels genauer mit dem Zusammenhang zwischen Sterblichkeit und Persönlichkeitsentwicklung auseinandergesetzt. Geoffrey Scarre problematisiert die radikale Veränderung, die die Unsterbliche dann durchläuft, wenn keiner ihrer Wünsche konstant bleibt. Die Unsterbliche müsse dann auch solche Veränderungen ihres Charakters befürchten, die sie selbst zu einem früheren Zeitpunkt nicht befürwortet und die auch aus moralischen Gründen abzulehnen sind. So müsse sie etwa weit mehr Angst haben, früher oder später zum Serienmörder zu werden. Aus diesem Grund sei die Unsterblichkeit keine wünschenswerte Option.

Auf Basis der im vorigen Abschnitt getroffenen Feststellung, dass sich die Wünsche einer Person vollständig verändern können, ist diese Befürchtung zunächst plausibel. Gehen wir jedoch davon aus, dass sich die konkreten Wünsche zwar verändern, gewisse abstrakte Präferenzen jedoch konstant bleiben (die Widerlegung des Langeweile-Argumentes ist damit verträglich), dann gibt es einen Rahmen, in dem sich die Veränderung der Persönlichkeit vollziehen kann. Sollte eine Person die grundlegende Präferenz haben, keiner anderen Person Leid zuzufügen, so ist die Wahrscheinlichkeit, dass sie zum Mörder wird, gering und stellt keinen überzeugenden Grund mehr dar, die Unsterblichkeit grundsätzlich abzulehnen.

Wie sich die menschliche Persönlichkeit über die Zeit hinweg verändert, fragt auch die Theorie sozioemotionaler Selektivität, die viele charakterliche Entwicklungen alternder Menschen auf die schwindende Zeit bis zum Tod zurückführt und so einen Erklärungsrahmen für bestimmte *Muster* schafft, die in der charakterlichen Entwicklung von Personen zu beobachten sind. Die Theorie sozioemotionaler Selektivität weist nach, dass Veränderungen in den Präferenzen und Einstellungen von Personen auf einer Veränderung ihres Zeithorizontes basieren. Wenn die verbleibende Lebenszeit schwindet, streben Menschen zum Beispiel stärker nach emotionaler und sozialer Stabilität. Hinsichtlich der Implikationen der Sterblichkeit stellt sich also die Frage, ob auch unsterbliche Personen solche Charakterzüge aufweisen könnten. Auf Basis der Untersuchungen von Laura Carstensen ist diese Frage zu bejahen: Der Zeithorizont einer Person kann nicht nur durch den bevorstehenden Tod, sondern auch durch andere einschneidende Ereignisse eingeschränkt werden.

3. Sterblichkeit und Lebensgestaltung

Das Wissen um die eigene Endlichkeit nimmt Einfluss auf Überzeugungen und Wünsche einer Person. So ist, wie im letzten Kapitel deutlich wurde, das Wissen um den eigenen Zeithorizont (der jedoch nicht ausschließlich von der Sterblichkeit bestimmt wird) mitverantwortlich für eine bestimmte Persönlichkeitsentwicklung. Es sind jedoch nicht nur die Wünsche, sondern auch das Verhalten und die Handlungen von Personen, die davon beeinflusst werden. In diesem Kapitel beschäftige ich mich insbesondere mit zwei Ideen, die versuchen, den Zusammenhang zwischen dem Bewusstsein der eigenen Sterblichkeit und dem eigenen Handeln zu klären: erstens mit der Theorie, dass das Wissen um die eigene Sterblichkeit und damit das Bewusstsein der Tatsache, dass es sich bei der eigenen Lebenszeit um ein begrenzt verfügbares Gut handelt, Menschen unter Zeitdruck setzt. Die Idee des Motivationsargumentes lautet: Erst dieser Zeitdruck sowie die Wertschätzung der eigenen Lebenszeit *aufgrund ihrer Knappheit* motivieren Menschen dazu, ihr Leben zu gestalten. Zweitens werde ich die Vorstellung untersuchen, dass ein Großteil des menschlichen Verhaltens, darunter insbesondere die Teilhabe an und die Verteidigung einer bestimmten Weltanschauung, als Versuch zu verstehen ist, die Angst vor dem eigenen Tod zu verdrängen oder zu überwinden.

3.1 Zeitdruck und Lebensgestaltung: Das Motivationsargument

Bei der eigenen Lebenszeit handelt es sich in unserer Welt um ein nur begrenzt verfügbares Gut – jeder Mensch kann sich zumindest prinzipiell darüber im Klaren sein, dass sie wahrscheinlich nicht ausreicht, um all das zu tun, was zu tun prinzipiell wünschenswert wäre. Dem Motivationsargument nach führt die Begrenztheit der Lebenszeit dazu, dass Personen diese aktiv ihren eigenen Vorstellungen gemäß gestalten: Der vom zukünftigen Tod ausgehende Zeitdruck erzeuge erst die Motivation zur individuellen Gestaltung des eigenen Lebens.

Dass ganz generell ein relevanter Zusammenhang zwischen Zeitdruck und menschlichem Verhalten besteht, ist ein im Alltag häufig zu beobachtendes Faktum und kann spätestens nach einem kurzen Blick auf die psychologische Literatur kaum mehr bezweifelt werden. Zahlreiche Studien zur Entscheidungsfindung[1] oder zum Problemlösen[2] weisen nach, wie sich Personen unter Zeitdruck systematisch anders verhalten als ohne zeitliche Beschränkungen – so werden etwa in Entscheidungssituationen andere Strategien der Entscheidungsfindung verfolgt als ohne diesen Zeitdruck.[3] Auf die Lebenszeit wird diese Beobachtung häufig in existenzialistisch geprägten philosophischen oder psychologischen Kontexten übertragen. So schreibt zum Beispiel der Psychologe Viktor Frankl:

> [W]as geschähe, wenn unser Leben nicht endlich in der Zeit, sondern zeitlich unbegrenzt wäre? Wären wir unsterblich, dann könnten wir mit Recht jede Handlung ins Unendliche aufschieben, es käme nie darauf an, sie eben jetzt zu tun, sie könnte ebensogut auch erst morgen oder übermorgen oder in einem Jahr oder in zehn Jahren getan werden. So aber, angesichts des Todes als unübersteigbarer Grenze unserer Zukunft und Begrenzung unserer Möglichkeiten, stehen wir unter dem Zwang, unsere Lebenszeit auszunützen und die einmaligen Gelegenheiten – deren »endliche« Summe das ganze Leben dann darstellt – nicht ungenützt vorübergehen zu lassen.[4]

Frankl geht davon aus, dass es durch die Aufhebung der Sterblichkeit möglich und auch attraktiv werden würde, Handlungen unbegrenzt lange aufzuschieben.

Um diese Überlegung besser zu verstehen, betrachten wir zunächst die Beschaffenheit von Handlungen im Allgemeinen. Gemäß des in der Handlungstheorie vorherrschenden Wunsch-Überzeugungs-Modells gilt: Damit eine Handlung beliebiger Art zustande kommen kann, müssen zwei Bedingungen erfüllt sein: Die handelnde Person muss erstens ein Motiv für diese Handlung

1 Vgl. z. B. Ola Svenson, A. John Maule, *Time Pressure and Stress in Human Judgment and Decision Making*, New York 1993 oder Mark I. Hwang, »Decision Making Under Time Pressure. A Model for Information Systems Research«, in: *Information & Management* 27 (1994), S. 197-203.

2 Vgl. z. B. Robert J. Sternberg, Peter A. Frensch, *Complex Problem Solving: Principles and Mechanisms*, Hillsdale 1991.

3 Vgl. Hwang, »Decision Making Under Time Pressure«, S. 202.

4 Viktor Frankl, *Ärztliche Seelsorge. Grundlagen der Logotherapie und Existenzanalyse*, Wien 1966, S. 83.

haben, also einen bestimmten Wunsch (oder eine positive Evaluierung des Ergebnisses der Handlung). Zusätzlich muss sie zweitens davon ausgehen, dass die Handlung der Erfüllung dieses Wunsches dienlich ist – sie muss also eine bestimmte Zweck-Mittel-Überzeugung haben.[5]

Betrachten wir als Beispiel ein Lebensprojekt, das sich aus vielen Einzelhandlungen zusammensetzt: das Verfassen eines philosophischen Werkes.[6] Die Motive für die mit diesem Projekt assoziierten Handlungen liegen entsprechend den oben formulierten Bedingungen also etwa in dem Wunsch, die eigenen Gedanken während des Schreibens zu strukturieren, sie mit einer möglichst großen Menge von Personen zu teilen, die Wissenschaft voranzubringen und so weiter. Diese Motive scheinen mit der Frage, ob eine Person sich ihrer eigenen Sterblichkeit bewusst ist oder nicht, zunächst einmal gar nichts zu tun zu haben. Vertreter des Motivationsargumentes sollten also nicht behaupten, dass das Bewusstsein der Sterblichkeit *selbst* ein Motiv für Handlungen der genannten Art darstellt – wieso sollte die Tatsache, dass die eigene Lebenszeit begrenzt ist, ausgerechnet für das Verfassen eines philosophischen Buches sprechen? Behaupten sollten sie vielmehr, dass das Bewusstsein von dieser Tatsache die Motivation zu handeln grundsätzlich *verstärkt,* indem es eine spezifische neue Motivation erzeugt.

Um welche Motivation handelt es sich dabei? Wie kann das Bewusstsein der Sterblichkeit ein Handlungsmotiv – zum Beispiel den Wunsch, ein Buch zu schreiben – verstärken? Dem Bewusstsein der Sterblichkeit wird von Vertretern des Motivationsarguments die Funktion zugeschrieben, eine Dringlichkeit, das heißt

5 Vgl. Donald Davidson, »Handlungen, Gründe und Ursachen«, in: ders., *Handlung und Ereignis*, Frankfurt/M. 1990, S. 19-42, hier S. 19 f.

6 Wenn ich im Folgenden die Idee diskutiere, dass die Begrenztheit der Lebenszeit die Motivation zur Ausführung einer Handlung verstärkt (indem sie, wie ich zeigen werde, eine neue Überzeugung hervorruft), dann geht es mir dabei nicht um *alle Arten* von Handlungen. Unterlassungen etwa können zwar als Handlungen bezeichnet werden, jedoch scheint es dabei nicht primär um die Art von Handlungen zu gehen, die Frankl und andere im Sinn haben, wenn sie die Befürchtung äußern, der Unsterbliche könnte alle Handlungen unbegrenzt lange aufschieben. Dasselbe gilt für Handlungen wie diejenige, aus Faulheit auf dem Sofa zu sitzen oder aus Hunger ein belegtes Brot zu essen. Mir geht es stattdessen um solche Handlungen oder Bündel von Einzelhandlungen, die die Gestaltung des eigenen Lebens – etwa die Realisierung von Lebenszielen – betreffen.

einen *Zeitdruck,* bei der Realisierung von Projekten und damit bei der Durchführung der Handlungen, die diese Projekte konstituieren, zu erzeugen. Diese Annahme gewinnt an Plausibilität vor dem Hintergrund der zu Beginn dieses Abschnitts getroffenen Feststellung, dass Zeitdruck die Ausführung von Handlungen ganz allgemein auf verschiedene Weise beeinflussen und insbesondere auch befördern kann. Dies gilt beispielsweise im Fall einer Person, die den Wunsch hat, eine gute Seminarnote zu bekommen. Dieser Wunsch enthält keinen Zeitbezug – die Person wünscht sich eine gute Bewertung nicht möglichst bald oder übermorgen, sie wünscht sich eine gute Bewertung unabhängig von dem Zeitpunkt, zu dem sie diese erhält. Die Person ist der zutreffenden Überzeugung, dass sie, um die gute Note zu erhalten, einen philosophischen Aufsatz schreiben muss. Die entsprechenden Handlungen – also im Wesentlichen das Schreiben des Aufsatzes – führt sie jedoch dann erst aus, wenn der Abgabetermin in greifbare Nähe rückt. In diesem Fall ist es die Abgabefrist, die den Zeitdruck erzeugt und schlussendlich zusätzlich zur Überzeugung, dass der Aufsatz *überhaupt* geschrieben werden muss, eine neue Überzeugung hervorruft: die Überzeugung, dass der Aufsatz aufgrund der Deadline möglichst bald verfasst werden muss. Auf Basis dieser neuen Überzeugung entsteht mit dem Wunsch nach einer guten Bewertung, der selbst nicht zeitbezogen ist, die neue Motivation dazu, den Aufsatz *bald* zu verfassen.

Im Fall des menschlichen Lebens und der Gestaltung desselben ist es, so die Vertreter des Motivationsargumentes, der Tod, der alle Möglichkeiten begrenzt und so einen *existenziellen* Zeitdruck erzeugt. Wenn eine Person ein philosophisches Werk verfassen will, dann muss sie darauf achten, rechtzeitig damit anzufangen. Dem Motivationsargument zufolge ist es also die durch das Sterblichkeitsbewusstsein erzeugte Überzeugung, dass man *jetzt oder bald* anfangen muss, um das gewünschte Ziel zu erreichen, die schlussendlich den Ausschlag gibt, Projekte jetzt oder in naher Zukunft anzugehen, anstatt sie immer weiter herauszuzögern. Der Unsterbliche (beziehungsweise der Sterbliche, der seine Sterblichkeit ignoriert) würde, so die Befürchtung, die Projekte auch zu einem beliebigen zukünftigen Zeitpunkt nicht realisieren. Da er im Gegensatz zum Sterblichen die Möglichkeit hätte, zumindest sehr viele Projekte unbegrenzt lange aufzuschieben, würde er zu jedem

Zeitpunkt seines Lebens das Aufschieben gegenüber der Realisierung seiner Pläne bevorzugen:

> Solche Personen [denen ihre Lebenszeit unendlich vorkommt, Anm. v. mir] fühlen zu keinem Zeitpunkt existenziellen Zeitdruck, eine Sache anstatt einer anderen zu tun. Die Auflösung dieses existenziellen Zeitdrucks motiviert sie nicht zu größeren Leistungen, sondern dazu, nach Wegen zu suchen, das Bewusstsein der zusätzlichen Zeit zu überwinden. Diese Personen verschwenden die zusätzliche Zeit, die sie haben, denn indem sie ihre Sterblichkeit ignorieren, misslingt es ihnen, die wahre Knappheit ihrer Lebenszeit anzuerkennen.[7]

In Behauptungen dieser Art äußert sich die dargestellte Idee, dass das Bewusstsein der Sterblichkeit einen Zeitdruck erzeugt, der, indem er die Motivation zur Durchführung von Handlungen verstärkt, wesentlich dafür ist, die begrenzte Lebenszeit aktiv zu gestalten – im unsterblichen Leben wäre die Gefahr, die eigene Lebensgestaltung immer weiter hinauszuzögern, zumindest deutlich größer.

Das Motivationsargument lässt sich wie folgt in Normalform darstellen:

(M1) Wenn keine objektive Dringlichkeit bei der Umsetzung besteht, ist eine Person nicht motiviert, ein Vorhaben durchzuführen.
(M2) Wenn eine Person nicht motiviert ist, ein Vorhaben durchzuführen, schiebt sie die Durchführung unbegrenzt lange auf.
(M3) Wenn keine objektive Dringlichkeit bei der Umsetzung eines Vorhabens besteht, schiebt die Person dessen Durchführung unbegrenzt lange auf *(aus M1 und M2).*
(M4) Wenn die Lebenszeit nicht durch die Sterblichkeit begrenzt ist, besteht keine objektive Dringlichkeit bei der Umsetzung irgendeines Vorhabens.
(M5) Im unsterblichen Leben zögert die Person die Umsetzung aller ihrer Vorhaben unbegrenzt lange hinaus *(aus M3 und M4).*

7 Jeff Noonan, »The Life-Value of Death. Mortality, Finitude and Meaningful Lives«, in: *Journal of Philosophy of Life* 1 (2013), S. 1-23, hier S. 16.

Dieses Argument werde ich im folgenden Abschnitt kritisch untersuchen. Dabei wird sich herausstellen, dass die Prämissen (M1) und (M4) nicht aufrechterhalten werden können.

3.2 Warum das Motivationsargument nicht überzeugt

Die meisten Handlungen sind ausreichend motiviert, ohne dass die Überzeugung, dass die eigene Lebenszeit begrenzt ist, eine zusätzliche, verstärkende Motivation hervorrufen muss. Diese Handlungen basieren auf einem Wunsch, der selbst schon einen Zeitbezug enthält. Entgegen der Prämisse (M1) kann eine Person also auch dann motiviert sein, wenn keine Dringlichkeit besteht. Darüber hinaus gibt es auch im Leben eines normalen Menschen über die Sterblichkeit hinaus weitere Dringlichkeiten, die diesen dazu motivieren können, eine Handlung jetzt und nicht erst später durchzuführen – Prämisse (M4) ist also ebenfalls nicht überzeugend. Starke Wünsche mit Zeitbezug sorgen im Zusammenspiel mit objektiven Dringlichkeiten (sowie entsprechenden Überzeugungen) auch im Leben einer Person, die unsterblich beziehungsweise sich ihrer Sterblichkeit nicht bewusst ist, dafür, dass sie motiviert ist, bestimmte Handlungen rechtzeitig auszuführen. Diese Einwände gegen das Motivationsargument werde ich nun näher ausführen.

Vertreter des Motivationsargumentes gehen davon aus, dass die Motivation zur Durchführung einer Handlung durch das Bewusstsein der eigenen Sterblichkeit eine zusätzliche Verstärkung erfährt. Damit kann nicht gemeint sein, dass handelnde Personen sich im Moment ihrer Handlung immer ihre begrenzte Lebenszeit vergegenwärtigen. Das Motivationsargument ist also unabhängig von der Frage, ob die Person diesen verstärkenden Effekt des Sterblichkeitsbewusstseins reflektiert beziehungsweise ihre Handlung überhaupt mit diesem Bewusstsein in Zusammenhang bringt. Darüber hinaus gehen Frankl und Noonan davon aus, dass diese zusätzliche Verstärkung der Motivation zur Durchführung der Handlung *erforderlich* ist: Der Unsterbliche empfindet keinen existenziellen Zeitdruck (und kann sich diesen dementsprechend natürlich auch nicht vergegenwärtigen), da die Eigenschaft der

Sterblichkeit, die für diesen Zeitdruck verantwortlich ist, auf ihn nicht zutrifft.[8]

Handlungen (insbesondere diejenigen, die die Gestaltung des eigenen Lebens betreffen und größere oder kleinere Lebensprojekte wie den Bau eines Hauses, das Einschlagen einer bestimmten Karriere, soziales Engagement, die Gründung einer Familie, die Pflege eines engen Freundeskreises, intellektuelle Ziele und so weiter umfassen) unterscheiden sich hinsichtlich der Art des jeweiligen Wunsches, der für die Durchführung der Handlung spricht. So kann man ein Fest für alle Freunde oder eine Urlaubsreise für die Familie zum Beispiel deswegen organisieren, weil man sich Spaß von der Vorbereitung und von dem Ereignis selbst verspricht. In diesem Fall ist es etwa der Wunsch, das direkte Ergebnis der Handlung *bald zu erleben,* der das Motiv der Handlung darstellt. Weitere Möglichkeiten sind zum Beispiel der Ehrgeiz, ein berufliches, privates oder intellektuelles Ziel möglichst bald zu erreichen, oder der Wunsch, einen unangenehmen Zustand möglichst bald zu beenden.

Im Fall von Handlungen, die auf eine solche oder auf eine ähnliche Weise motiviert sind und denen Wünsche zugrunde liegen, die einen Zeitbezug enthalten, reicht das Motiv (in Kombination mit der Überzeugung, dass die Handlung in Bezug auf das Motiv erfolgversprechend ist) als Handlungsgrund aus. Das jeweilige Motiv – etwa der Wunsch, das Ergebnis der Handlung möglichst bald oder zu einem bestimmten Zeitpunkt zu erleben – erzeugt in Kombination mit der jeweiligen Überzeugung über die Beschaffenheit der Außenwelt die Motivation, die Handlung durchzuführen. Die Existenz solcher Wünsche *mit Zeitbezug* scheinen Vertreter des Motivationsargumentes zu vergessen, wenn sie Annahmen wie (M1) vertreten.

Darüber hinaus beinhaltet die Überzeugung, dass die Handlung

8 Dies gilt mit Sicherheit für die notwendig unsterbliche Person, die die Möglichkeit, zu sterben, überhaupt nicht in Betracht ziehen muss bzw. kann. Ob die kontingent Unsterbliche existenziellen Zeitdruck verspürt, ist schwer zu beurteilen, ohne zu wissen, wie es sich anfühlt, kontingent unsterblich zu sein, und wie die »kontingent unsterbliche« Welt in anderen Hinsichten beschaffen ist (wie hoch beispielsweise das Risiko ist, aus extrinsischen Gründen zu versterben). Vermutlich jedoch empfindet auch die kontingent Unsterbliche weniger starken Zeitdruck als eine notwendig sterbliche Person, da der Tod für sie lediglich eine *Möglichkeit* darstellt.

in Bezug auf den eigenen Wunsch zweckdienlich ist, Annahmen über die Außenwelt, in der auch unabhängig von der Sterblichkeit verschiedene Dringlichkeiten bestehen. Wenn ein Paar sich ein eigenes Kind wünscht, weil es dieses beim Aufwachsen begleiten will, motiviert dieser Wunsch in Kombination mit der Überzeugung darüber, wann der richtige Zeitpunkt dafür gekommen ist, die Zeugung eines Kindes. Dabei kann der Wunsch einen Zeitbezug im oben aufgeführten Sinn beinhalten: Das Paar will das Kind in drei Jahren bekommen, nachdem es die Welt bereist hat oder die berufliche Karriere ausreichend fortgeschritten ist. Zusätzlich spiegelt die entsprechende Zweck-Mittel-Überzeugung die objektiven Dringlichkeiten (also die drängenden Umstände der Außenwelt) wider, die etwa darin bestehen könnten, dass das Paar zu einem zukünftigen Zeitpunkt nicht mehr zeugungsfähig ist.

Wenn ein Mensch oder ein anderes Tier leidet und eine Person dies beobachtet, wird sie für gewöhnlich dazu motiviert, dieses Lebewesen möglichst schnell aus seiner Situation zu befreien, da es umso länger leidet, je mehr Zeit verstreicht.[9] Ein Wissenschaftler ist dazu motiviert, ein Medikament möglichst rasch zu entwickeln, da in der Zwischenzeit immer mehr Personen an dieser Krankheit sterben. Eine Person, die ihre Überlegungen zu einem philosophischen Problem in einem Buch zusammenfasst, kann möglicherweise nur zum wissenschaftlichen Diskurs beitragen, wenn zuvor kein anderer Wissenschaftler vergleichbare Erkenntnisse publiziert. Wie diese Beispiele zeigen, verlangen viele Vorhaben aus den genannten Gründen nach unmittelbarer Erfüllung. Beinhaltet der Wunsch bereits einen Zeitbezug, will die Person – ganz unabhängig von der Beschaffenheit der Außenwelt – etwas möglichst bald: Sie hat einen dringlichen Wunsch. Ebenso kann die Zweck-Mittel-Überzeugung

9 Die Unsterblichen in Borges' »Der Unsterbliche« empfinden diese Form der Dringlichkeit aus Mitleid tatsächlich nicht: »Die Anschauung von der Welt als einem System abgewogener Kompensierungen hat weitgehend auf die Unsterblichen Einfluss geübt. Zunächst einmal hat sie ihr Gefühlsleben gegen das Mitleid gefeit. Ich habe die alten Steinbrüche erwähnt, die am Gestade des anderen Ufers klafften; ein Mann stürzte in den tiefsten ab; er konnte weder jammern noch sterben, doch verbrannte er vor Durst; bevor sie ihm einen Strick zuwarfen, vergingen siebenzig Jahre.« Im Rahmen eines philosophischen Gedankenexperimentes halte ich eine solche Sorge aus den o.g. Gründen jedoch für unbegründet. Jorge Luis Borges, »Der Unsterbliche«, in: ders., *Die Bibliothek von Babel*, Stuttgart 1974, S. 3-20, hier S. 15 f.

die drängenden Umstände der Außenwelt, die nicht zwangsläufig in der Sterblichkeit bestehen müssen, berücksichtigen – solche weiteren Dringlichkeiten sind, entgegen Prämisse (M4) des Motivationsargumentes, möglich. Das Bewusstsein der Sterblichkeit ist damit nicht notwendig, um die Motivation zur Gestaltung des eigenen Lebens zu verstärken. Auch das Leben derjenigen Person, die keinem existenziellen Zeitdruck ausgesetzt ist, unterliegt gewissen zeitlichen Begrenzungen.

Wahrscheinlich hätte ein Unsterblicher tatsächlich Projekte, bei denen der Zeitpunkt der Realisierung erstens egal ist, da keine objektive Dringlichkeit und damit keine entsprechende Überzeugung besteht, und die zweitens beliebig aufschiebbar sind, da die Wünsche des Betreffenden keinen Zeitbezug enthalten – er will etwas *irgendwann* und nicht möglichst bald. In diesen Fällen ist in der Tat davon auszugehen, dass der Unsterbliche die entsprechende Handlung sehr lange herauszögert und womöglich niemals realisiert, wie Prämisse (M2) des Motivationsargumentes befürchtet. Bei diesen aufschiebbaren Projekten, bei denen weder eine Dringlichkeit besteht noch der Wunsch einen Zeitbezug enthält, handelt es sich um solche Vorhaben, die der Person nicht sehr am Herzen liegen – je weniger dringlich der Wunsch zur Durchführung einer Handlung, desto eher kann sie lange aufgeschoben werden. Dass der Unsterbliche *diese* Handlungen womöglich niemals realisiert, stellt kein Problem für seine Lebensgestaltung dar. Sobald ein bestimmter Wunsch dringlich wird und möglichst bald erfüllt werden soll – etwa weil der Unsterbliche bestimmte Wünsche im Lauf seines Lebens erst entwickelt –, ist auch er ausreichend motiviert, die entsprechenden Handlungen durchzuführen. Das Vorhandensein dringlicher Wünsche scheint vom Bewusstsein der eigenen Sterblichkeit ganz unabhängig zu sein. Insgesamt scheinen die Nachteile der Begrenztheit der Lebenszeit in Bezug auf die Gestaltung des Lebens zu überwiegen – sie verhindert oder unterbricht die Auseinandersetzung mit einem Projekt oder beschränkt die Menge der möglichen Projekte und Handlungen.

Wie steht es mit dem Gefühl der *Vorfreude*, die womöglich in manchen Fällen mit dem Aufschieben einer Handlung einhergeht und die der Unsterbliche viel länger auskosten könnte als der Sterbliche? Obwohl wir Vorfreude einerseits positiv beurteilen, wäre es eine möglicherweise abzulehnende Konsequenz derselben, dass eine unsterbliche Person *aufgrund* der angenehmen Vorfreude eine entsprechende Handlung immer weiter hinauszögert und so schlussendlich womöglich niemals ausführt. Diese Sorge ist jedoch nicht nur besonders spekulativ (sie ist eine psychologische Spekulation im Sinn der Differenzierung in Abschnitt 1.2), sondern wahrscheinlich auch inhaltlich unbegründet. Ein derartiges Verhalten trifft wenn überhaupt, dann vermutlich nur auf einen verhältnismäßig kleinen Personenkreis zu, da bei den meisten Menschen sicherlich die Ungeduld überwiegt, etwas Erstrebenswertes tatsächlich bald zu erleben oder herbeizuführen. Die Vorfreude wird selten aktiv herbeigeführt, indem Vorhaben bewusst hinausgezögert werden; sie ist eher ein positiver Nebeneffekt des ansonsten eher negativen Zustandes des Wartens und der damit einhergehenden Ungeduld. Ebenso wie Personen, die alles Mögliche absichtlich möglichst lange herauszögern, um die Vorfreude länger zu genießen, in der aktualen Welt eher in der Minderheit zu sein scheinen, würde dies auch für die Unsterblichen gelten.

Obwohl Vorfreude zwar für sich genommen ein positives Gefühl darstellt, erhält sie ihre positive Kraft doch aus den zukünftigen Ereignissen, auf die sie sich bezieht – es handelt sich bei ihr um ein Gefühl, das eine gewisse *Dramaturgie* voraussetzt.[10] Falls sich diese in der Zukunft liegenden Bezugsereignisse nicht früher oder später tatsächlich ereignen, verliert sie ihren Bezugspunkt und löst sich damit schlussendlich auf. Personen, die von sich selbst wissen, dass sie ihre Projekte immer wieder und wieder verschieben, empfinden Vorfreude wohl kaum noch mit derselben Intensität wie jene Personen, die aus Erfahrung wissen, dass die Ereignisse, denen sie entgegensehen, auch tatsächlich eintreffen werden.

Ich konnte zeigen, dass ein Bewusstsein von der Begrenztheit der eigenen Lebenszeit und der damit einhergehende existenzielle Zeitdruck bei der Realisierung von Projekten keine notwendige Bedingung dafür darstellen, dass die mit den Projekten zusammenhängenden Handlungen ausgeführt werden. Im vierten Kapitel werde ich erneut auf die Frage zurückkommen, welchen Einfluss das Sterblichkeitsbewusstsein auf die Lebensgestaltung von Perso-

10 Mit David Velleman lässt sie sich als eine initiierende oder antizipierende Emotion bezeichnen, vgl. David J. Velleman, »Narrative Explanation«, in: *The Philosophical Review* 112 (2003), S. 1-25, hier S. 15; sowie Abschnitt 5.1 des vorliegenden Buches.

nen ausübt. Dort geht es um die Idee, dass die Sterblichkeit eine Bedingung für authentisches Verhalten und eine authentische Lebensführung darstellt.

3.3 Lebensgestaltung als Angstbewältigung: Das Bewältigungsargument

Das Wissen um die eigene Sterblichkeit kann das Verhalten auf verschiedene Art beeinflussen. Wie ich gezeigt habe, sind das Bewusstsein der eigenen Endlichkeit und der davon ausgehende Zeitdruck nicht unbedingt notwendig, um zur Gestaltung des eigenen Lebens motiviert zu sein. Es sind jedoch andere Zusammenhänge zwischen menschlichem Handeln und der Sterblichkeit möglich – so kann es etwa sein, dass die Angst vor dem eigenen Tod und der damit einhergehende Wunsch, die Sterblichkeit zu überwinden, in Versuche münden, diese Angst durch eine bestimmte Lebensgestaltung zu kompensieren.

Die sozialpsychologische Theorie der Angstbewältigung (*Terror-Management-Theorie*) wurde in den 1980er Jahren von den Psychologen Sheldon Solomon, Jeff Greenberg und Tom Pyszczynski entwickelt. In diesem und dem folgenden Abschnitt werde ich versuchen, eine Antwort auf die Frage zu geben, ob auf Basis dieser Theorie ein Zusammenhang zwischen Sterblichkeit und menschlicher Kulturproduktion (im weitesten Sinne) nachgewiesen werden kann und was sich daraus für die Bedeutung der Sterblichkeit ergibt.

Obwohl wir alle sterblich sind, betrifft die Angst vor dem eigenen Tod uns nicht alle in gleicher Weise, und viele Menschen setzen sich relativ wenig mit der eigenen Sterblichkeit auseinander. Dies könnte daran liegen, dass die Tatsache des eigenen Todes – zumindest auf den ersten Blick – nichts mit der Gestaltung des eigenen Lebens zu tun hat, bei Fragen des täglichen Lebens nicht hilfreich ist, dass der Gedanke an sie bedrohlich ist, oder daran, dass der Tod gerade für junge Menschen sehr weit in der Zukunft zu liegen scheint. Obwohl es eine weit verbreitete Überzeugung ist, dass viele Menschen sich über die Tatsache ihrer Sterblichkeit nicht (ausreichend) im Klaren sind beziehungsweise sie verdrängen,[11]

11 Vgl. z. B. Sigmund Freud: »Wir haben die unverkennbare Tendenz gezeigt, den Tod beiseite zu schieben, ihn aus dem Leben zu eliminieren. [...] [I]m Grunde

gehen Theorien wie die der Angstbewältigung davon aus, dass sie auch bei diesen Menschen dennoch kausal wirksam werden kann. Dieser Theorie zufolge wird das Wissen um die eigene Sterblichkeit durch Verdrängungs- oder Bewältigungsprozesse daran gehindert, ins Bewusstsein zu gelangen.[12] Diese Verdrängungsmechanismen dienen dazu, die Reflexion der eigenen Sterblichkeit zu *verhindern* beziehungsweise das latent wirksame Wissen der eigenen Sterblichkeit zu *ertragen*. Auch wenn eine Person den Einfluss ihres Sterblichkeitsbewusstseins auf ihr Handeln nicht reflektiert, ist es – so eine grundlegende Prämisse der Theorie der Angstbewältigung – doch entscheidend dafür mitverantwortlich, wie sie ihr Leben gestaltet. Dabei wird dasjenige Verhalten, das die Auseinandersetzung mit Tod und Sterblichkeit *vermeidet*, ebenfalls als eine Form der Angstbewältigung und damit als Bestätigung der Terror-Management-Theorie betrachtet.[13]

glaub[t] niemand an seinen eigenen Tod oder, was dasselbe ist: im Unbewussten [ist] jeder von uns von seiner Unsterblichkeit überzeugt.« Sigmund Freud, »Zeitgemäßes über Krieg und Tod«, in: ders., *Fragen der Gesellschaft, Ursprünge der Religion*, Sigmund Freud Studienausgabe, hg. v. Alexander Mitscherlich u. a., Bd. IX, Frankfurt/M. 1974, S. 49. Vgl. zur Verdrängung des Todes in neuerer Literatur auch Céline Lafontaine, *Die postmortale Gesellschaft*, Wiesbaden 2010, S. 10. Zur kritischen Betrachtung der Verdrängungsthese auf gesellschaftlicher Ebene vgl. Klaus Feldmann, *Tod und Gesellschaft. Sozialwissenschaftliche Thanatologie im Überblick*, Wiesbaden 2004.

12 Vgl. zur Explikation dieser Verdrängung der Sterblichkeit aus dem Bewusstsein auch Abschnitt 1.3.

13 Vgl. z. B. Jeff Greenberg u. a., »Role of Consciousness and Accessibility of Death-Related Thoughts in Mortality Salience Effects«, in: *Journal of Personality and Social Psychology* 67 (1994), S. 627-637; oder Gilad Hirschberger u. a., »Looking Away from Death: Defensive Attention as a Form of Terror Management«, in: *Journal of Experimental Social Psychology* 46 (2010), S. 172-178. Vertreter der Terror-Management-Theorie unterscheiden zwischen proximalen und distalen Abwehrmechanismen. Die distalen Abwehrmechanismen beziehen sich auf die unbewussten, die proximalen Abwehrmechanismen auf die bewussten Ängste hinsichtlich des Todes (vgl. Tom Pyszczynski u. a., »A Dual-Process Model of Defense Against Conscious and Unconscious Death-Related Thoughts. An Extension of Terror Management Theory«, in: *Psychological Review* 106 (1999), S. 835-845, hier S. 835-837). Entsprechend beinhaltet die Terror-Management-Theorie einerseits die Hypothese der *Mortalitätssalienz*, die besagt, dass Angstbewältigungsmechanismen dann in Gang gesetzt werden, wenn die eigene Sterblichkeit ins Bewusstsein gelangt, und andererseits die *Zugänglichkeitshypothese*, nach der Gedanken an die eigene Sterblichkeit dem Bewusstsein dann besonders zugäng-

Die Angst, die vom mehr oder weniger verdrängten Wissen um die eigene Sterblichkeit ausgelöst wird, spielt nach der Terror-Management-Theorie eine wesentliche, wenn nicht die entscheidende Rolle in Bezug auf die Beschaffenheit der menschlichen Existenz. Sie sei als Triebfeder dafür anzusehen, dass Menschen ein System von Überzeugungen erschaffen, das das eigene Leben in einen größeren Sinnzusammenhang stellt und ihm so über den eigenen Tod hinaus Bedeutung verleiht. Insofern sind die Erkenntnisse der Terror-Management-Theorie für die Frage nach den Implikationen der Sterblichkeit von unmittelbarer Relevanz.

Im Zusammenhang mit der Idee, dass Menschen ihre Todesangst durch ihre Lebensgestaltung kompensieren, sind auch solche Kulturtheorien relevant, die spezifische kulturelle Leistungen einer Gesellschaft als Ausdruck der Auseinandersetzung mit dem Faktum des Todes und der Sterblichkeit verstehen. Paradigmatisches Beispiel für diese Form der Kulturtheorie ist Jan Assmanns Auseinandersetzung mit der altägyptischen Kultur, in deren Rahmen Assmann auf die spezifischen Errungenschaften der altägyptischen Gesellschaft eingeht, diese Errungenschaften als Reaktion auf das Faktum der Sterblichkeit interpretiert und daraus Schlüsse allgemeiner Natur zieht:

> Der Tod oder besser: das Wissen um unsere Sterblichkeit ist ein Kultur-Generator ersten Ranges. Ein wichtiger Teil unseres Handelns, und gerade der kulturell relevante Teil, Kunst, Wissenschaft, Philosophie, Wohltätigkeit, entspringt dem Unsterblichkeitstrieb, dem Trieb, die Grenzen des Ich und der Lebenszeit zu transzendieren.[14]

Wie die Vertreter der Angstbewältigungstheorie nimmt auch Assmann an, dass die Kompensierung der Sterblichkeit und der Wunsch nach ihrer Überwindung die kulturelle Dimension des menschlichen Lebens entscheidend mitbestimmen.

Die Theorie der Angstbewältigung und Sterblichkeitskompensierung geht davon aus, dass Personen erstens fortwährend der Angst vor ihrem eigenen Tod ausgesetzt sind und den Wunsch haben, ihr

lich sind, wenn die Angstbewältigungsmechanismen außer Kraft gesetzt werden (vgl. Kenneth E. Vail u. a., »When Death is Good for Life: Considering the Positive Trajectories of Terror Management«, in: *Personality and Social Psychology Review* 16 (2012), S. 303-329, hier S. 304).

14 Jan Assmann, *Tod und Jenseits im alten Ägypten*, München 2001, S. 10.

Leben zu verlängern, sich aber zweitens darum bemühen, dieses Wissen von der eigenen Endlichkeit zu verdrängen und/oder zu bewältigen. Für diese Bewältigung spielt insbesondere die Ausbildung und Verteidigung einer kulturellen *Weltanschauung* eine wichtige Rolle.[15] Diese Weltsicht ist von der eigenen Existenz unabhängig, bietet also Stabilität im durch die Sterblichkeit bedrohten Dasein. Da sie eine die Bedeutung der eigenen Existenz überdauernde Relevanz hat, bietet die Erfüllung der durch diese Weltsicht gesetzten Standards an ein gutes oder wertvolles Leben die Hoffnung auf eine Form von Unsterblichkeit (im wörtlichen oder im übertragenen Sinn[16]) und kann daher im Sinne Assmanns dazu beitragen, die durch den Tod gesetzte Grenze zu transzendieren. Wenn eine Person die Anforderungen ihrer Weltanschauung erfüllt, resultiert daraus ein Gefühl von *Selbstwert*. Dieses Selbstwertgefühl führt wiederum dazu, dass sich die Todesangst verringert: »Aus der Perspektive der Terror-Management-Theorie brauchen Menschen Selbstwertgefühl, da dieses der zentrale psychologische Mechanismus ist, um Individuen vor der Angst zu schützen, die das Bewusstsein ihrer Verletzlichkeit und Sterblichkeit ansonsten hervorrufen würde.«[17]

Die für die Terror-Management-Theorie basale Hypothese der *Mortalitätssalienz* besagt, dass sich der Bedarf an Angstbewältigungsmechanismen erhöht, wenn der Person ihre eigene Sterblichkeit ins Gedächtnis gerufen wird. Ist die Tatsache der eigenen Sterblichkeit einer Person in hohem Maße bewusst und wird sie von ihr womöglich auch reflektiert, wird sie durch »pseudo-

15 Vgl. z. B. Jeff Greenberg u. a., »Evidence for Terror Management Theory II: The Effects of Mortality Salience on Reactions to Those Who Threaten or Bolster the Cultural Worldview«, in: *Journal of Personality and Social Psychology* 58 (1990), S. 308-318.

16 Die Hoffnung auf Unsterblichkeit kann im wörtlichen Sinn im Glauben an eine Fortexistenz nach dem Tod bestehen, sofern die jeweilige – in diesem Fall religiöse – Weltanschauung eine solche ermöglicht, oder aber auch in der Hoffnung auf eine Form der Unsterblichkeit durch Nachkommen, finanzielles Vermögen, Besitz, sozial wertgeschätzte Leistungen (Erfindungen, Kunstwerke, Erkenntnisse), Auszeichnungen usw. Jeff Greenberg geht davon aus, dass eine Person, die diese Standards vertritt, ihnen selbst möglichst gerecht werden muss, um ein Selbstwertgefühl entwickeln zu können, und ihre Todesangst somit bewältigen kann. Vgl. Jeff Greenberg u. a., »Why Do People Need Self-Esteem? Converging Evidence That Self-Esteem Serves an Anxiety-Buffering Function«, in: *Journal of Personality and Social Psychology* 63 (1992), S. 913-922, hier S. 913 f.

17 Ebd., S. 913.

rationale«[18] Mechanismen (wie zum Beispiel die Minimierung gesundheitlicher Risiken, der Gesundheit förderliches Verhalten, die Orientierung an Lebenszielen und so weiter) kontrolliert. Zentral für die Terror-Management-Theorie ist jedoch vor allem die Auseinandersetzung des Individuums mit dem eigenen Tod durch Anwendung der genannten Bewältigungsstrategien: der Ausbildung und Verteidigung einer Weltanschauung und des Strebens nach Selbstwert.

Diese Mechanismen treten in den verschiedensten Bereichen des menschlichen Lebens auf. So neigen Personen beim Auftreten von Gedanken, die den eigenen Tod zum Inhalt haben, etwa stärker dazu, ihr bestehendes – zum Beispiel politisches[19] – Weltbild zu verteidigen und gegenüber Personen oder Ansichten, die dieser Anschauung nicht gerecht werden, ablehnender eingestellt zu sein. Diese Ablehnung kann sich in Vorurteilen, Intoleranz und Aggressionen äußern.[20] Das Streben nach Selbstwert orientiert sich an den durch das Weltbild festgelegten Wertestandards, die zum Beispiel ein bestimmtes Verhalten im Straßenverkehr oder bestimmte Schönheitsideale beinhalten können.

Die Theorie ist nicht auf einen bestimmten *Inhalt* der jeweiligen Weltanschauung festgelegt. Das kulturelle, politische oder religiöse Weltbild, durch dessen Verteidigung die Bedrohung durch die Sterblichkeit kompensiert werden soll, ist inhaltlich zunächst einmal unbestimmt. Grundsätzlich, so Vertreter der Terror-Management-Theorie, ist es die Teilhabe an einem bestimmten, von der eigenen Existenz unabhängigen Überzeugungssystem, das auch von anderen Personen geteilt wird, die dabei hilft, den eigenen Tod als weniger bedrohlich wahrzunehmen. So stellt auch der Psychologe Peter Koestenbaum bereits in den 1970er Jahren fest: »Indem man einen Beitrag leistet, der das eigene Leben transzendiert, drückt

18 Vail u.a., »When Death is Good for Life«, S. 306.

19 Vgl. zum Zusammenhang von Mortalitätssalienz und politischer Einstellung z.B. Spee Kosloff u.a., »The Effects of Mortality Salience on Political Preferences: The Roles of Charisma and Political Orientation«, in: *Journal of Experimental Social Psychology* 46 (2010), S. 139-145.

20 Vgl. Pyszczynski u.a., »A Dual-Process Model of Defense Against Conscious and Unconscious Death-Related Thoughts«, S. 836; und zum Zusammenhang von Mortalitätssalienz und Intoleranz insb. Greenberg u.a., »Evidence for Terror Management Theory II«.

man aus, dass es in der Welt etwas Wichtigeres gibt als die eigene Person.«[21]

Während der Theorie der Angstbewältigung zufolge also einerseits allen Menschen gemeinsam ist, dass ihr (Unter-)Bewusstsein der Sterblichkeit Einfluss auf ihr Verhalten hat, machen sich individuelle Unterschiede zwischen Personen unter anderem dadurch bemerkbar, dass sich nicht alle Menschen unter Mortalitätssalienz in *gleicher* Weise verhalten. Wer über ein starkes Selbstwertgefühl verfügt, das auch in der Übereinstimmung des eigenen Verhaltens/eigener Überzeugungen mit Werten wie Toleranz oder Altruismus begründet sein kann, ist auch unter erhöhtem Sterblichkeitsbewusstsein gegenüber Personen mit andersartigen Einstellungen weniger negativ eingestellt. Der Zusammenhang zwischen Sterblichkeitsbewusstsein auf der einen und Stereotypisierung und Intoleranz auf der anderen Seite ist also keineswegs unausweichlich.

Hinsichtlich der Ausgangsfrage – der Frage nach den Implikationen der Sterblichkeit – ist also festzuhalten, dass laut Terror-Management-Theorie zwar keine *bestimmten* Verhaltensweisen, Einstellungen, Überzeugungen, Wünsche und so weiter notwendig mit dem Bewusstsein der Sterblichkeit verbunden sind, dieses jedoch entscheidend dazu beiträgt, dass Personen überhaupt Überzeugungen der genannten Art entwickeln. Wäre dies tatsächlich der Fall, dann würde die Sterblichkeit als permanente Bedrohung der eigenen Existenz entscheidend verantwortlich für die Art und Weise sein, in der Menschen ihr Leben gestalten. Es wäre in diesem Fall praktisch unmöglich, Aussagen über die Beschaffenheit eines unsterblichen Lebens zu treffen, da sich dieses von dem des Sterblichen radikal unterscheiden würde – es wäre unklar, welche Arten von Überzeugungen und welche Formen der Lebensgestaltung sich der Unsterbliche aneignen würde und wie seine Motivation beschaffen wäre, wenn die Bewältigung der Todesangst eine geringere Rolle (im Falle der kontingenten Unsterblichkeit) oder überhaupt keine Rolle (im Falle der notwendigen Unsterblichkeit) spielte.

21 Peter Koestenbaum, *Is there an Answer to Death?*, Englewood Cliffs, London 1976, S. 75.

3.4 Warum das Bewältigungsargument nicht überzeugt

Um Erkenntnisse über die Beschaffenheit des unsterblichen Lebens zu gewinnen, muss untersucht werden, ob diejenigen Verhaltensweisen, die von der Terror-Management-Theorie als Angstbewältigungsmechanismen interpretiert werden, tatsächlich notwendigerweise mit dem Faktum der eigenen Sterblichkeit (und dessen Repräsentation im Bewusstsein) verknüpft sind. Ist es tatsächlich der Fall, dass das Faktum der *Bedrohung* (der eigenen Existenz durch die Sterblichkeit) *notwendig* ist, um das Leben selbstbewusst, altruistisch, tolerant zu führen und sich einer kulturellen, politischen, sozialen oder religiösen Weltanschauung zuzuwenden?

Ich werde im Folgenden im Wesentlichen zwei Kritiklinien verfolgen. Zum einen argumentiere ich dafür, dass die menschliche Existenz nicht nur durch den Tod bedroht wird. Es sind andere Formen der Bedrohung des Selbst vorstellbar, welche die von der Terror-Management-Theorie postulierte produktive Funktion übernehmen könnten. Zweitens stellen die Ausbildung und Verteidigung einer Weltanschauung und das Streben nach Selbstwert nicht nur eine Reaktion auf Bedrohungen dar. Auch Überzeugungen, Präferenzen oder andere Affekte können für diejenigen Verhaltensweisen kausal verantwortlich sein, die die Terror-Management-Theorie als Kompensationsmechanismen betrachtet.[22]

Die Terror-Management-Theorie stützt sich auf die produktive

22 Im Leben einer kontingent unsterblichen Person könnte die Todesangst zudem ohnehin bestehen bleiben und somit auch Kompensationsmechanismen auslösen. Es ist sogar denkbar, dass die kontingente Unsterblichkeit die Todesangst signifikant verstärken würde. Eine Person, die zwar noch sterben kann, jedoch nicht mehr sterben muss, hat vielleicht das Gefühl, in ihrem Leben stünde sehr viel mehr auf dem Spiel als in dem eines notwendig Sterblichen. Während ein Mensch, der in unserer aktualen Welt an einer tödlichen Krankheit leidet, sich womöglich phasenweise damit trösten kann, dass er ebenso wie alle anderen ohnehin früher oder später sterben muss, bleibt dieser Trost dem kontingent Unsterblichen versagt, der durch seinen Tod potenziell *unendlich viel* Lebenszeit verliert. Andererseits könnte die kontingente Unsterblichkeit die Todesangst in anderen Lebensphasen verringern, weil der Tod eben nicht mehr sicher, sondern lediglich möglich ist. Der kontingent Unsterbliche könnte sich, sofern ihm die Möglichkeit des eigenen Todes bewusst wird, damit trösten, dass es sich dabei eben nur um eine Möglichkeit handelt und der Tod sich nicht ereignen *muss;* ähnlich wie sich Sterbliche über die Angst vor bestimmten Krankheiten manchmal damit hinwegtrösten, dass sie diese nicht bekommen müssen.

Kraft der Bedrohung, die von der Fragilität des menschlichen Daseins ausgeht. Dabei steht die Sterblichkeit völlig im Vordergrund: Keine Studie zur Terror-Management-Theorie sieht die Bedrohung der eigenen Existenz durch andere Ereignisse verkörpert als durch den menschlichen Tod.[23] Dies ist einigermaßen verwunderlich, da die Bedrohung der eigenen Existenz auch von anderen Faktoren ausgehen kann, wie etwa auch Christopher Burris und John Rempel denken:

> [O]bwohl sie manchmal als *Angst vor der Auslöschung* bezeichnet wird [...], ist uns keine von der Terror-Management-Theorie inspirierte Studie bekannt, die diese Angst anders operationalisiert hätte, als Menschen an die Unausweichlichkeit ihres eigenen Todes zu erinnern. Dies wirkt auf uns, als sei die Arbeitshypothese der TMT für alle praktischen Fragen, dass der Tod die Conditio sine qua non der Auslöschung des Selbst darstellt. Es steht außer Frage, dass die Aussicht des Todes das Selbst bedroht. Wir bezweifeln jedoch, dass dieses Bedrohungspotenzial psychologisch einzigartig ist.[24]

Burris und Rempel teilen diejenigen möglichen Bedrohungen des Selbst, die sich nicht auf den Tod der Person beziehen, in drei Gruppen ein: physische, soziale und räumlich-symbolische Bedrohungen. Physische Bedrohungen sind alle Formen der Gefährdung der physischen Integrität einer Person, also zum Beispiel die Androhung körperlicher Gewalt. Soziale Bedrohungen sind zum Beispiel Ausgrenzung und Zurückweisung. Dem Bereich der räumlich-symbolischen Bedrohungen liegt eine besondere Theorie des Selbst zugrunde, nach der sich das Selbst von Personen nicht nur auf ihren Körper oder ihren Geist, sondern auch auf Orte, Beziehungen, Gegenstände oder Überzeugungen ausdehnen kann. Diese Entitäten sind deswegen Teil der Identität einer Person, weil sie fest mit bestimmten Erinnerungen oder Gefühlen derselben verbunden sind und ihr dabei helfen, sich selbst in ihrer Lebenswelt zu lokalisieren und zu orientieren. In diesem Sinn kann zum Beispiel ein Haus, in dem man einmal gewohnt, ein Gegenstand, den man von einem bestimmten Menschen geerbt, oder eine Überzeugung, die man in bestimmter Weise erworben hat, zum eigenen erwei-

23 Vgl. Christopher T. Burris, John K. Rempel, »›It's the End of the World as We Know It‹: Threat and the Spatial-Symbolic Self«, in: *Journal of Personality and Social Psychology* 86 (2004), S. 19-42, hier S. 23.

24 Ebd., S. 23.

terten Selbst gehören. Durch die Zerstörung dieser Entitäten (das ehemalige Zuhause wird abgerissen, der Gegenstand zerbricht, die Überzeugung verändert sich) ist unter Umständen also ein Teil des Selbst, die »historische Identität«[25] der Person, bedroht. Tatsächlich zeigen experimentelle Studien, dass nicht nur physische und soziale, sondern auch räumlich-symbolische Bedrohungen Effekte auf das menschliche Verhalten haben, die erstens oberflächlich nichts mit der jeweiligen Bedrohung zu tun zu haben scheinen und die zweitens den Effekten, die die Terror-Management-Theorie ausschließlich auf die Bedrohung durch den Tod zurückführt, ähneln: »[Z]wei […] Bedrohungen der Integrität des Selbst, die theoretische Bezüge *zur Unsicherheit, aber nicht zur Sterblichkeit* haben, verursachten die gleichen oder ähnliche Ergebnisse wie diejenigen, die in früheren Forschungen zur Mortalitätssalienz gefunden wurden.«[26]

Die Hypothesen der Terror-Management-Theorie, die als zu kompensierende Bedrohung des Selbst ausschließlich die vollständige Auslöschung durch den eigenen Tod in Betracht ziehen, scheinen also zu stark zu sein. Die Unsicherheit und »Angreifbarkeit« des Lebens müssen, sofern sie tatsächlich als Bedingung kultureller Weltanschauungen betrachtet werden können, nicht in der *Sterblichkeit* bestehen, sondern können auch durch die grundsätzliche Angreif-, Verletz- und Zerstörbarkeit der körperlichen, sozialen, psychischen oder räumlich-symbolischen Integrität der Person gewährleistet sein.

Eher nebensächlich für die Theorie der Angstbewältigung sind diejenigen Bewältigungsmechanismen, die dann zum Tragen kommen, wenn die eigene Sterblichkeit der Person besonders präsent ist. Dazu gehören etwa die Minimierung gesundheitlicher Risiken und der Gesundheit förderliches Verhalten ganz allgemein. Die-

25 Ebd., S. 21.

26 McGregor u. a., »Compensatory Conviction in the Face of Personal Uncertainty: Going to Extremes and Being Oneself«, in: *Journal of Personality and Social Psychology* 80 (2001), S. 472-488, hier S. 485. Dass auch andere Formen der Bedrohung als die durch den eigenen Tod die Verteidigung der eigenen Weltanschauung befördern, zeigen auch die Psychologen C. David Navarrete u. a. Vgl. C. David Navarrete u. a., »Anxiety and Intergroup Bias. Terror Management or Coalitional Psychology?«, in: *Group Processes & Intergroup Relations* 7 (2004), S. 370-397.

se Strategien sollen dazu dienen, den eigenen Tod wenn nicht zu verhindern, so doch wenigstens hinauszuzögern. Eine gemäß der Differenzierung in Kapitel 1 kontingent unsterbliche Person, die etwa an den Folgen von Drogenmissbrauch, Fehlernährung, Bewegungsmangel und so weiter durchaus sterben *kann*, oder aber auch diejenige notwendig sterbliche Person, die an den Folgen dieses Verhaltens zwar nicht sterben, aber darunter *leiden* würde, ist weiterhin auf Strategien zur Verminderung dieser Risiken angewiesen. Es ist außerdem fraglich, ob die Abwesenheit dieser Strategien aufgrund einer Eliminierung der Sterblichkeit tatsächlich ein Minus an Lebensqualität bedeuten würde. Die genannten Maßnahmen zur Lebensverlängerung haben in Hinblick auf dieses Ziel lediglich instrumentellen Wert. Wenn das Ziel – die Verlängerung des Lebens beziehungsweise die Vermeidung von Krankheiten – ohnehin garantiert ist, sind Einschränkungen der genannten Art schlicht nicht mehr erforderlich, um ein langes, wünschenswertes Leben zu gewährleisten.

Wesentlicher sowohl für die Terror-Management-Theorie als auch für die Frage nach den Implikationen des Sterblichkeitsbewusstseins überhaupt sind so genannte *distale* Abwehrmechanismen. Damit sind Strategien gemeint, die die Tatsache der Sterblichkeit dann kompensieren, wenn sie auf einer sehr niedrigen Bewusstseinsebene repräsentiert ist, die Person dieses Faktum also selbst weder reflektiert noch mit ihrem Handeln in Zusammenhang bringt. Für die vorliegende Untersuchung sind insbesondere diejenigen Eigenschaften, Verhaltensweisen oder Überzeugungen relevant, die laut Terror-Management-Theorie auf die Todesangst zurückzuführen sind und die gemeinhin als *positiv* bewertet werden. Dazu zählen zum Beispiel soziale Tugenden wie Toleranz oder Altruismus, die sich etwa in bestimmten Einstellungen, bei der Begegnung zweier Personen oder auf gesellschaftlicher Ebene in sozialem oder politischem Engagement äußern.

Es ist fraglich, ob Bedrohungen des Selbst eine notwendige Bedingung für diese Eigenschaften darstellen, wie die Terror-Management- und andere Bedrohungstheorien nahelegen.[27] Kann eine

27 Als Bedrohungstheorien werden Theorien bezeichnet, nach denen zwar nicht zwangsläufig die Bedrohung durch den Tod, jedoch andere Formen der Bedrohung oder Verunsicherung Voraussetzung für die Ausbildung und Verteidigung einer Weltanschauung sind.

Person diese Tugenden tatsächlich nur dann haben, wenn sie sich ihrer Sterblichkeit irgendwie bewusst ist oder eine andere Form der existenziellen Unsicherheit und Bedrohung erfährt? Diese Annahme ist nicht plausibel.[28] Altruistisches Verhalten beispielsweise lässt sich etwa durchaus auf andere Weise erklären: Es kann aus dem Mitleid mit einem leidenden Lebewesen (vgl. auch Abschnitt 3.2), dem Wunsch nach Reziprozität[29] oder einer basalen moralischen Überzeugung resultieren.[30] Ebenso kann auch Toleranz das Ergebnis der Überzeugung sein, dass die Akzeptanz fremder Eigenschaften aus moralischen Gründen geboten ist. Auch die Neugier kann dafür verantwortlich sein, anderen/fremden Personen oder Lebewesen aufgeschlossen und interessiert gegenüberzutreten. Gesellschaftliches und politisches Engagement resultieren in der Regel aus dem Wunsch, einen gesellschaftlichen Missstand zu bereinigen, der, ebenso wie das Streben nach der Verbesserung der Situation, ganz unabhängig von der menschlichen Sterblichkeit besteht. Selbst Religion und Spiritualität müssen nicht aus dem Wunsch resultieren, die Grenzen der eigenen Lebenszeit (durch Hoffnung auf eine Form von Unsterblichkeit) zu überschreiten, sondern können auch aus einem ganz allgemeinen menschlichen Bedürfnis nach einem Bedeutungssystem und Lebenssinn erklärt werden.

Nach der Terror-Management-Theorie führt die Einhaltung

28 Laut Terror-Management-Theorie ist eine wesentliche Konsequenz der Bedrohung durch den eigenen Tod die Verteidigung der eigenen Weltanschauung. Der Psychologe Colin Holbrook argumentiert dafür, dass dieses Verhalten auch durch andere Stimuli hervorgerufen werden kann. Vgl. Colin Holbrook u.a., »Unconscious Vigilance: Worldview Defense Without Adaptations for Terror, Coalition, or Uncertainty Management«, in: *Journal of Personality and Social Psychology* 101 (2011), S. 451-466.

29 Ob es sich dabei um echten, selbstlosen Altruismus handeln kann, ist zwar diskutabel; dies ist für einen Altruismus, der ausschließlich der Kompensation der eigenen Todesangst dient, jedoch ebenso fraglich.

30 Siehe zum Zusammenhang von der Tugend des Altruismus mit dem menschlichen Tod auch Mark Johnston, *Surviving Death,* Princeton, Oxford 2010, der davon ausgeht, dass radikal altruistische Personen, die sich mit den Interessen aller anderen Personen identifizieren, nach ihrem Tod in diesen Personen und ihren Interessen fortexistieren. Auf dieses Argument gehe ich im Rahmen meiner Arbeit nicht näher ein, da selbst dann, wenn Johnstons Argument überzeugend ist, auch unsterbliche Personen auf die o.g. Weise zu altruistischem Verhalten motiviert sein können. Insofern ist die Sterblichkeit keine notwendige Bedingung altruistischen Verhaltens.

der Standards der eigenen Lebensanschauung zur Steigerung des Selbstwertgefühls. Dass persönliche Erfolge das Selbstbewusstsein steigern, ist ebenso plausibel wie die Annahme, dass dieses zur Lebensqualität beiträgt. Psychologische Studien zeigen jedoch, dass gerade diejenige Form des Selbstbewusstseins besonders stabil ist und damit besonders nachhaltig zur Lebensqualität beiträgt, die sich *nicht* aus Erfolgen, sondern aus einem grundlegenden Gefühl des Selbstwertes *unabhängig* von der Erfüllung externer Standards speist.[31] Zudem sind persönliche Erfolge durch die Erfüllung von Standards, wie wir gesehen haben, auch ohne Sterblichkeitsbewältigung möglich.[32]

3.5 Zusammenfassung

Im Zentrum dieses Kapitels stand der Zusammenhang zwischen der Sterblichkeit und der Lebensgestaltung von Personen. Ich habe erstens die These diskutiert, dass das Wissen von der Begrenztheit der Lebenszeit notwendig sei, um zu bestimmten, das eigene Leben gestaltenden Handlungen motiviert zu sein; sowie zweitens die Idee, dass nicht nur große Lebensentscheidungen, sondern ein Großteil aller menschlichen Verhaltensweisen von der Bedrohung durch das Wissen (beziehungsweise das verdrängte Bewusstsein) von der Sterblichkeit beeinflusst seien. Wäre eines davon der Fall, wären die Sterblichkeit und das Wissen davon von kaum zu überschätzender Bedeutung für die Art und Weise, wie Personen in der aktualen Welt ihr Leben führen; und eine Eliminierung der Sterblichkeit hätte gravierende Konsequenzen.

Der Unsterbliche, so die Idee des *Motivationsarguments*, wäre

31 Vgl. Michael H. Kernis u. a., »Stability and Level of Self-Esteem as Predictors of Anger Arousal and Hostility«, in: *Journal of Personality and Social Psychology* 56 (1989), S. 1013-1022, und Frederick Rhodewalt, Michael W. Tragakis, »Self-Esteem and Self-Regulation: Toward Optimal Studies of Self-Esteem«, in: *Psychological Inquiry* 14 (2003), S. 66-70.

32 Vgl. zur kritischen Betrachtung der Terror-Management-Theorie auch Mark R. Leary, Lisa S. Schreindorfer, »Unresolved Issues with Terror Management Theory«, in: *Psychological Inquiry* 8 (1997), S. 26-29, und Lee A. Kirkpatrick, Carlos David Navarrete, »Reports of My Death Anxiety Have Been Greatly Exaggerated: A Critique of Terror Management Theory from an Evolutionary Perspective«, in: *Psychological Inquiry* 17 (2006), S. 288-298.

nicht mehr motiviert, seine Lebenszeit mit denjenigen Projekten zu füllen, die wir in der Regel als Teil eines (abwechslungs)reichen Lebens betrachten. Diese Annahme stellte sich als nicht überzeugend heraus. Bei vielen »Lebensprojekten« (Familie, Bildung, Karriere und so weiter) ist der Wunsch, das jeweilige Ergebnis oder auch den Weg dorthin zu erleben, als Motivation zur Realisierung des Projektes ausreichend. Darüber hinaus sind verschiedene andere Motive wie Mitleid oder der Wunsch, einen Zustand zu beenden, denkbar, die auch für den Unsterblichen eine Motivation sein können, ohne dass diese zusätzlich verstärkt werden muss. Der Unsterbliche hat zwar eine größere Auswahl an Zeitpunkten, zu denen er ein bestimmtes Projekt beginnen kann; jedoch existiert er trotzdem in der Zeit und unterliegt damit ebenfalls zeitlichen Beschränkungen. Die Befürchtung, dass er Projekte der genannten Art und damit seine gesamte Lebensgestaltung unbegrenzt lange hinauszögern würde, ist also unbegründet.

Mit der Frage, ob die Gestaltung des Lebens entscheidend vom Wissen um die eigene Sterblichkeit abhängt, beschäftigt sich auch die sozialpsychologische Theorie der Angstbewältigung, die die Basis des *Bewältigungsarguments* bildet. Vertreter dieser Theorie gehen davon aus, dass die Bedrohung, die vom Bewusstsein der eigenen Sterblichkeit ausgeht, die Überzeugungen und das Verhalten von Personen in nahezu allen Bereichen des Lebens beeinflusst. Die Gestaltung des Lebens, darunter insbesondere die eigene Weltanschauung und das eigene Wertesystem sowie das Bestreben, sich diesen entsprechend zu verhalten, wird als Versuch verstanden, die Bedrohung durch den Tod zu bewältigen. Diese Beeinflussung ist inhaltlich jedoch unbestimmt und kann ganz verschiedener Natur sein. So neigen zum Beispiel manche Personen unter erhöhtem Sterblichkeitsbewusstsein dazu, sich altruistisch zu verhalten, während die Mortalitätssalienz bei anderen Personen eher Intoleranz und Vorurteile fördert. Ganz allgemein ist es die Orientierung und Teilhabe an Weltanschauungen und Überzeugungssystemen, welche die eigene Existenz überdauern, die Vertretern des Bewältigungsargumentes zufolge dabei hilft, die Bedrohung durch den eigenen Tod zu kompensieren.

Ebenso wie die im letzten Kapitel untersuchte Theorie sozioemotionaler Selektivität beschäftigt sich auch die Terror-Management-Theorie mit der menschlichen Psyche und mit menschlichem

Verhalten aus der Perspektive der Sozialpsychologie. Dabei konzentriert sie sich (aufgrund ihrer empirisch-psychologischen Ausrichtung) weder auf Unterschiede zwischen einzelnen Individuen noch auf alternative Welten, in denen die menschliche Lebenssituation und das menschliche Bewusstsein *anders* beschaffen sind als in unserer Welt. Insofern wäre es ein verfehlter Anspruch an diese Theorie, auf ihrer Basis Aussagen über den modalen Status – also über die *Notwendigkeit* – der Sterblichkeit zu treffen. Im Rahmen dieses Kapitels diente sie daher als Ausgangspunkt, um die existenzielle Situation von sterblichen Menschen in unserer Welt zu beleuchten und auf diese Weise die Bedeutung der Sterblichkeit für diese zu bestimmen und zu bewerten. Die so gewonnenen Erkenntnisse lassen sich (zugegebenermaßen spekulativ) auf die Situation einer unsterblichen Person übertragen.

Die Argumente dafür, dass die untersuchten Aspekte nicht notwendigerweise mit der Sterblichkeit zusammenhängen, sind jedoch nicht auf diese Form der psychologischen Spekulation angewiesen. Das Gefühl einer *Bedrohung* oder *Verunsicherung* des Selbst kann, wie gezeigt wurde, auch auf andere Weise ausgelöst werden als dadurch, Personen mit ihrer eigenen Sterblichkeit zu konfrontieren. Physische, soziale oder symbolische Bedrohungen haben – so zeigen psychologische Studien – ganz ähnliche Auswirkungen wie die Bedrohung durch den eigenen Tod. Obwohl die Bedrohung durch die Sterblichkeit in der aktualen Welt also eine gravierende Rolle spielen kann, ist sie keine notwendige Bedingung für menschliches Verhalten der beschriebenen Art. Darüber hinaus ist zweitens zu vermuten, dass Phänomene wie Toleranz, Altruismus und Religiosität sowie entsprechendes Verhalten auch aus ganz anderen Motiven als aus irgendeiner Form von Bedrohungsbewusstsein erwachsen können. Neugier, Interesse, Mitleid oder das Bedürfnis nach Sinn können diese Phänomene erklären, ohne eine Bedrohung der Person vorauszusetzen. Ein Bewältigungsargument, dem zufolge solche Verhaltensweisen ohne die Bedrohung durch die Sterblichkeit *nicht vorstellbar* sind, überzeugt also nicht.

Es ist klar, dass die Sterblichkeit starken Einfluss auf das Verhalten von Personen haben kann. Die permanente oder zeitweilige[33]

33 Die Bedrohung durch den eigenen Tod ist dann nicht permanent, wenn Personen ihre Sterblichkeit zeitweise oder dauerhaft nicht bewusst ist. Die Terror-Management-Theorie lässt eine solche Option zwar nicht zu (nach dieser Theorie

Bedrohung des Lebens durch den Tod bewirkt oft eine besonders starke Orientierung an Wertestandards und Weltanschauungen. Diese herausragende Rolle der Sterblichkeit in der aktualen Welt spricht jedoch nicht für die Notwendigkeit dieser Eigenschaft für ein attraktives menschliches Dasein in *anderen* möglichen Welten.

Im folgenden Kapitel wird der Zusammenhang zwischen Sterblichkeit und Werten, den das Bewältigungsargument unter anderem thematisiert, erneut eine Rolle spielen. Während bisher jedoch die Idee im Zentrum stand, dass die *Orientierung* an bestimmten Werten als Kompensationsmechanismus verstanden werden sollte, geht es im nächsten Kapitel um die Frage, ob verschiedene spezifische Werte und Tugenden auf der Sterblichkeit basieren, weil sie ohne dieselbe überhaupt nicht vorstell- oder erklärbar wären.

ist das Faktum der eigenen Sterblichkeit auch aus dem Unterbewusstsein heraus kausal wirksam), ist an dieser Stelle allerdings zu weit gefasst.

4. Sterblichkeit und Werte

Das jederzeit mögliche Ende des Lebens als ständige Bedrohung, die die Lebensführung von Personen grundlegend prägt, spielte bereits im letzten Kapitel eine wesentliche Rolle. Auf dieser Argumentationslinie liegt auch die Idee, dass menschliche Werte und Tugenden wie Mut oder Großzügigkeit auf der Sterblichkeit, genauer: auf dem Risiko des Todes basieren. Diese Position, die ich im ersten Teil dieses Kapitels untersuche, ist verwandt mit der Theorie der Angstbewältigung: Beiden Positionen ist die Idee gemein, dass der (jederzeit) *mögliche Verlust* des Lebens dieses in besonderer Weise beeinflusst.

Auch die Fähigkeit, Ereignisse des eigenen Lebens überhaupt als wertvoll zu erkennen, wird gelegentlich mit der menschlichen Sterblichkeit in Zusammenhang gebracht. Ob die Begrenztheit der eigenen Lebenszeit tatsächlich eine notwendige Bedingung dafür ist, dass Personen die Momente ihres Lebens wertschätzen, überprüfe ich im zweiten Teil des Kapitels.

In einem dritten Abschnitt steht ein bestimmter Wert im Vordergrund: die Authentizität, die nach Martin Heidegger nur von denjenigen Menschen erreicht werden kann, die sich die Tatsache ihres eigenen zukünftigen Todes ins Gedächtnis rufen.

4.1 Das Todesrisiko als Bedingung des Wertesystems: Das Werteargument

Nur weil Menschen sterblich sind, können sie sich willentlich für andere opfern. So kann zum Beispiel ein Erwachsener ein Kind aus einem brennenden Haus retten, obwohl er sich im Klaren darüber ist, dass er dies mit hoher Wahrscheinlichkeit nicht überlebt. Diese Form der Selbstaufopferung kann in Fällen wie diesem moralisch wertvoll sein; für die Person, die das Opfer bringt, kann diese Handlung Ausdruck von moralischer und charakterlicher Größe sein:

Als Ausdruck höchster moralischer Tapferkeit und von Charakter transformiert ein solcher Akt den Tod von einem bloßen Faktum der Biologie in einen moralisch bewundernswerten Beitrag zu den sozialen Bedingungen, in denen andere mit viel unrealisiertem Lebenspotenzial dazu in der Lage sind, dieses vollständiger zu aktualisieren.[1]

Etwas Ähnliches behauptet auch Martha Nussbaum in ihrem Buch *Therapy of Desire*. Nussbaum nimmt an, dass ein menschliches Wertesystem, dem zufolge einige Eigenschaften als moralisch besonders wertvoll und andere als weniger wertvoll gelten, in einer bestimmten Weise abhängig ist vom Vorhandensein und vom Bewusstsein der menschlichen Sterblichkeit. Es geht ihr nicht um die im letzten Kapitel diskutierte Frage, ob Menschen sich überhaupt nur dann ein Wertesystem erschaffen können, wenn sie sterblich sind und darum wissen, sondern vielmehr um den Nachweis, dass der Wert von Tugenden wie Mut, Freundschaft, Liebe, Mäßigung oder Gerechtigkeit vom Sterblichkeitsbewusstsein abhängig ist.[2]

Dazu entwirft Nussbaum ein Szenario, in dem der Tod vollständig unmöglich ist (gemäß der Unterscheidung des ersten Kapitels handelt es sich hier also um die notwendige Unsterblichkeit). Ansonsten ändert sich jedoch erst einmal nichts: Die Menschen können zum Beispiel weiterhin Schmerzen empfinden. Nussbaum zufolge ergäben sich in einem solchen Szenario zwei wesentliche Veränderungen für das menschliche Leben. Einerseits würde sich die zur Verfügung stehende Lebenszeit verändern, andererseits wären die Menschen im Lauf ihres Lebens weniger Risiken ausgesetzt.[3] Wie sich zeigen wird, ist es diese Reduktion der Risiken, auf der ihr Argument in erster Linie aufbaut.

1 Jeff Noonan, »The Life-Value of Death. Mortality, Finitude and Meaningful Lives«, in: *Journal of Philosophy of Life* 3 (2013), S. 1-23, hier S. 11.

2 Nussbaum selbst bezeichnet eines ihrer Argumente für den Wert der zeitlichen Begrenztheit der menschlichen Existenz mit Lukrez als »Bankett-Argument« (Martha C. Nussbaum, *Therapy of Desire. Theory and Practice in Hellenistic Ethics*, Princeton 1994, S. 203). Diese Bezeichnung soll eine Analogie zwischen einem Bankett und dem menschlichen Leben hervorheben, nach der das menschliche Leben in bestimmter Weise zeitlich strukturiert ist. Dies gelte auch für ein Festessen, bei dem nach einer vorgeschriebenen Ordnung mehrere Gänge aufeinanderfolgen. In diesem Hinweis auf die *zeitliche Struktur* des menschlichen Lebens steckt eine weitere Idee zu einer potenziellen Bedeutung der Sterblichkeit, die Nussbaum ebenfalls hervorhebt: Ein gelingendes Leben brauche eine bestimmte zeitliche Ordnung. Mit diesem Argument werde ich mich in Kapitel 5 beschäftigen.

3 Vgl. ebd., S. 227.

Ausgehend von der in manchen Fällen[4] wertvollen Eigenschaft des Mutes, versucht Nussbaum zu zeigen, dass der Großteil dessen, was uns im Leben wertvoll erscheint, vom Risiko des Todes abhängt. Mut besteht nach Nussbaum darin, im Angesicht des Todes zu handeln, das heißt, sich dem Risiko zu sterben bewusst auszusetzen. Wer diese Möglichkeit nicht hat, dem kann die Tugend des Mutes nicht in derselben Weise gegeben sein. Da die Intensität von Beziehungen zu anderen Personen (Freundschaft und Liebe) oder zur Heimat (Liebe zum Vaterland) auch von der Aufopferungsbereitschaft abhängt, bringt die vollständige Eliminierung des Todesrisikos hier ebenfalls entscheidende Einbußen mit sich. Wer sein Leben nicht für jemand anderen opfern könnte, dessen Beziehungen müssten, so Nussbaum, durch Oberflächlichkeit und Unverbindlichkeit gekennzeichnet sein.

Auch andere menschliche Werte sind betroffen: Mäßigung sei deswegen mit der Sterblichkeit verknüpft, da sie darin bestehe, sich zu zügeln, wenn Maßlosigkeit den Tod bedeuten würde, während Werte wie Gerechtigkeit und Großzügigkeit nur dann denkbar seien, wenn es *lebensnotwendige* Ressourcen gibt, die der sinnvollen und vernünftigen Verteilung bedürfen. Bei vollständiger Abwesenheit des Todes sind aber keine Güter lebensnotwendig, da das individuelle Überleben ohnehin sichergestellt ist.[5] Da viele menschliche Werte von der Möglichkeit des Todes abhängig sind, würde ein Leben ohne dieses Risiko diese Werte nicht beinhalten können. Da, so Nussbaum, ein aus unserer Perspektive wertvolles Leben diese Werte aber beinhaltet, könnte ein Leben ohne die Sterblichkeit für uns[6] nicht wünschenswert sein. Die Sterblichkeit ist nach Nussbaum also notwendig für ein wertvolles Leben.

4 Die Eigenschaft des Mutes ist nur dann moralisch wertvoll, wenn sie zur Erreichung eines erstrebenswerten, guten Zieles eingesetzt wird. Werden verwerfliche Ziele mutig verfolgt, ist die Eigenschaft des Mutes wahrscheinlich nicht als moralisch wertvoll zu beurteilen.

5 Vgl. Nussbaum, *Therapy of Desire*, S. 227 f.

6 Nussbaum sagt selbst explizit, dass sie den Wert des unsterblichen Lebens ausschließlich aus der Perspektive der aktualen Situation des Menschen beurteilen möchte. Sie schließt nicht aus, dass unsterbliche Personen ein in anderer Weise wertvolles Leben haben könnten. Spekulationen über diese Werte des Unsterblichen hält sie jedoch für nicht gewinnbringend, da wir über die Welt des Unsterblichen kaum fundierte Aussagen treffen könnten. Vgl. ebd., S. 229.

Nussbaums Argument lässt sich wie folgt in Normalform fassen:

(W1) Wenn eine Person ein wünschenswertes menschliches Leben führt, partizipiert sie am menschlichen System von Werten und Tugenden.
(W2) Wenn eine Person am menschlichen System von Werten und Tugenden partizipiert, lebt sie mit dem Risiko des Todes.
(W3) Wenn eine Person mit dem Risiko des Todes lebt, muss sie irgendwann sterben.
(W4) Wenn eine Person irgendwann sterben muss, ist sie sterblich.

(K) Wenn eine Person ein wünschenswertes menschliches Leben führt, ist sie sterblich.

Insbesondere die Prämissen (W2) und (W3) können, wie sich im Folgenden zeigen wird, nicht aufrechterhalten werden. Auch Prämisse (W1) ist bestenfalls mit Einschränkungen überzeugend.

4.2 Warum das Werteargument nicht überzeugt

Nussbaum selbst bezeichnet ihr Argument, Epikur folgend, als *therapeutisches* Argument.[7] Ein therapeutisches philosophisches Argument hat das Ziel, menschliches Leid – in diesem Fall das Leid angesichts des Wissens um die eigene Sterblichkeit – zu mindern. Es geht Nussbaum also darum, zu zeigen, dass es sich bei der Form von Sterblichkeit, der wir in unserer Welt ausgesetzt sind, nicht um ein Übel handelt und eine rationale Person infolgedessen nicht daran verzweifeln sollte. Die Sterblichkeit unserer Welt ist gekennzeichnet durch die Notwendigkeit, also die absolute Sicherheit des zukünftigen Todes. Insofern sollte Nussbaum zeigen, dass es die Notwendigkeit und Sicherheit des Todes sind, die als notwendig für das Bestehen eines menschlichen Wertesystems angesehen werden müssen. Entsprechend vertritt sie die Annahme (W3), nach

7 Vgl. ebd., S. 229.

der nur eine Person, die in Zukunft sterben *muss*, mit dem Risiko des Todes lebt.

Zur Illustration ihres Argumentes bezieht sich Nussbaum auf einen besonderen Fall von Unsterblichkeit, nämlich auf die notwendige Unsterblichkeit. Nussbaum wählt damit zwar einerseits einen besonders drastischen und insofern ihrem Argument förderlichen Fall von Unsterblichkeit, jedoch stellt diese Form des unendlichen Lebens andererseits gar nicht den echten Gegensatz zur menschlichen Sterblichkeit unserer Welt dar. Die homerischen Götter, deren Beispiel sie zur Illustration des Unsterblichkeitsszenarios heranzieht, sind, wie (W3) besagt, in der Tat nicht dem Risiko des Todes ausgesetzt, da sie nicht sterben können. Jedoch bedeutet nicht jede Form der Unsterblichkeit eine Eliminierung des Todesrisikos: Auf Basis der zu Beginn des Buches getroffenen Unterscheidungen zwischen notwendiger und kontingenter Sterblichkeit beziehungsweise Unsterblichkeit wird deutlich, dass das Todesrisiko im Fall der kontingenten Unsterblichkeit durchaus vorhanden ist. Insofern könnte auch der (kontingent) Unsterbliche im Angesicht des Todes handeln und somit gemäß Nussbaums Analyse dieser Tugenden mutig, gerecht, großzügig, gemäßigt oder aufopfernd sein.[8] Eine Person kann auch dann mit dem Risiko des Todes leben, wenn sie nicht sterben muss, sondern nur sterben kann. Prämisse (W3) ist also nicht überzeugend.

Auch Prämisse (W2), die besagt, dass das Todesrisiko eine notwendige Bedingung für das System menschlicher Werte darstellt, kann angegriffen werden. Es ist fraglich, ob Nussbaum die von ihr aufgezählten menschlichen Tugenden angemessen interpretiert. Mut besteht ihrer Ansicht nach darin, im Angesicht des Todes zu handeln. Tatsächlich jedoch kann auch ohne Todesrisiko Mut bewiesen werden, nämlich mindestens immer dann, wenn ein anderes existenzielles Risiko besteht: Eine Person kann in bestimmter Weise handeln, obwohl sie befürchten muss, dass ihre Handlung starke körperliche Beeinträchtigungen oder seelische und soziale Konsequenzen (wie Scham, Blamage, Ausgrenzung, Verachtung, Spott, finanzielle Einbußen und so weiter) nach sich zieht. Derartige Handlungen (die vermutlich weit häufiger vorkommen als

8 Vgl. Marianne Kreuels, »Kontingente und notwendige Unsterblichkeit. Einige begriffliche Präzisierungen zur Makropulos-Debatte«, in: *Zeitschrift für philosophische Forschung* 64 (2010), S. 246-259.

Handlungen im Angesicht des Todes) können durchaus als mutig bezeichnet werden.[9]

Nach Nussbaum sind auch die Möglichkeit echter, intensiver Zuneigung zu anderen Personen in Form von echter Freundschaft oder echter Liebe sowie Patriotismus als »Liebe zum Vaterland« nur dann möglich, wenn sie beinhalten, dass die Person dazu bereit wäre, sich selbst für andere oder für ihr Land zu opfern. Auch hier ist jedoch nicht ersichtlich, wieso diese Liebe nicht auch in der Bereitschaft bestehen könnte, hohe Risiken körperlicher, sozialer oder emotionaler Natur einzugehen. Darüber hinaus ist fraglich, ob Liebe und intensive Beziehungen überhaupt in allen Fällen durch Risikobereitschaft gekennzeichnet sein müssen. So kann etwa das Bestreben, so viel Zeit wie möglich mit einer anderen Person zu verbringen, oder die Planung einer gemeinsamen Zukunft Ausdruck besonders intensiver Zuneigung sein.

Auch die Tugend der Mäßigung bedarf des Todesrisikos nicht. Wer ein asketisches Leben führt oder zugunsten anderer Lebewesen auf bestimmte Güter verzichtet, der handelt der Tugend der Mäßigung entsprechend, ohne dass es dazu des Todesrisikos bedarf.

Weitere Tugenden wie Gerechtigkeit und Großzügigkeit sind ebenso wenig an die Gefahr des Todes gekoppelt und spielen nicht nur bei der Verteilung lebenswichtiger Güter eine wichtige Rolle. Auch solche Güter, deren Besitz nur einen Glücksgewinn oder eine Steigerung der Lebensqualität bedeutet, können in gerechter oder ungerechter Weise verteilt werden. Und insbesondere die Tugend der Großzügigkeit scheint durch das Todesrisiko eher geschwächt als gestärkt zu werden: Wer sich weniger Sorgen um sein Überleben machen muss, könnte viel eher geneigt sein, mit Gütern großzügig umzugehen, als jemand, der seine Existenz fortwährend bedroht sieht.

In Bezug auf Prämisse (W2) ist insbesondere das Folgende festzuhalten: Nussbaum formuliert das Vorhaben, im Rahmen ihres Unsterblichkeits-Gedankenexperimentes nur die Sterblichkeit, nicht jedoch andere physische Beschränkungen zu eliminieren. Es hat jedoch den Anschein, als würde eine Eliminierung der Sterblichkeit in ihrem Sinn automatisch eine Eliminierung der Verletz-

9 Vgl. zu diesem Einwand auch John Martin Fischer, »Contribution on Martha Nussbaum's The Therapy of Desire«, in: *Philosophy and Phenomenological Research* 59 (1999), S. 787-792, hier S. 791.

barkeit mit sich bringen, da sie schreibt, dass es einer graduellen Wiedereinführung der Sterblichkeit gleichkäme, im Rahmen des Gedankenexperimentes das Schmerzempfinden oder körperliche Behinderungen zuzulassen.[10] Hier liegt eine Vermischung der verschiedenen Beschränkungen vor, denen das menschliche Dasein unterliegt. Nussbaum selbst gesteht ihren Kritikern in einem späteren Text zu:

> Die Eliminierung der Sterblichkeit würde die Struktur unserer Leben in fundamentaler Weise verändern; wir verstehen noch nicht wirklich, was bestehen bleiben würde. Wenn wir jedoch viele andere Beschränkungen konstant halten, könnten diese in der Tat ausreichen, ein Leben zu formen, das unserem eigenen ausreichend ähnlich ist, um einige derselben Werte zu beherbergen.[11]

Die Prämissen (W2) und (W3) von Nussbaums Argument sollten also nicht kritiklos übernommen werden. (W3) ist nicht überzeugend, da das Risiko des Todes auch durch die *Möglichkeit* zu sterben gewährleistet ist. Die Prämisse (W2) kann ebenfalls nicht aufrechterhalten werden, da alle von ihr thematisierten Tugenden auch ohne den Tod vorhanden sein und erklärt werden können.

Schlussendlich muss auch die Prämisse (W1) infrage gestellt werden. Nussbaum räumt selbst ein, dass der Unsterbliche *andere* Tugenden und Werte haben könnte, die seinem Leben einen Sinn verleihen. Auch wenn es schwierig ist, über die Beschaffenheit dieser Werte gerechtfertigte Aussagen zu treffen,[12] so ist es doch keineswegs notwendigerweise der Fall, dass diese anderen Tugenden nicht ebenfalls die Basis eines wünschenswerten Lebens bilden können. Der Ausdruck des »wünschenswerten Lebens« in Prämisse (W1) bezieht sich also nur auf ein Leben, das uns, *auf Basis unserer Systeme von Tugenden und Werten*, als wünschenswert erscheint. Die Antworten auf die Frage, welche Eigenschaften als Tugenden gelten, variieren auch in unserer Welt über zeitliche und räumliche Dis-

10 Vgl. Nussbaum, *Therapy of Desire*, S. 228.

11 Martha Nussbaum, »Reply to Papers in Symposium on Nussbaum, The Therapy of Desire«, in: *Philosophy and Phenomenological Research* 59 (1999), S. 811-819, hier S. 812.

12 In meiner Replik auf Prämisse (W2) habe ich gezeigt, dass die Unsterbliche dieselben Tugenden und Werte haben kann wie die Sterbliche – zumindest was die von Nussbaum aufgezählten Tugenden betrifft.

tanzen hinweg. Insofern ist es gut vorstellbar, dass der Unsterbliche rational darin ist, seine Tugenden im Licht seiner Lebensumstände zu revidieren und Mut, Mäßigung oder Patriotismus nicht mehr als konstitutive Bedingungen eines wertvollen Lebens zu betrachten.

Insgesamt ist Nussbaums Argument – insbesondere die Annahmen, dass nur die Notwendigkeit des Todes ein Todesrisiko ermöglicht und dass verschiedene menschliche Tugenden nur auf Basis des Todesrisikos verstanden werden können – nicht überzeugend.

4.3 Sterblichkeit und Wertschätzung

Anstatt zu fragen, ob bestimmte Werte de facto von der Sterblichkeit abhängig sind, könnte man vermuten, dass die Sterblichkeit essenziell dafür ist, Beziehungen zu anderen Personen oder Ereignisse wie etwa persönliche Erfolge *wertschätzen* zu können. Es geht bei dieser neuen Fragestellung also darum, ob erst das Bewusstsein der Sterblichkeit eine Person dazu befähigt, den Wert einer Beziehung oder eines Ereignisses zu *erkennen*.[13] Wie Jeff Noonan bemerkt, handelt es sich dabei tatsächlich um eine neue Fragestellung: »[D]ie Tatsache, dass eine Ressource oder Schöpfung fundamentalen Lebenswert hat, impliziert nicht, dass Menschen diese auch tatsächlich wertschätzen.«[14] Der Physiker Leon Kass formuliert es so: »Unsere Tage abzuzählen ist die Bedingung dafür [...], all das wertzuschätzen und anzuerkennen, was das Leben mit sich bringt.«[15]

Die Sorge, dass die Unsterblichkeit unsere Werturteile verändern würde, wird besonders häufig in Bezug auf Beziehungen zu anderen Personen ausgedrückt. Noch einmal Martha Nussbaum:

13 Dabei handelt es sich zwar um eine andere Frage als die in den Abschnitten 3.1 und 3.2 diskutierte Idee, dass das Sterblichkeitsbewusstsein eine Bedingung dafür darstellt, motiviert zu sein, jedoch hängen beide Aspekte eng miteinander zusammen: Wer behauptet, dass die Sterblichkeit eine Bedingung für die Motivation zur Lebensgestaltung darstellt, begründet dies in der Regel damit, dass erst die Begrenztheit der Lebenszeit es ermöglicht, diese auch tatsächlich wertzuschätzen. Diese Wertschätzung könnte dann die Bedingung für die aktive Lebensgestaltung sein.

14 Noonan, »The Life-Value of Death«, S. 15.

15 Leon Kass, »The Case for Mortality«, in: *The American Scholar* 52 (1983), S. 173-191, hier S. 183.

> [D]ie Abwesenheit einer zeitlichen Begrenzung und die damit einhergehende veränderte Einstellung zu Beziehungen über Generationen hinweg (sofern Generationen überhaupt in irgendeiner Form bestehen bleiben), zu Geburt und Wachstum (falls es so etwas gibt), zu allen Beziehungen, deren Struktur und Pointe mit Wachstum, Wandel und Prozess zusammenhängen, würden zu [...] bemerkenswerten Veränderungen führen, die nur schwer vorstellbar sind.[16]

Nussbaum geht davon aus, dass Beziehungen, die nicht statisch sind, sondern sich fortwährend entwickeln, sich grundsätzlich verändern würden, wenn es den Tod als Lebensgrenze und als Ende aller Beziehungen nicht mehr gäbe. Eine ähnliche Befürchtung mit etwas anderem Fokus bringt auch Larry Temkin zum Ausdruck:

> [M]it der Verlängerung der Lebensspanne steht die Attraktivität der lebenslangen Monogamie zunehmend infrage, und viele gründen in ihren Fünfzigern neue Familien. Wenn wir unendlich lange leben würden, hätten wir womöglich *viele* Partner über die Jahre? Und, abhängig von den Regeln der Zeugung, *viele* Kinder und Enkelkinder? Welche Auswirkungen hätte dies auf unsere Vorstellung von familiärer Loyalität und Verpflichtung? Mir für meinen Teil behagt die Aussicht nicht, dass, wenn ich nur lange genug lebe, ich mich möglicherweise nicht mehr um meine ersten Kinder, Daniel, Andrea und Rebecca, kümmere oder mich sogar nicht mehr an sie erinnere.[17]

Die Unsterblichkeit würde es möglich machen, sehr viele Partner oder Kinder zu haben. Dadurch könnte sich die Qualität von Beziehungen zu Lebenspartnern oder Kindern verändern: Temkin befürchtet, er würde sich um frühere Kinder weniger kümmern oder sie gar vergessen, wahrscheinlich weil sie ihm einfach nicht mehr so wichtig sind oder er sie weniger liebt als seine jetzigen.

In der Tat ist es eine interessante Frage, wie die Unsterblichkeit zwischenmenschliche Beziehungen verändern würde. Entscheidend hängt das von der jeweiligen Form der Unsterblichkeit ab, darunter insbesondere von der Unterscheidung zwischen *singulärer* Unsterblichkeit einerseits und *kollektiver* Unsterblichkeit andererseits. Für die Attraktivität des individuellen Lebens ist diese Unterscheidung genau dann besonders relevant, wenn sie die Beziehungen zu anderen Personen betrifft. Der Grund dafür ist offensichtlich: Sofern

16 Nussbaum, *Therapy of Desire*, S. 228.

17 Larry S. Temkin, »Is Living Longer Living Better?«, in: *Journal of Applied Philosophy* 25 (2008), S. 193-210, hier S. 206.

eine Person singulär, also *als Einzige*, unsterblich ist, ergeben sich für diese Person dramatische Konsequenzen, wie das Beispiel von Alise zu Beginn dieses Buches illustrieren konnte. Obwohl die Unsterbliche Beziehungen aller Art zu anderen Personen eingehen könnte, so wären diese doch durch ein entscheidendes Ungleichgewicht gekennzeichnet. Dieses bestünde zumindest darin,[18] dass sie immer und immer wieder miterleben müsste, wie die sie umgebenden Menschen sterben. Zwar könnte sie erfüllende Lebensphasen mit einzelnen Personen verbringen, diese Phasen würden jedoch nur einen Bruchteil ihrer Lebenszeit andauern, während sie häufig das ganze Leben eines Sterblichen anhalten. Ein Beispiel.

> Colin ist der einzige Unsterbliche in einer Welt voller Sterblicher. Chloé ist gesund, aber sterblich. Colin und Chloé sind ein Liebespaar und äußerlich (biologisch) im gleichen Alter von etwa 30 Jahren. Tatsächlich jedoch lebt Colin schon seit vielen hundert Jahren – der Alterungsprozess mündet in seinem Fall nicht in den Tod. Stattdessen entwickelt er sich durch mysteriöse Umstände jeweils im (biologischen) Alter von ca. 80 Jahren sehr schnell wieder in einen biologisch jungen Mann zurück, sodass er sein Leben immer wieder im scheinbar jungen Erwachsenenalter beginnen kann beziehungsweise muss. Colin und Chloé scheinen also parallel zu altern (aus Chloés Perspektive können sie »zusammen alt werden«). Colin ist sich jedoch schon zu Beginn ihrer Beziehung darüber im Klaren, dass er Chloés Tod erleben wird und dass dieser – aus seiner Perspektive – in der nahen Zukunft liegt. Dasselbe gilt für die Kinder, die beide zusammen bekommen. Schon bei deren Geburt ist Colin einerseits glücklich, er denkt andererseits jedoch immer wieder an ihren Tod, den er mit sehr hoher Wahrscheinlichkeit miterleben wird. Tat-

18 Je nach Ausprägung der jeweiligen Form von Unsterblichkeit ergeben sich weitere Konsequenzen für das Zusammenleben der singulär Unsterblichen mit den sie umgebenden Sterblichen. Sollte die Unsterbliche etwa überhaupt nicht mehr altern, sind längerfristige Beziehungen zu Sterblichen grundsätzlich schwierig. Beziehungen zwischen zwei Personen, darunter insbesondere Liebesbeziehungen, können z. B. dadurch gekennzeichnet sein, dass die Personen »gemeinsam altern«. Diese Ebene zwischenmenschlicher Beziehungen wäre dem singulär Unsterblichen ohne Alterung versagt.

sächlich hat Colin bereits den Tod von fünf Partnerinnen und zwölf Kindern miterlebt.

Mir erscheint Colins Dasein furchtbar[19] – die Frage, ob ein solches unendliches Leben wie dasjenige Colins attraktiver ist als das eines Sterblichen, ruft jedoch unterschiedliche Intuitionen wach. Man könnte die Probleme Colins anerkennen und trotzdem dafür plädieren, dass es das kleinere Übel sei, den Tod anderer Menschen mitzuerleben, als selbst sterben zu müssen. Für diejenigen, die den Tod geliebter Personen als beinahe ebenso schlimm oder sogar als noch schlimmer empfinden als den eigenen, ist diese Antwort aber kaum überzeugend. Die Option der singulären Unsterblichkeit bringt aus dieser Perspektive eine besonders starke, womöglich sogar unerträgliche Form von Einsamkeit und Verlassenheit mit sich. Unabhängig davon, wie man sich in dieser Frage entscheidet, steht fest, dass eine Welt, in der *sowohl Colin als auch Chloé* unsterblich sind, die bessere Alternative zu sein scheint – hinsichtlich zwischenmenschlicher Beziehungen ist die kollektive der singulären Unsterblichkeit eindeutig vorzuziehen.[20]

Die Probleme, die Nussbaum und Temkin in Bezug auf solche Beziehungen für den Unsterblichen sehen, gelten jedoch auch im Fall der kollektiven Unsterblichkeit. Temkin würde befürchten, dass Colin seine Kinder mit Chloé nicht mehr in derselben Weise wertschätzen und umsorgen kann wie seine früheren Kinder. Zudem besorgt ihn die Vorstellung, frühere Kinder sogar vollständig zu vergessen.

Sind diese Befürchtungen berechtigt? Es ist sicherlich der Fall, dass die Unsterbliche sich nicht an jede Person, zu der sie während ihres Lebens eine intensive Beziehung hatte, in gleicher Weise

19 Es handelt sich bei Colins Beispiel also um ein normatives Gedankenexperiment, vgl. Abschnitt 1.2 dieses Buches.

20 Auch hinsichtlich der singulären Unsterblichkeit, die per se weniger wünschenswert zu sein scheint als die kollektive Unsterblichkeit, ist die Unterscheidung zwischen kontingenter und notwendiger Unsterblichkeit relevant. Wenn Colin *kontingent* singulär unsterblich ist, das heißt sein Leben jederzeit selbst beenden kann, so hat er zwar immerhin die *Möglichkeit*, sein Leben zu beenden, wenn der Schmerz darüber, immer wieder geliebte Menschen zu verlieren, zu groß ist. Andererseits würde eine solche Form des (potenziell) ewigen Lebens dem menschlichen Streben nach Unsterblichkeit dann, wenn es sich auch darauf richtet, mehr Zeit mit geliebten Menschen zu verbringen, womöglich nicht mehr gerecht.

erinnert. Wer viele hundert Jahre lebt, dürfte die Details manch vergangener Beziehung vergessen haben, selbst wenn es sich dabei um besonders enge und intensive Beziehungen gehandelt hat.[21] Das gilt sogar für viele Menschen in unserer Welt – nicht jeder Mensch, mit dem man einmal intensiv verbunden war, ist in der Erinnerung zwangsläufig präsent. Die Beziehung zu den eigenen Kindern oder andere besonders tragfähige Beziehungen bilden in dieser Hinsicht eher eine Ausnahme. Grundsätzlich jedoch ist die Zahl der möglichen Beziehungen (etwa zu den eigenen Kindern) durch die Kürze des Lebens begrenzt, weswegen es zumindest möglich ist, mit manchen Personen während der gesamten Dauer des Lebens eng verbunden zu bleiben.

Temkins Sorge, dass die Unsterbliche viele Kinder bekommen könnte, die sie weniger lieben kann, als Eltern in unserer Welt (idealerweise) ihre Kinder lieben, möchte ich eine Überlegung entgegenstellen, die hoffentlich zeigt, dass seine Befürchtung zumindest weniger problematisch ist, als es den Anschein hat. Es ist tatsächlich der Fall, dass die Unsterbliche (sofern ihre Lebensverlängerung mit einer drastischen Verlängerung ihrer fruchtbaren Lebenszeit einhergeht) deutlich mehr und deutlich später Kinder bekommen könnte als die Sterbliche. Daraus folgt jedoch nicht zwangsläufig, dass diejenige, die sich für eine große Anzahl eigener Kinder entscheidet (auch die Unsterbliche wäre natürlich nicht dazu *gezwungen*, viele Kinder zu haben), das einzelne Kind weniger wertschätzt und liebt. Die Annahme, dass elterliche Liebe, Zuneigung und die Bereitschaft, sich umeinander zu kümmern, begrenzt verfügbare Güter sind, die nur für eine geringe Anzahl von Kindern ausreichen, ist nicht plausibel – und dies gilt auch für »familiäre Loyalität und Verpflichtung«, die Temkin für die Unsterbliche ebenfalls in Gefahr sieht. Auch in unserer Welt beobachten wir kaum, dass Eltern, die mehrere Kinder haben, jedes einzelne dieser Kinder weniger lieben als Eltern eines Einzelkindes dieses einzige Kind – auch Temkins Zuneigung scheint in seinen Augen für Daniel, Andrea und Rebecca auszureichen. Es ist also nicht zwangsläufig der Fall, dass die Unsterbliche ihre Kinder weniger liebt, wenn sie bereits eine große Anzahl Nachkommen hat.

21 Der Unsterbliche, der bereits sehr lange lebt, erinnert sich womöglich an ganze Phasen seines Lebens überhaupt nicht mehr.

Möglicherweise würde der Kontakt der Unsterblichen zu manchen ihrer Kinder seltener sein als zu anderen.[22] Die Intensität und Qualität einer Beziehung hängen jedoch auch dann, wenn gemeinsame Zeit eine wichtige Rolle spielt, nicht unbedingt mit der Quantität der Gespräche oder Begegnungen zusammen; ein Sachverhalt, der in einer Welt voller Unsterblicher möglicherweise noch klarer hervortreten würde. Im Hinblick auf die gesamte Lebensdauer hätten Unsterbliche sogar mehr Zeit, die Beziehungen, die ihnen am Herzen liegen, zu intensivieren: Wenn Zuneigung und Nähe auch davon abhängig sind, wie lange man sich kennt (etwa weil man den anderen in besonders vielen Situationen erlebt hat), ist die Unsterbliche sogar in einer besonders glücklichen Position: Ihre Beziehungen können sich über sehr lange Zeiträume hinweg entwickeln und festigen.

Wer als Unsterbliche viele Kinder hat, die ebenfalls nicht sterblich sind, muss diese nicht unbedingt aus den Augen verlieren und kann ihnen in, wie Temkin es ausdrückt, Loyalität verbunden bleiben, ebenso wie es in der Macht der Sterblichen (und natürlich ihrer Kinder) steht, den Kontakt zu den eigenen Kindern (beziehungsweise Eltern) in der jeweils gewünschten Form aufrechtzuerhalten: Andere Menschen vergisst man in der Regel höchstens dann, wenn man nicht mehr in Kontakt mit ihnen steht. Dies würde vermutlich auch für die Unsterbliche gelten.

Vielleicht würde sich der Stellenwert eigener Kinder im Leben der unsterblichen Person aber auch eher in Richtung eines engen Begleiters für eine bestimmte, gemeinsam verlebte Phase anstatt für die gesamte Lebensdauer entwickeln. Diese Sichtweise erscheint vielen Menschen heute in Bezug auf andere zwischenmenschliche Beziehungen angemessen und nicht bedrohlich, und womöglich würde diese Bewertung in einer Welt voller Unsterblicher eben auch für die eigenen Kinder gelten. Eine Neubewertung zwischenmenschlicher Beziehungen wäre auch in einer Welt von Unsterblichen also erstens nicht notwendig und zweitens nicht unbedingt abzulehnen.

22 Diese Überlegungen zur Beschaffenheit der Beziehungen einer unsterblichen Person sind natürlich spekulativ. Dass sich die Beziehungen kollektiv unsterblicher Personen auf irgendeine Art verändern *könnten*, ist durchaus vorstellbar. Ich versuche jedoch, plausibel zu machen, dass diese Veränderungen einerseits nicht notwendigerweise eintreten, andererseits nicht zwangsläufig unattraktiv sein müssen.

Diese Erkenntnisse lassen sich auch auf andere Beziehungen, deren Struktur – in Nussbaums Worten – wesentlich durch »Wachstum, Wandel und Prozess« gekennzeichnet ist, übertragen. Der Tod als Abbruch aller Beziehungen scheint, bei genauerer Betrachtung, für diese Beziehungen in der Regel ein größeres Problem darzustellen als die Option, diese Beziehungen gerade so lange fortzusetzen und sich weiterentwickeln und wachsen zu lassen, wie die Beteiligten es wünschen. Die durch die Sterblichkeit erzeugte Begrenztheit der *Anzahl* möglicher Beziehungen scheint nicht ausschlaggebend dafür zu sein, dass eine Person ihre Beziehungen zu anderen aufrechterhalten und wertschätzen kann.

Auch in Bezug auf einzelne Ereignisse wie zum Beispiel das Erreichen bestimmter persönlicher oder beruflicher Ziele stellt sich die Frage, ob diese nur deswegen als wertvoll gelten, weil wir um ihre eingeschränkte Wiederholbarkeit wissen. Wie John Martin Fischer feststellt, könnte man in Nussbaums Sinn die Befürchtung äußern, dass auch persönliche Erfolge wie zum Beispiel die Veröffentlichung eines wissenschaftlichen Aufsatzes in einer wichtigen Fachzeitschrift dann erstens nicht mehr wertgeschätzt werden könnten und zweitens auch tatsächlich weniger wertvoll wären, wenn dem Verfasser unbegrenzt viel Zeit zur Verfügung stand, an diesem Aufsatz zu arbeiten und ihn zu perfektionieren.[23] Eine ähnliche Sorge formuliert auch Christopher Belshaw: »Wenn du für immer und unter deinen besten Bedingungen lebst, kannst du ein Rockstar, ein Tennis-Champion und noch dazu Premierminister sein, wenn auch nicht alles gleichzeitig.«[24] Nach Belshaw würden die eigenen Erfolge daher ihre Relevanz verlieren.[25]

23 Vgl. Fischer, »Contribution on Martha Nussbaum's The Therapy of Desire«.

24 Christopher Belshaw, *Ten Good Questions about Life and Death*, Malden 2005, S. 83.

25 In diesem Zusammenhang kann auch Jeff Malpas' Befürchtung verstanden werden: »Eben genau weil wir keine endlose Serie von Entscheidungen und Möglichkeiten durchspielen können, werden die Entscheidungen, die wir treffen, für uns so wichtig: Diese Entscheidungen [...] erlauben es bestimmten Dingen, *als wertvoll zu erscheinen*; sie etablieren eine bestimmte Ordnung und Orientierung in der Welt. Es liegt vielleicht daran, dass die Idee der Unsterblichkeit einen Verlust von Bedeutsamkeit oder sogar Langeweile mit sich zu bringen scheinen könnte. Denn ein Leben ohne Ende wäre ein Leben, in dem der Rahmen, in dem Wert und Bedeutsamkeit etabliert wurden bzw. erscheinen konnten, abwesend ist.« Jeff Malpas, »Death and the Unity of a Life«, in: Jeff Malpas, Robert

Diese Befürchtungen sind unbegründet. Auch mit unbegrenzt viel Zeit wäre nicht jeder dazu in der Lage, einen exzellenten wissenschaftlichen Aufsatz zu verfassen – die von Belshaw hervorgehobenen »besten Bedingungen« können kaum implizieren, dass aus allen Menschen hervorragende Philosophen (oder Musiker oder Sportler oder Politiker) würden, wenn sie nur genügend Zeit dazu hätten. Zudem wäre sicher nicht jeder Unsterbliche bereit, so viel Zeit in diese Aufgabe zu investieren.[26] Auch als Tennisspieler oder Rockstar ist nur derjenige erfolgreich, der neben der Bereitschaft, Zeit und Mühe zu investieren, auch eine gewisse Begabung mitbringt – dies gilt für den Sterblichen und den Unsterblichen gleichermaßen. Fischer vermutet hinsichtlich des philosophischen Aufsatzes zudem zu Recht, dass der Qualitätsanspruch wissenschaftlicher Zeitschriften enorm steigen könnte, wenn die Herausgeber davon ausgehen würden, dass jeder ihrer Autoren unbegrenzt viel Zeit zur Verfügung hat, seinen Aufsatz zu überarbeiten. Im Übrigen könnte es sein, dass das Ziel des Unsterblichen nicht mehr darin besteht, einen einzigen oder einige, sondern darin, sehr viele Aufsätze zu veröffentlichen; eine Aufgabe, die auch für den Unsterblichen ausreichend schwierig sein dürfte, wie Fischer überzeugend hervorhebt: »Stell dir zum Beispiel die Demütigung vor, auf der APA-Konferenz gefragt zu werden: ›Du lebst schon *so* lange und hast nur *einen* Aufsatz im *Journal of Philosophy* veröffentlicht?‹«[27] Zudem ist zu beachten, dass auch die Unsterbliche gewissen zeitlichen Begrenzungen unterliegt. Wenn sie etwa daran interessiert ist, sich an einer wissenschaftlichen Debatte zu beteiligen, dann muss auch sie das tun, bevor ihr jemand zuvorkommt oder das Interesse an ihrem Forschungsthema verebbt. Ein Beitrag in einer renom-

C. Solomon (Hg.), *Death and Philosophy*, London, New York 1998, S. 108-120, hier S. 118.

26 Auch in einer Welt voller Unsterblicher wären vermutlich nur wenige (und keinesfalls alle) Personen bereit, viel Zeit in einen wissenschaftlichen Aufsatz zu investieren, *und zwar unabhängig davon*, dass dem Unsterblichen prinzipiell unbegrenzt viel Zeit zur Verfügung steht: Die Bereitschaft dazu hängt nicht nur davon ab, wie begrenzt das Gut der Zeit in der jeweiligen Situation ist, sondern insbesondere auch davon, wie sehr der Person ein Projekt am Herzen liegt, wie viel Freude ihr die Umsetzung des Projektes bereitet und wie viel Befriedigung ihr das Ergebnis verschafft.

27 Fischer, »Contribution on Martha Nussbaum's The Therapy of Desire«, S. 792.

mierten Fachzeitschrift könnte also auch von einer Unsterblichen als persönlicher Erfolg gewertet werden.

Insgesamt wird deutlich, dass die Begrenztheit der Lebenszeit und damit eine bestimmte Begrenztheit aller Möglichkeiten nicht als Bedingung dafür angesehen werden muss, dass Personen Beziehungen, Phasen oder Ereignisse in ihrem Leben wertschätzen und wertschätzen können. Psychologische oder ökonomische Studien zeigen zwar, dass die Begrenztheit mancher Güter dazu führt, dass deren Wert steigt; dies gilt aber nicht ohne Weiteres für die menschliche Lebenszeit. Diese wird in der Regel nicht um ihrer selbst willen für wertvoll gehalten, sondern aufgrund der Erlebnisse, Ereignisse und Episoden, die sie enthält. Diese Erlebnisse unterliegen selbst jeweils bestimmten zeitlichen, räumlichen oder sozialen Begrenzungen, und diese Begrenzungen sind es, die die Bewertung und Wertschätzung der eigenen Lebensgeschichte, Persönlichkeit, Erfolge und Beziehungen bestimmen und von denen die Anforderungen und Erwartungen einer Person an sich selbst und an andere abhängen.

4.4 Das eigentliche Sein zum Tode: Das Authentizitätsargument

Die Sterbebegleiterin Bronnie Ware listet in ihren Aufzeichnungen die fünf häufigsten Antworten von Sterbenden auf die Frage auf, was sie in ihrem Leben am meisten bereuen.[28] An erster und an dritter Stelle geht es dabei darum, kein authentischeres Leben geführt zu haben: An erster Stelle steht das Bedauern darüber, das Leben nicht eigenen Vorstellungen, sondern den Vorstellungen anderer gemäß gestaltet zu haben. Am dritthäufigsten tun sterbende Menschen ihr Bedauern darüber kund, dass sie ihre Gefühle nicht zum Ausdruck gebracht haben, um ihre Mitmenschen nicht zu verärgern.[29] Wares Aufzeichnungen zeigen, dass der Wunsch nach Authentizität dann besonders stark ist, wenn Personen mit ihrem

28 Vgl. Bronnie Ware, *Fünf Dinge, die Sterbende am meisten bereuen. Einsichten, die Ihr Leben verändern werden*, München 2013.

29 Ein solches Verhalten kann im Einzelfall natürlich auch Ausdruck des authentischen Wunsches sein, die eigenen Bedürfnisse zugunsten anderer Personen zu unterdrücken.

eigenen Tod konfrontiert sind. Ist die Konfrontation mit dem Tod nicht nur die Bedingung des *Wunsches* nach Authentizität, sondern womöglich auch Bedingung einer authentischen Lebensführung? Im Folgenden werde ich versuchen, diese Frage zu beantworten.

Einer der wichtigsten Vertreter der Theorie, dass ein besonderes Bewusstsein der eigenen Sterblichkeit eine notwendige Bedingung dafür ist, dem Authentizitätsanspruch genügen, das heißt ein authentisches Leben führen zu können, ist der Existenzphilosoph Martin Heidegger. In seinem Hauptwerk *Sein und Zeit* legt er eine Analyse des menschlichen Todes vor, um zu zeigen, dass nur das Bewusstsein dieses zukünftigen Todesereignisses es dem Menschen ermöglicht, sich für ein Dasein in der »Eigentlichkeit« (der Authentizität) zu entscheiden. Seine Theorie bildet die Basis meiner Untersuchung des Authentizitätsargumentes. Bevor ich mich mit Heideggers Verständnis des Todes auseinandersetze, werde ich jedoch den Begriff der Authentizität beleuchten.

Dieser Begriff und die ihm zugrunde liegende Idee von Authentizität ist im menschlichen Denken tief verwurzelt. Das wird etwa daran deutlich, dass Menschen sich sehr häufig fragen, ob ihnen eine bestimmte Verhaltensweise »wirklich entspricht«, ob sie das tun, was sie »wirklich wollen«; es zeigt sich aber auch, wenn sie die »Kohärenz« oder »Stimmigkeit« von Handlungen oder Werken beurteilen.

Ein Gegenstandsbereich, in dem der Begriff der Authentizität eine wesentliche Rolle spielt, ist die Authentizität von Personen. Sich authentisch zu verhalten gilt in der Regel als gut.[30] Dabei handelt es sich jedoch um einen Wert substanziell anderer Art[31] als Tugenden wie etwa die des Altruismus: Wer dem Ideal des authentischen Verhaltens folgt, orientiert sich nicht an bestimmten, inhaltlich festgelegten Verhaltensvorschriften, sondern verpflichtet sich dem Anspruch, seine Handlungen hinsichtlich der Frage zu überprüfen, *ob sie der eigenen Persönlichkeit entsprechen.* Der Authentizitätsanspruch schreibt also unterschiedlichen Personen in vergleichbaren Situationen unter Umständen ganz unterschiedliche Handlungen vor.

30 Vgl. Michael Quante, *Person*, Berlin, New York 2007, S. 160.

31 Vgl. zu den Unterschieden zwischen dem Ideal der Authentizität und anderen menschlichen Werten Joshua Knobe, »Ordinary Ethical Reasoning and the Ideal of ›Being Yourself‹«, in: *Philosophical Psychology* 18 (2005), S. 327-340, hier S. 331.

Die Frage nach der Authentizität einer Person wird häufig als eines der zentralen Probleme der Moderne betrachtet.[32] Es tritt zum Beispiel auf, wenn jemand in einer Entscheidungssituation eine bestimmte Form von Ambivalenz verspürt, die es erschwert, zu entscheiden, welche von mehreren Handlungsoptionen den eigenen Wünschen, der eigenen Persönlichkeit tatsächlich entspricht. Laura Ekstrom charakterisiert diese Ambivalenz als »Zustand, einen ungelösten Konflikt zwischen Wünschen nach inkompatiblen Dingen zu haben, wobei der Konflikt deswegen ungelöst ist, weil die ambivalente Person nicht herausgefunden hat, *was sie wirklich will*«.[33]

Nicht jede Handlung reflektiert in diesem Sinn den »wirklichen Willen« der Handelnden. Marya Schechtman weist darauf hin, dass Handlungen mehr oder weniger eng mit dem wahren Selbst einer Person verknüpft sein können: Eine Handlung kann Ausdruck von etwas sein, »das lediglich in der Geschichte einer Person auftaucht [...], von etwas, das wirklich zu ihr gehört, oder von etwas, das sich natürlicherweise aus Eigenschaften ergibt, die für ihren Charakter ganz zentral sind«.[34] Die Eigenschaften, die für den Charakter einer Person zentral sind, lassen sich am besten als *Persönlichkeitsmerkmale* verstehen. Dass eine Person sich auch auf eine Weise verhalten kann, die ihrer Persönlichkeit nicht entspricht, ist nur einer von mehreren Gründen,[35] aus denen zwischen Personalität und Persönlichkeit unterschieden werden muss. Während die Zuschreibung des Personenstatus aussagt, dass ein Individuum zur Menge der Personen gehört, handelt es sich bei der Persönlichkeit um »die individuelle Ausprägung, die X seiner Personalität gibt«.[36] Die Rede von einer Persönlichkeit ist die notwendige Voraussetzung dafür,

32 Vgl. Charles Taylor, *The Ethics of Authenticity*, Cambridge 1992, und ders., *Quellen des Selbst. Die Entstehung der neuzeitlichen Identität*, Frankfurt/M. 1994, sowie Jan Bransen, »True to Ourselves«, in: *International Journal of Philosophical Studies* 6 (1998), S. 67-85, hier S. 68.

33 Laura W. Ekstrom, »Ambivalence and Authentic Agency«, in: *Ratio* 23 (2010), S. 374-392, hier S. 376.

34 Marya Schechtman, *The Constitution of Selves*, Ithaca 1996, S. 81.

35 Ein weiterer Grund besteht etwa in der Möglichkeit, dass sich die Persönlichkeit eines Individuums vollständig verändert, dieses allerdings immer noch als dieselbe Person bezeichnet werden kann. Vgl. zu diesen Fragen auch Abschnitt 2.2 dieses Buches.

36 Quante, *Person*, S. 139.

dass überhaupt nach der Authentizität einer Person gefragt werden kann.

Wie lässt sich nun ermitteln, welche Handlungen einer Person »wirklich entsprechen«, Ausdruck ihres »wirklichen Willens« sind oder sich aus zentralen Eigenschaften ihres Charakters ergeben? Dass die eigenen Handlungen den eigenen Wünschen entsprechen, kann kein geeignetes Kriterium für Authentizität beziehungsweise keine Antwort auf die Frage sein, ob eine bestimmte Handlung ausdrückt, was eine Person wirklich will, da allen unseren Handlungen Wünsche zugrunde liegen. Intentionalität (und somit eine Form von Absicht oder Wunsch) ist eine Bedingung für das Vorliegen von Handlungen überhaupt.[37] Eine verbreitete Analyse von authentischem Verhalten, die insbesondere von Harry G. Frankfurt und von Gerald Dworkin vertreten wird, schreibt das Prädikat der Authentizität nur solchen Wünschen (beziehungsweise den daraus resultierenden Handlungen) zu, mit denen sich die Person *wirklich identifiziert*.[38] Personen identifizieren sich keineswegs mit allen ihren Wünschen. Ein Abhängiger etwa kann den starken Wunsch haben, Drogen zu nehmen, diesen Wunsch auf einer höheren Ebene aber aus rationalen Gründen ablehnen. Anstatt seinem Wunsch erster Ordnung blind zu folgen, begibt sich der Drogensüchtige genau deswegen in therapeutische Behandlung, weil er zu seinem Wunsch, Drogen zu konsumieren, evaluativ in Form eines *Wunsches zweiter Ordnung* Stellung beziehen kann: Er identifiziert sich nicht mit seinem Wunsch nach Drogen, sondern nimmt eine kritische Hal-

37 Vgl. Donald Davidson, »Handeln«, in: ders., *Handlung und Ereignis*, Frankfurt/M. 1990, S. 73-98, hier S. 74-77; zur Struktur von Handlungen s. auch Abschnitt 3.1 dieses Buches.

38 Vgl. Harry G. Frankfurt, »Willensfreiheit und der Begriff der Person«, in: ders., *Freiheit und Selbstbestimmung*, Berlin 2001, S. 65-83, und ders., »Identifikation und ungeteilter Wille«, in: ders., *Freiheit und Selbstbestimmung*, Berlin 2001, S. 116-137; sowie Gerald Dworkin, *The Theory and Practice of Autonomy*, Cambridge 1988. Frankfurt selbst verwendet in der Regel nicht den Begriff der Authentizität, sondern denjenigen der Identifikation, um die Bedingungen personaler Autonomie zu ermitteln. Seine »Theorie der höheren Ordnung« (»higher order theory«) (Quante, *Person*, S. 148) kann jedoch auch zur Klärung des Authentizitätsbegriffs herangezogen werden. Vgl. Marina Oshana, »Autonomy and the Question of Authenticity«, in: *Social Theory and Practice* 33 (2007), S. 411-429, hier S. 414, bzw. Gerald Dworkin, *The Theory and Practice of Autonomy*, Cambridge 1988, S. 15, der das Phänomen der Identifikation im Sinne Frankfurts explizit als Authentizität bezeichnet.

tung diesem Wunsch gegenüber ein.[39] Eine Person kann so also eine kritische Haltung zu ihren eigenen Wünschen einnehmen und auf diese Weise so genannte Wünsche zweiter Ordnung entwickeln, also Wünsche, die selbst wiederum einen Wunsch zum Inhalt haben.[40]

Frankfurt zufolge ist es genau diese Fähigkeit, Wünsche in Bezug auf den eigenen Willen zu formulieren – also manche der eigenen Wünsche abzulehnen, andere zu befürworten –, die die Unterscheidung zwischen authentischen und nichtauthentischen Einstellungen ermöglicht. Der Wunsch einer Person ist demnach dann authentisch, wenn sie ihn mittels eines Wunsches zweiter Ordnung affirmativ evaluiert und sich so wirklich mit ihm identifiziert.[41] Unter authentischem Verhalten (beziehungsweise einer einzelnen authentischen Handlung) verstehe ich aufbauend auf Frankfurts Analyse ein Verhalten, das einem Wunsch erster Ordnung, mit dem eine Person sich auf zweiter Ordnung identifiziert, entspricht. Inauthentisches Verhalten ist dementsprechend ein Verhalten, das einem Wunsch entspricht, mit dem eine Person sich *nicht* auf einer höheren Ebene identifiziert.

Authentische Wünsche, Handlungen oder Äußerungen können also von nichtauthentischen unterschieden werden, indem Wünsche zweiter Ordnung identifiziert werden, die diese Wünsche erster Ordnung positiv evaluieren. Der Begriff der Authentizität umfasst, wie ich zeigen werde, jedoch nicht nur die Ebene der

39 Vgl. zu diesem Beispiel Frankfurt, »Willensfreiheit und der Begriff der Person«, S. 73.

40 Frankfurt unterscheidet zwischen zwei verschiedenen Arten von Wünschen zweiter Ordnung, also Wünschen, die einen Wunsch X zum Gegenstand haben: erstens solchen, von denen der Wünschende will, dass sie tatsächlich *handlungswirksam* werden – diese bezeichnet er als Volitionen zweiter Ordnung –, und zweitens solchen, von denen der Wünschende dies nicht will. Im erstgenannten Fall will die Person, dass ihr Wunsch X erster Ordnung ihr *Wille* ist. Vgl. dazu ebd., S. 69-71.

41 Authentizität kann auch anders verstanden werden. Vgl. z. B. Ekstrom, »Ambivalence and Authentic Agency«, die unter authentischen Wünschen / Handlungen nicht diejenigen versteht, die in Wünschen zweiter Ordnung bejaht werden, sondern all diejenigen, die in Kombination mit den anderen Wünschen dieser Person ein besonders *kohärentes Gesamtbild* ergeben, in dem die fraglichen Wünsche von anderen Wünschen der Person gestützt werden. Für das Ergebnis dieser Arbeit spielt es letztlich keine Rolle, welcher Auffassung man sich anschließt, da (wie ich zeigen werde) das Sterblichkeitsbewusstsein *unabhängig von dieser Frage* keine notwendige Bedingung der personalen Authentizität darstellt.

Identifikation, sondern hat zusätzlich auch eine *epistemische* Dimension. Den Zusammenhang zwischen diesen beiden Aspekten werde ich nun herausarbeiten.

Den Psychologen Michael H. Kernis und Brian M. Goldman[42] zufolge setzt sich das Konzept der Authentizität aus vier Komponenten zusammen: 1. Aufmerksamkeit, 2. unvoreingenommene Informationsverarbeitung, 3. Verhalten und 4. relationale Orientierung. Diese vier Komponenten sollen alle Dispositionen, Eigenschaften und Verhaltensweisen abdecken, die authentischen Personen zugeschrieben werden. Mit »Aufmerksamkeit« bezeichnen Kernis und Goldman den Besitz von und das Streben nach Informationen, die die eigene Person betreffen. Dazu zählt das Wissen über die Bedingungen der eigenen Existenz genauso wie das Wissen über sich widersprechende Aspekte der eigenen Persönlichkeit und das Wissen (beziehungsweise das Interesse am Wissen) darüber, wie man selbst sich in verschiedenen Situationen verhält. Die »unvoreingenommene Informationsverarbeitung« erweitert den Aspekt der Aufmerksamkeit um das Bestreben, das erworbene Wissen wahrheitsgetreu (das heißt zum Beispiel, ohne dabei systematische Fehlschlüsse zu begehen) zu sammeln und zu nutzen. Dazu gehört es auch, sich Mechanismen, die der Wahrheitsfindung abträglich sind (wie zum Beispiel Verdrängung), zu vergegenwärtigen und nach Möglichkeit zu vermeiden. Authentisches »Verhalten« zeichnet sich durch die Übereinstimmung der eigenen Handlungen mit den eigenen Werten aus (mit Frankfurt könnte man von der Übereinstimmung mit den auf zweiter Ordnung affirmativ evaluierten Wünschen sprechen). »Relationale Orientierung« erfasst die soziale Komponente von Authentizität – das Streben nach und die Realisierung von Offenheit und Ehrlichkeit in sozialen Beziehungen, in denen vor allem das »wahre Selbst« der Person zu Tage tritt, das von den anderen Personen erkannt werden soll.

Kernis' und Goldmans Modell legt damit eine Unterscheidung nahe, die für das Konzept der Authentizität von besonderer Bedeutung ist. Ihnen zufolge ist für die Authentizität nicht nur das Verhalten (3.) relevant, sondern insbesondere die epistemischen Dimensionen (1. und 2.) als eine Art Wissen von den Rahmen-

42 Vgl. Michael H. Kernis, Brian M. Goldman, »A Multicomponent Conceptualization of Authenticity: Theory and Research«, in: *Advances in Experimental Social Psychology* 38 (2006), S. 283-357.

bedingungen, unter denen man existiert.[43] Aufmerksamkeit und unvoreingenommene Informationsverarbeitung insbesondere in Bezug auf die eigene Person sind also Aspekte der epistemischen Dimension von Authentizität. Entsprechend schreibt auch die Philosophin Marina Oshana über (epistemische) Inauthentizität: »Ein Mangel an Authentizität markiert eine Form von *Unehrlichkeit* hinsichtlich des eigenen Selbst.«[44] Die »relationale Orientierung« (4.) authentischer Personen hat einen Doppelcharakter: Sie hängt einerseits mit der epistemischen Dimension von Authentizität zusammen, wenn sie die Ehrlichkeit gegenüber anderen Personen beschreibt, andererseits kann sie auch in der Identifikation mit bestimmten, die Mitmenschen betreffenden Wünschen sowie im daraus resultierenden Verhalten eine Rolle spielen.

Die Bedeutung der epistemischen Komponente von Authentizität zeigt sich zum Beispiel dann, wenn man Personen bittet, skeptische Szenarien hinsichtlich ihrer Attraktivität zu bewerten. In solchen Szenarien, einem Gehirn-im-Tank-Szenario etwa, ist das wahrgenommene Leben einer Person, sowohl ihre Umwelt als auch ihr Körper und ihre Handlungen, lediglich eine Illusion, ohne dass die Person dies weiß. Ein ähnliches Szenario ist Robert Nozicks »Erfahrungsmaschine«.[45] Dieses Gedankenexperiment, das Nozick zur Widerlegung des Hedonismus dient, soll zeigen, dass Personen stark daran interessiert sind, wahre Informationen über die Welt und über sich selbst zu erwerben.

In Nozicks Szenario hat eine Person die Option, an eine Ma-

43 Auch Oshana unterscheidet zwischen »prozessualer« und »epistemischer« Authentizität, wobei sie Frankfurts Konzeption als ein prozessuales Modell und als gegenwärtige »Standardauffassung« und die epistemische Authentizität in dem an dieser Stelle entwickelten Sinn versteht. Diese Unterscheidung ist für Oshana insbesondere deswegen relevant, weil sie epistemische, nicht jedoch prozessuale Authentizität als Bedingung personaler Autonomie betrachtet. Vgl. Oshana, »Autonomy and the Question of Authenticity«. Ich verwende den Begriff der prozessualen Authentizität nicht im Sinne Oshanas, da auch bzw. insbesondere die epistemische Form der Authentizität – also eine besondere Form der Informationsverarbeitung oder des Informationserwerbs – einen prozessualen Charakter haben kann. Ein prozessuales Verständnis von Authentizität unterscheidet sich m. E. eher von einer essenzialistischen Konzeption, der zufolge das »wahre Selbst« einer Person durch eine festgelegte Menge von Wünschen oder Eigenschaften definiert ist.

44 Ebd., S. 425.

45 Vgl. Robert Nozick, *Anarchie, Staat, Utopia*, München 1976, S. 52-54.

schine angeschlossen zu werden, die ihr alle Erlebnisse vorgaukelt, die die Person zuvor festgelegt hat. Während die Person beziehungsweise das Gehirn der Person an die Maschine angeschlossen ist, weiß sie nicht mehr, dass die Empfindungen, die im Gehirn stattfinden, keine tatsächliche Entsprechung in der Realität haben. Die Person erlebt also subjektiv ein gelungenes, lebenswertes Leben (falls sie sich zuvor für ein solches entschieden hat). Aber natürlich handelt es sich dabei immer noch um ein Leben, in dem die Person über entscheidende Rahmenbedingungen ihrer Existenz einem gravierenden Irrtum unterliegt: Die Ereignisse, die sie zu erleben glaubt, ereignen sich nicht wirklich.

Nozick nimmt an, dass die meisten Personen, denen man die Option des »Lebens in der Erfahrungsmaschine« anböte, sich stattdessen für ein Leben in der Wirklichkeit entscheiden würden. Wenn er damit richtigliegt, dann wären diese Menschen wohl daran interessiert, ein Leben zu führen, in dem sie über grundlegende Fragen ihrer eigenen Existenz – ihre Umgebung, ihre Handlungen und so weiter – nicht getäuscht werden. Ein im epistemischen Sinn authentisches Leben wird von Nozick beziehungsweise den Personen, die die von ihm prognostizierte Bewertung vornehmen, also als wertvoll angesehen.

Authentizität besteht auf Basis einer verbreiteten Konzeption, die etwa von Frankfurt vertreten wird, also einerseits in der Identifikation mit den eigenen Wünschen und dem entsprechenden Verhalten. Andererseits äußert sie sich in einer bestimmten epistemischen Einstellung. Sich möglichst authentisch zu verhalten bedeutet, dafür Sorge zu tragen, dass die eigenen Handlungen in besonderem Maße der eigenen Persönlichkeit entsprechen – indem man denjenigen Wünschen entsprechend handelt, mit denen man sich auf einer höheren Ebene identifiziert. Die epistemische Einstellung besteht darin, sich möglichst im Klaren darüber und möglichst ehrlich und unvoreingenommen hinsichtlich der Frage zu sein, wie erstens die eigene Person und ihre Beziehungen zur Umwelt sowie zweitens ganz allgemein die Welt, innerhalb deren man sich als Person bewegt, beschaffen sind.

Obwohl beide Aspekte voneinander unterschieden werden können, hängen sie systematisch miteinander zusammen.[46] Episte-

46 Oshana, »Autonomy and the Question of Authenticity«, versteht beide Konzepte als einander widersprechende Auffassungen davon, worin personale Au-

mische Authentizität ist die Bedingung dafür, dass Personen sich überhaupt authentisch verhalten können. Wenn wir Authentizität als Identifikation einer Person mit ihren Wünschen verstehen, dann ist es eine Bedingung dieser Identifikation, die eigenen Wünsche zu reflektieren und Wünsche zweiter Ordnung überhaupt erst auszubilden. Die Beobachtung des eigenen Verhaltens, der Wünsche und Einstellungen ist notwendig, um herauszufinden, welche Handlungen und welches Verhalten der eigenen Persönlichkeit am meisten entsprechen. Auch die Beziehungen zu ihren Mitmenschen sowie die sozialen Rollen, die sie in jeder dieser Beziehungen innehat, muss eine Person reflektieren, wenn sie ihr Verhalten anderen Personen gegenüber beeinflussen und mit ihren eigenen Überzeugungen abstimmen will. Die räumlichen und zeitlichen Bedingungen ihrer Existenz, zu denen in der aktualen Welt etwa die Endlichkeit des menschlichen Lebens zählt, muss sie sich ebenfalls bewusst machen, wenn sie ein Leben führen will, das nicht nur ihrer Persönlichkeit entspricht, sondern dabei auch die unumstößlichen Beschränkungen der eigenen Existenz berücksichtigt – dies ist eine notwendige Bedingung dafür, dass Lebenskonzepte überhaupt realisierbar sind. Die epistemische Authentizität scheint also eine notwendige Bedingung jeder Form von authentischer Lebensführung zu sein.

Martin Heidegger verwendet in seiner Analyse des menschlichen Verhältnisses zum eigenen Tod nicht den Begriff »Authentizität«, sondern den der »Eigentlichkeit«. Heideggers Verständnis von Eigentlichkeit ergibt sich aus seiner phänomenologisch-ontologischen Betrachtung der alltäglichen Lebenssituation des Menschen, kurz: der Alltäglichkeit. Die Alltäglichkeit sei durch die »Geworfenheit« geprägt,[47] was bedeute, dass wir uns immer schon *in einer Situation* befinden, sobald wir existieren.

Diese lebensweltlichen Situationen, in denen sich die Person immer schon befindet, sind vor allem dadurch gekennzeichnet, dass

thentizität besteht. Diese Betrachtung ist möglicherweise dann hilfreich, wenn man nach den Voraussetzungen personaler Autonomie fragt und diese mit den verschiedenen Authentizitätskonzepten in Zusammenhang bringt. Wenn die verschiedenen Erscheinungsformen personaler Authentizität selbst untersucht werden sollen, ist es jedoch gewinnbringender, diejenigen Phänomene, auf die wir im Allgemeinen mit dem Begriff der Authentizität referieren, in ihrer ganzen Bandbreite zu beleuchten.

47 Martin Heidegger, *Sein und Zeit*, Tübingen 1986, S. 175.

die Person in diesen immer mit anderen Personen in Verbindung steht. Das Miteinander-Sein von Menschen ist essenzieller Teil der menschlichen Verfassung.[48] Wir sind also permanent mit den Maßstäben anderer Menschen konfrontiert. Insofern beschränkt die Allgemeinheit, die Heidegger als »das Man« bezeichnet, die Möglichkeiten einer Person, ihr eigenes Selbst zu entfalten. Der »Diktatur«[49] des Man kann ich mich zunächst nicht entziehen; ich bin ihr – in Heideggers Terminologie – verfallen. Eine Person, die nicht den Versuch unternimmt, sich aus dieser Diktatur zu befreien, die Konventionen und Maßstäbe der Allgemeinheit also nicht hinterfragt, um sich anschließend von ihnen zu lösen, ist nach Heidegger eine uneigentlich existierende Person, eine Person, *die sich selbst nicht beziehungsweise noch nicht eigen ist.*

Bereits diese erste Annäherung an Heideggers Konzeption der Eigentlichkeit verdeutlicht dessen Nähe zu der Idee der Authentizität, die ich zuvor entwickelt habe. Die Person, die sich inauthentisch verhält, identifiziert sich nicht mit ihren eigenen Wünschen. Entsprechend macht sie sich ihre Wünsche nicht auf einer höheren Ebene »zu eigen« – Identifikation mit einer Entität bedeutet, diese Entität als Teil von sich selbst anzuerkennen beziehungsweise zu einem Teil von sich selbst zu machen.[50] Inauthentische Einstellungen sind, wie oben gezeigt, insbesondere dadurch gekennzeichnet, dass eine Person sich mit ihren Wünschen erster Ordnung *nicht* auf einer höheren Ebene identifiziert, sie sich in Heideggers Sinn also nicht zu eigen macht. Frankfurt schreibt:

> Einem menschlichen Wesen ist es manchmal und vielleicht sogar immer möglich, gegenüber den eigenen Motiven gleichgültig zu sein – keine bewertende Stellung gegenüber den Wünschen einzunehmen, die es zu handeln veranlassen. Wenn ein Konflikt zwischen diesen Wünschen besteht [...], beteiligt sich [das Individuum] nicht an dem Konflikt.[51]

48 Vgl. ebd., S. 125.

49 Ebd., S. 126. Das »Man« bei Heidegger bezeichnet die Allgemeinheit der anderen, allerdings nicht in ihrer Summe als eigenständige Personen, sondern als allgemeine »Öffentlichkeit«: »Das Man, das kein bestimmtes ist und das Alle, obzwar nicht als Summe, sind, schreibt die Seinsart der Alltäglichkeit vor.« Ebd., S. 127.

50 Vgl. Philip E. Slater, »Toward a Dualistic Theory of Identification«, in: *Merrill-Palmer Quarterly of Behavior and Development* 7 (1961), S. 113-126, hier S. 113.

51 Frankfurt, »Identifikation und ungeteilter Wille«, S. 122.

In dem von Frankfurt skizzierten Fall bezieht eine Person zu ihren Wünschen erster Ordnung keine Stellung, bildet also gar keine Wünsche zweiter Ordnung. Sie verhält sich ihren Wünschen erster Ordnung entsprechend, ohne zu hinterfragen, auf welche Weise – nämlich möglicherweise durch ein soziales Umfeld, an dessen Maßstäben die Person sich unbeabsichtigt orientiert – diese Wünsche zustande gekommen sind. Heidegger zufolge geht der Zustand der Uneigentlichkeit dem der Eigentlichkeit voraus: »*Zunächst* ist das faktische Dasein in der durchschnittlich entdeckten Mitwelt. *Zunächst* ›bin‹ nicht ›ich‹ im Sinne des eigenen Selbst, sondern die Anderen in der Weise des Man. [...] Zunächst ist das Dasein Man und zumeist bleibt es so.«[52]

Heidegger geht es bei seiner Konzeption der Eigentlichkeit nicht um eine essenzialistische Wesensbestimmung der Person – er vertritt nicht die Position, dass eine Persönlichkeit beziehungsweise ein wahres, inneres Selbst unwiderruflich festgelegt und vollständig ist.[53] So schreibt etwa Taylor Carman in seiner Analyse von *Sein und Zeit*:

> Was Heidegger [...] unterscheidet [...], ist seine radikale Zurückweisung jeder Konzeption des Daseins als abgeschlossenes oder prinzipiell abschließbares Selbst, als ganzheitliche Einheit, als vollständig in Erscheinung tretende Entität.[54]

Vielmehr ist Heideggers Verständnis von Eigentlichkeit prozessual – Authentizität besteht in einer Einstellung oder einem Verhal-

52 Heidegger, *Sein und Zeit*, S. 129, Hervorh. d. Autors.

53 Heideggers Begriff der Eigentlichkeit ist auf verschiedene, sich teils völlig widersprechende Weisen verstanden worden, wie z. B. Taylor Carman bemerkt (vgl. Taylor Carman, *Heidegger's Analytic. Interpretation, Discourse, and Authenticity in Being and Time*, Cambridge 2003, S. 271). Ich kann im Rahmen dieses Essays kaum neue Erkenntnisse zu Heideggers Authentizitäts- bzw. Eigentlichkeitsbegriff liefern, meine Widerlegung des Authentizitätsargumentes ist jedoch auf keine Lesart festgelegt. Vgl. zur Frage, ob Heideggers Begriff von Eigentlichkeit eine festgelegte Persönlichkeit und ein vollständiges Selbst erfordert oder nicht, insb. auch Tony Fisher, »Heidegger and the Narrativity Debate«, in: *Continental Philosophy Review* 43 (2010), S. 241-265. Heidegger selbst legt die hier vorgeschlagene Lesart nahe, wenn er schreibt: »*Der Entschluß ist gerade erst das erschließende Entwerfen und Bestimmen der jeweiligen faktischen Möglichkeit.* Zur Entschlossenheit [zur Eigentlichkeit, Anm. v. mir] *gehört* notwendig die *Unbestimmtheit* [...]. Ihrer selbst sicher ist die Entschlossenheit nur als Entschluß.« Heidegger, *Sein und Zeit*, S. 298, Hervorh. d. Autors.

54 Carman, *Heidegger's Analytic*, S. 266.

ten, das inhaltlich noch nicht festgelegt ist. Eigentlich und damit authentisch ist demnach diejenige Person, die Verantwortung für ihr eigenes Leben übernimmt, indem sie sich die Gründe für ihr Verhalten bewusst macht und kritisch hinterfragt und sich, wie Heidegger selbst sagt, zur Eigentlichkeit entschließt; in Form eines »gesuchte[n] existenzielle[n] Wählen[s] der Wahl eines Selbstseins, das wir, seiner existenzialen Struktur entsprechend, die *Entschlossenheit* nennen«.[55] Carman interpretiert Heideggers Konzept von prozessualer Authentizität wie folgt:

> Heidegger [...] ersetzt die Idee des menschlichen Lebens, verstanden als ein einheitliches Ganzes, durch eine konkrete interne Interpretation des Daseins, das sich ganz, das heißt rückhaltlos, in seiner Existenz zu eigen ist. Sich in seiner Existenz zu eigen zu sein bedeutet, authentisch zu existieren.[56]

Wesentlich für das Verständnis personaler Authentizität ist, wie zuvor angenommen, nicht nur die Identifikation einer Person mit ihren eigenen Wünschen, sondern auch die Frage nach ihrer epistemischen Einstellung, die dafür verantwortlich ist, dass eine Person sich überhaupt mit ihren Wünschen identifiziert und sich entsprechend verhält. Heidegger legt großes Gewicht auf diese epistemische Dimension von Authentizität; er wendet sich ab von essenzialistischen Konzeptionen des Selbst, nach denen die Persönlichkeit einer Person festgelegt und vollständig ist. Stattdessen konzentriert er sich bei seiner Bestimmung der Eigentlichkeit auf die Prozesse des Hinterfragens und der Selbstfindung.

Die Maßstäbe und Werte der Allgemeinheit nicht zu hinterfragen und sich nicht von ihnen zu lösen – der Modus der uneigentlichen Existenz – ist für Heidegger, wie oben gesagt, der Grundmodus des menschlichen Lebens. Es ist die Situation der Inauthentizität, die wir zunächst vorfinden, wenn wir beginnen, über unsere eigene Lebenssituation zu reflektieren, und damit den ersten Schritt in ein authentisches Leben vollziehen.[57] Der Wechsel von der nichtauthentischen zur authentischen Lebensführung erfordert aber zusätzliche Maßnahmen. Wir müssen unser Leben

55 Heidegger, *Sein und Zeit*, S. 270.
56 Carman, *Heidegger's Analytic*, S. 276.
57 Vgl. Heidegger, *Sein und Zeit*, S. 130.

selbst in die Hand nehmen und eigene Entscheidungen treffen, die uns die Allgemeinheit bislang abgenommen hat: »Das Sichzurückholen aus dem Man, das heißt die existenzielle Modifikation des Man-selbst zum *eigentlichen* Selbstsein muß sich als *Nachholen einer Wahl* vollziehen.«[58] Die Wahl, die man Heidegger zufolge nachholen kann, ist die Wahl, sich sich selbst zu eigen zu machen, das heißt, die eigene Persönlichkeit zu entdecken und zu entfalten: »Das Dasein versteht sich selbst immer aus seiner Existenz, einer Möglichkeit seiner selbst, es selbst oder nicht es selbst zu sein: Die Existenz wird in der Weise des Ergreifens oder Versäumens nur vom jeweiligen Dasein selbst entschieden.«[59]

Bedingung der Möglichkeit dieser Wahl, die darin besteht, sich von den Maßstäben der Allgemeinheit zu befreien, sei ein besonderes Bewusstsein vom eigenen Tod. Das bedeutet, dass epistemische Authentizität (Authentizität verstanden als Wahrhaftigkeit und Ehrlichkeit sich selbst gegenüber) ganz grundsätzlich nur dann möglich ist, wenn man eine authentische Einstellung zu seiner eigenen Sterblichkeit einnimmt; wenn man sich also bewusst macht, dass das Leben immer ein »Sein zum Tode«[60] ist. Entsprechend analysiert Paul Gorner:

> Es wäre ein Fehler, folgendermaßen vorzugehen: erst ein allgemeines Konzept von Authentizität zu entwickeln und dann das authentische Sein zum Tode als dessen Unterart zu betrachten. Dies zu tun würde bedeuten, die ausschlaggebende Rolle zu missachten, die das authentische Sein zum Tode für die Authentizität als solche spielt. Es stellt sich heraus, dass die Authentizität in Verbindung mit einzelnen Möglichkeiten des Seins davon abhängig ist, dass unser Sein zum Tode authentisch ist.[61]

Beim Bewusstsein der Tatsache, dass das eigene Leben zwangsläufig enden wird, handelt es sich, wie Gorners Interpretation besonders deutlich macht, nach Heidegger nicht um eines von vielen Phänomenen des Lebens, die Personen sich bewusst machen sollten, wenn sie ein umfassendes Verständnis ihrer eigenen Lebenssituation erwerben wollen. Vielmehr betrachtet Heidegger die besondere

58 Ebd., S. 268, Hervorh. d. Autors.

59 Ebd., S. 12.

60 Ebd., S. 235.

61 Paul Gorner, *Heidegger's Being and Time. An Introduction*, Cambridge, New York 2007, S. 129.

Einstellung zur eigenen Sterblichkeit als notwendige Bedingung *jeder* Form eines solchen Verständnisses, das heißt als Bedingung epistemisch-prozessualer Authentizität überhaupt.[62]

Wie kommt er dazu, dem Bewusstsein der eigenen Sterblichkeit einen so hohen Stellenwert im menschlichen Leben zuzuschreiben? In der alltäglichen, nichtauthentischen Lebenssituation sind die Menschen ihm zufolge darum bemüht, das Bewusstsein der eigenen Sterblichkeit nicht zuzulassen. Dafür sind verschiedene Mechanismen zweckdienlich: Typische Verhaltensweisen von Personen, die sich nicht von den Maßstäben und Gesetzen der Allgemeinheit gelöst haben, sind nach Heidegger etwa das »Gerede« (eine Form der Kommunikation, bei der es eher um das Sagen selbst als um den Inhalt des Gesagten geht), die »Neugier« (die Suche nach Zerstreuung ohne wirkliches Interesse) und die »Zweideutigkeit« (die Ununterscheidbarkeit zwischen dem, was echtem Verständnis und Interesse, und dem, was lediglich dem Gerede und der Neugier entspringt).[63]

Diese Verhaltensweisen seien als Versuche zu verstehen, das Wissen um die eigene Sterblichkeit aus dem Bewusstsein zu verdrängen. Dies geschieht in der Regel deswegen, weil es sonst eine unerträgliche Angst verursachen würde, der die meisten Menschen aus dem Weg gehen wollen. Heidegger geht es dabei um eine bestimmte Form der menschlichen Todesangst, die er ausdrücklich von anderen Ängsten – der »Furcht vor dem Ableben«[64] – unterscheidet. Die Angst vor dem Tod bestimmt er demgegenüber als Angst vor der Notwendigkeit, das Leben eigenverantwortlich zu führen, die sich lediglich in der Todesangst äußere: »Das Wovor

62 Entsprechend ist Inauthentizität bei Heidegger immer Ausdruck der Todesverdrängung: »In seiner grundlegendsten Beschreibung ist das inauthentische Leben eine Flucht vor dem Tod.« Julian Young, »Death and Authenticity«, in: Jeff Malpas, Robert C. Solomon (Hg.), *Death and Philosophy*, London, New York 1998, S. 101-107, hier S. 101.

63 Heidegger, *Sein und Zeit*, S. 167-175.

64 Ebd., S. 251. Die »Furcht vor dem Ableben« kann sich auf verschiedene Aspekte des Todes beziehen, darunter zum Beispiel auf die Angst davor, etwas zu verpassen oder nicht zu Ende bringen zu können, auf die Angst davor, geliebte Personen zurückzulassen, oder davor, dass das eigene Leben Gegenstand von Bewertungen wird, auf die man keinen Einfluss mehr nehmen kann. Vgl. z. B. Amelie Oksenberg Rorty, »Fearing Death«, in: *Philosophy* 58 (1983), S. 175-188, hier S. 175.

dieser Angst ist das In-der-Welt-sein selbst. Das Worum dieser Angst ist das Sein-können des Daseins schlechthin.«[65]

Alle nichtauthentischen Verhaltensweisen, die Heidegger der Allgemeinheit zuspricht, seien Versuche, das Wissen von der Sterblichkeit nicht ins Bewusstsein gelangen zu lassen und so die Angst vor dem Tod und damit die bedrohliche Verantwortung, das eigene Leben selbst zu gestalten, gar nicht erst zu erfahren. Heidegger bezeichnet diese Form der Verdrängung auch als »ständige Beruhigung über den Tod«.[66]

Da die Vermeidung und Abwehr der Angst also charakteristische Merkmale des nichtauthentischen Lebens sind, besteht der erste, »mutige Schritt«[67] in Richtung eines authentischen und selbstbestimmten Daseins darin, die Angst, die sich einstellt, sobald man sich seiner Sterblichkeit bewusst wird, zuzulassen.[68] Entsprechend bemerkt auch Magda King in ihrem Kommentar zu *Sein und Zeit*, dass die Angst vor dem Tod (sowie das Vorlaufen, das heißt die Orientierung und das Interesse von Menschen an ihrer Zukunft) die Reaktion ist, die eine eigentliche Existenz erst ermöglicht.[69] Angst allein reicht aber nicht aus, um eine authentische Einstellung zum eigenen Tod zu entwickeln, und somit auch nicht dazu, ein authentisches Leben zu führen. Entscheidend ist, wie die Person, die sich

65 Heidegger, *Sein und Zeit*, S. 251.

66 Ebd., S. 253. Hierin entspricht Heideggers Analyse den Ideen der Terror-Management-Theorie. Auch diese Theorie interpretiert eine Vielzahl menschlicher Verhaltensweisen als Versuch, die bewusste oder unbewusste Bedrohung durch den eigenen Tod zu kompensieren. Vgl. dazu auch die Abschnitte 3.3 und 3.4 in diesem Buch.

67 »Das Man läßt den Mut zur Angst vor dem Tode nicht aufkommen.« Ebd., S. 254. Unter anderem an dieser Stelle wird ganz deutlich, dass die Begriffe der Eigentlichkeit und Uneigentlichkeit bei Heidegger durchaus eine wertende Dimension haben, auch wenn er selbst diese Ebene seiner kategorialen Analyse von Subjektivität immer wieder von sich weist. (Vgl. z.B. ebd., S. 167: Heidegger betont hier die »rein ontologische Absicht« seiner Analyse des Man und weist eine »herabziehende[] Bedeutung« der Begriffe, mit denen er das Man charakterisiert, von sich.)

68 Authentizität ist als Wert also durchaus mit Kosten – in diesem Fall mit Einbußen, die das momentane Wohlbefinden betreffen – verbunden. An dieser Stelle wird außerdem deutlich, dass Heidegger unter dem angemessenen Todesbewusstsein eine affektiv-intentionale Einstellung gemäß der Differenzierung in Abschnitt 1.3 versteht.

69 Vgl. Magda King, *A Guide to Heidegger's Being and Time*, Albany 2001, S. 161.

die Tatsache ihres zukünftigen Todes bewusst gemacht hat, mit der sich einstellenden Angst umgeht: Es sind auch solche Einstellungen und Reaktionen möglich, die zwar einerseits den Tod zum Gegenstand haben, sich andererseits aber nicht wirklich auf diesen als »existenzielle Möglichkeit« des eigenen Daseins beziehen.

Zu den Reaktionen auf die Todesangst, die personaler Authentizität nicht zuträglich sind, zählt etwa die Selbsttötung. Diese hat zwar einerseits den Tod zum Gegenstand, nimmt diesen allerdings nicht als ein seinem Wesen nach zukünftiges Ereignis wahr, dessen Unausweichlichkeit es auszuhalten gilt, sondern *realisiert* das Ereignis des Todes und nimmt der Person, die auch hierin keine authentische Entscheidung getroffen hat, die Möglichkeit sowohl zu inauthentischem als auch zu authentischem Verhalten überhaupt. Entsprechend betrachtet Heidegger auch das Grübeln über den Tod oder das Erwarten des Todes als Einstellungen, die dem Tod nicht gerecht werden, da sie sich mit seinen möglichen Realisierungen anstatt mit seiner Zukünftigkeit selbst auseinandersetzen. Es wird deutlich, dass Heidegger mit einer authentischen Einstellung gegenüber der eigenen Sterblichkeit ein Verhalten meint, das zwar einerseits den eigenen zukünftigen Tod in seiner vollen Tragweite anerkennt, andererseits aber nicht versucht, sich die Zukunft irgendwie vorzustellen und auf diese Weise zu *vergegenwärtigen*.

Heidegger sieht selbst, dass aus diesem Anspruch die Frage erwächst, ob eine derartige Annäherung an das Todesereignis, das heißt ein intensives Sterblichkeitsbewusstsein ohne Vergegenwärtigung des eigenen Todesereignisses, überhaupt möglich ist oder ob nicht jede Auseinandersetzung mit dem Tod diesen vergegenwärtigt: »Birgt diese Verhaltung [die Auseinandersetzung mit dem eigenen Tod] aber nicht eine Näherung an das Mögliche in sich, und taucht mit der Nähe des Möglichen nicht seine Verwirklichung auf?«[70] Letzteres ist ihm zufolge aber nicht der Fall: »Die nächste Nähe des Seins zum Tode als Möglichkeit ist einem Wirklichen so fern als möglich.«[71] Mit anderen Worten: Die authentische Einstellung zur eigenen Sterblichkeit, die in der »nächsten Nähe des Seins zum Tode als Möglichkeit« besteht, ist diejenige, in der man sich über die Begrenztheit der eigenen Lebenszeit vollkommen im Klaren ist, ohne die konkreten Auswirkungen dieser Tatsache

70 Heidegger, *Sein und Zeit*, S. 262.
71 Ebd.

– die Projekte, die möglicherweise nicht beendet werden können, die Schmerzen, mit denen der Sterbeprozess verbunden sein kann, kurz: ohne »das Wirkliche« – zu bedenken.

Einzig und allein diese sehr spezielle Art der Konfrontation mit dem eigenen Tod führt Heidegger zufolge zur *Vereinzelung* der Person. Diese Vereinzelung resultiert daraus, dass es sich beim Tod um das einzige Ereignis in ihrem Leben handelt, in Bezug auf das die Person überhaupt nicht mit den Maßstäben des Man konfrontiert ist. Sie muss ihren Tod – das eigentliche, das heißt existenzielle Todesereignis und nicht den Prozess des Sterbens – ganz allein erleben und kann das Wesen des Erlebnisses selbst mit niemandem teilen. Diese Erkenntnis lässt den Menschen die Verantwortung empfinden, die ihm als Individuum gegenüber seinem Leben zukommt: Durch das Bewusstsein von der Begrenztheit seines Lebens wird er auf sein Leben als Ganzes aufmerksam.[72] Erst aufgrund dieses Bewusstseins vom Leben als Ganzem kann er Verantwortung übernehmen und aktiv Entscheidungen treffen, um dieses Leben umfassend zu begreifen und zu gestalten. Ohne das Bewusstsein der eigenen Endlichkeit aber bleibt das Selbst einer Person fragmentarisch und unvollständig.

Heideggers weitere Versuche, das eigentliche Sterblichkeitsbewusstsein sowie das existenzielle Todesereignis zu erfassen, sind für das hier diskutierte Authentizitätsargument weniger relevant. Er charakterisiert den Tod als »eigenste, unbezügliche, gewisse [...] Möglichkeit des Daseins«.[73] Dass der Tod das Phänomen im Leben ist, das der Person am meisten »eigen« ist, soll heißen, dass ihr Tod dasjenige Ereignis ist, das am engsten mit ihr als Person verbunden ist. Mit dem Ausdruck der Unbezüglichkeit des Todesereignisses will Heidegger verdeutlichen, dass jede Vorwegnahme, jeder Versuch der Vergegenwärtigung des Todesereignisses diesem nicht gerecht wird und es auf diese Weise nicht gelingt, ihn seinem Wesen nach zu erfassen. Die etwas irreführende Charakterisierung des Todes als »gewiss« zielt auf den Unterschied zwischen dem abstrakten Wissen vom Tod und dem lebendigen Bewusstsein desselben ab.[74] Es handelt sich bei der Gewissheit des Todes im Modus der

72 Vgl., ebd., S. 264, 384.

73 Ebd., S. 265.

74 Vgl. dazu die Differenzierung zwischen kognitivem und affektivem Bewusstsein in Abschnitt 1.3 dieses Buches.

Alltäglichkeit und Inauthentizität um eine verdeckte, also lediglich abstrakte Gewissheit, die nicht affektiv wirksam wird.

Jede dieser Charakterisierungen (und die damit zusammenhängenden: die »Unüberholbarkeit« und die »Unbestimmtheit«[75] des Todesereignisses) kann kritisiert werden.[76] Im Folgenden werde ich mich jedoch auf das Authentizitätsargument konzentrieren, dem zufolge nur das Bewusstsein von der eigenen Sterblichkeit zur Vereinzelung führt, diese Vereinzelung wiederum die Bedingung epistemischer Authentizität überhaupt darstellt und das, wie sich herausstellen wird, schlussendlich nicht überzeugen kann.

4.5 Warum das Authentizitätsargument nicht überzeugt

Nach Heidegger ist das Bewusstsein der eigenen Sterblichkeit eine notwendige Bedingung epistemisch-prozessualer Authentizität. Er geht davon aus, dass die Vereinzelung vom Man, also die Distanzierung vom Einfluss der Allgemeinheit, die Person in die Lage versetzt, sich selbst – ihre Handlungen, ihre Einstellungen und so weiter – kritisch zu hinterfragen. Diese Vereinzelung ist nur möglich im Angesicht der Realität und Unausweichlichkeit des eigenen zukünftigen Todes, die der Person die Verantwortung gegenüber ihrem Leben vor Augen führen.

Dieses Argument hält der Überprüfung jedoch nicht stand. Es wird sich erstens herausstellen, dass ein Bewusstsein der Rahmenbedingungen der eigenen Existenz (für eine sterbliche Person) zwar im Bewusstsein der Sterblichkeit bestehen *kann,* nicht jedoch bestehen muss. Zudem gilt zweitens: Der Unsterbliche existiert unter anderen Bedingungen – die Sterblichkeit gehört nicht notwendigerweise zu den Rahmenbedingungen der menschlichen Existenz in allen möglichen Welten. Insofern sollte er sich nicht über die Endlichkeit, sondern über die Unendlichkeit seines Lebens (und deren Implikationen) im Klaren sein, wenn er ein authentisches Leben führen will.[77]

75 Heidegger, *Sein und Zeit,* S. 258.

76 Zu einer umfassenden Kritik von Heideggers Bestimmung des Todes als eigenste, unbezügliche, unüberholbare und gewisse Möglichkeit vgl. Paul Edwards, *Heidegger und der Tod. Eine kritische Würdigung,* Darmstadt 1985.

77 Heidegger geht es in seiner phänomenologisch-ontologischen Analyse des

Das Bewusstsein von den Rahmenbedingungen der eigenen Existenz ebenso wie besondere Aufmerksamkeit und Ehrlichkeit sich selbst gegenüber scheinen entscheidend dafür verantwortlich zu sein, dass Personen sich authentisch verhalten können. Wer etwa keine Bemühungen unternimmt, herauszufinden, mit welchen eigenen Wünschen er sich identifiziert, kann sich kaum diesen bestimmten Wünschen entsprechend verhalten. Auf Aufmerksamkeit und Selbstreflexion zur Abgrenzung vom Man und als Bedingung von Authentizität legt Heidegger einerseits besonderen Wert. Andererseits geht er davon aus, dass diese Wahrhaftigkeit nur durch Vereinzelung zu erreichen ist und diese wiederum ausschließlich durch die Konfrontation mit dem eigenen Tod herbeigeführt werden kann.

Heideggers Überlegungen sind in dem Punkt überzeugend, dass es im Sinn einer authentischen und selbstbestimmten Lebensführung gewinnbringend (und wahrscheinlich auch notwendig) ist, sich der Begrenztheit der eigenen Möglichkeiten ebenso wie der eigenen Persönlichkeit bewusst zu werden. In anderen Worten: Wahrhaftigkeit und Selbstreflexion vergrößern die Freiheits- und Handlungsspielräume einer Person und können ihr dabei helfen, sich dem Ideal des authentischen Lebens immer wieder anzunähern.

Weniger überzeugend ist die von Heidegger propagierte Sonderstellung des Sterblichkeitsbewusstseins gegenüber anderen Formen der Auseinandersetzung mit den Rahmenbedingungen des eigenen Lebens. Diese sind nicht nur durch die Sterblichkeit, sondern auch durch die eigene Persönlichkeit und durch die Körperlichkeit (die etwa die Verletzlichkeit mit sich bringt) sowie eine räumliche, kulturelle und soziale Position in der Welt bestimmt. Die menschlichen Möglichkeiten sind nicht ausschließlich durch die

menschlichen Todes nur um die sterblichen Personen der aktualen Welt. Ich werde erstens gegen Heidegger zeigen, dass auch hier ein besonderes Sterblichkeitsbewusstsein keine notwendige Bedingung authentischer Lebensführung darstellt. Der zweite Schritt meiner Argumentation, in dem ich zeige, dass auch der Unsterbliche ein authentisches Leben führen kann, richtet sich weniger direkt gegen Heideggers Überlegungen, sondern vielmehr gegen eine mögliche Übertragung seiner Analyse in die Debatte um die Frage, ob Unsterblichkeit wünschenswert sein kann, auch wenn Heidegger selbst zu dieser nicht explizit Stellung bezieht.

Sterblichkeit begrenzt, wie auch Jan Baars in einer Kritik an Heidegger feststellt: »Endlichkeit betrifft ebenso die einzelnen Qualitäten und Beschränkungen von Individuen, ihre Beziehungen mit anderen sowie spezifische Situationen im Leben und deren unumstößliche und vergängliche Einzigartigkeit.«[78] Das Bewusstsein der Sterblichkeit ist *ein* Faktor, der zu einem umfassenden Wissen und Bewusstsein über die eigene Situation in der Welt beiträgt, eine Sonderstellung gegenüber anderen Formen des »existenziellen Bewusstseins« kann auf die hier aufgezeigte Weise jedoch nicht gerechtfertigt werden.

Heidegger hebt die Bedeutung der Vereinzelung hervor, die seiner Auffassung nach nur durch die Konfrontation mit dem eigenen Tod erreicht werden kann. Diese führt der Person die Verantwortung gegenüber ihrem eigenen Leben vor Augen, welche angesichts der Bedrohung durch den Tod nicht mehr auf die Allgemeinheit abgewälzt werden kann. Auch diese Sonderstellung des Sterblichkeitsbewusstseins als einzige Möglichkeit der Vereinzelung ist nicht überzeugend. Vereinzelung in Form von Isolation und Besinnung auf die eigene Person kann auch auf andere Weise entstehen. Auch die Verantwortung für ein anderes Lebewesen kann einer Person unter Umständen ebenso wenig abgenommen werden wie die Tatsache, dass sie selbst sterben muss. Zudem können kaum kommunizierbare private Empfindungen wie Liebe, Schmerzen oder das subjektive, phänomenale Empfinden angesichts eines Kunstwerks oder eines Naturschauspiels die Person auf sich selbst zurückwerfen.

Derjenige Bestandteil epistemischer Authentizität, der als ein Bewusstsein von den Rahmenbedingungen der eigenen Existenz beschrieben wurde, hat also verschiedene Facetten. Zu diesen zählt zwar das Sterblichkeitsbewusstsein, aber zum Beispiel auch das Bewusstsein der eigenen Verletzlichkeit, das Bewusstsein von der Tatsache, dass man in eine bestimmte Situation hineingeboren wurde, und, wie das Gedankenexperiment der Erfahrungsmaschine zeigen kann, der Wahrheitsgehalt der eigenen Überzeugungen über die Umwelt. In Anbetracht dieser Vielzahl von Rahmenbedingungen der eigenen Existenz spricht nichts für die von Heidegger propa-

78 Jan Baars, »Philosophy of Aging, Time, and Finitude«, in: Thomas R. Cole u.a. (Hg.), *A Guide to Humanistic Studies in Aging: What Does it Mean to Grow Old?*, Baltimore 2010, S. 105-120, hier S. 115.

gierte Sonderstellung des Bewusstseins der Sterblichkeit gegenüber dem Bewusstsein anderer Limitationen des menschlichen Lebens.

Eine Sonderstellung des Sterblichkeitsbewusstseins gegenüber dem Bewusstsein von anderen wesentlichen Aspekten des eigenen Lebens konnte nicht nachgewiesen werden. Dennoch kommt dem Bewusstsein der Sterblichkeit in der aktualen Welt als *einem* Aspekt der *conditio humana* eine gewisse Bedeutung zu: Wer sich die Rahmenbedingungen seines Lebens umfassend bewusst machen will, sollte sich *unter anderem* über seine Sterblichkeit im Klaren sein, da diese die existenzielle Situation des Menschen wesentlich mitbestimmt. Wer seine Sterblichkeit nicht nur nicht reflektiert, sondern vielleicht sogar verleugnet, hat eine falsche Auffassung von seiner eigenen Lebenssituation.

Für eine Unsterbliche stellt sich die Situation anders dar. Für sie ist Authentizität gleichermaßen erstrebenswert; und auch in ihrem Leben liegt die Basis einer authentischen Lebensführung zunächst einmal im Wissen um die eigene Person und Lebenssituation in dem oben herausgearbeiteten Sinn. Da die Lebenssituation der Unsterblichen hinsichtlich der Sterblichkeit anders beschaffen ist als die des Sterblichen, ist der Wahrheitswert einer Überzeugung über diese Eigenschaft in ihrer Welt ein anderer. Somit sind auch die existenziellen Rahmenbedingungen, die Personen sich bewusst machen müssten, um dem Ideal eines authentischen Lebens näher zu kommen, eben andere.[79]

Wie wäre die existenzielle Lebenssituation einer unsterblichen Person beschaffen? In vielen Hinsichten würde sie sich von der der Sterblichen nicht unterscheiden. Auch die Unsterbliche wäre zu einem bestimmten Zeitpunkt an einem bestimmten Ort als Kind bestimmter Eltern zur Welt gekommen und würde ihr Leben ab diesem Zeitpunkt im Großen und Ganzen auf dieselbe Weise in der Welt verbringen wie eine sterbliche Person: Sie könnte sich nicht zum selben Zeitpunkt an verschiedenen Orten befinden, ihre Persönlichkeit würde sich im Lauf ihres Lebens verändern, sie hätte Beziehungen zu anderen Menschen, sie würde lernen, mit ihrer Umwelt auf eine bestimmte Weise zu interagieren und so

79 Die kontingent unsterbliche Person hat dann eine wahre Überzeugung, wenn sie davon ausgeht, dass sie nicht sterben muss, jedoch sterben kann, während der notwendig Unsterbliche dann eine wahre Überzeugung hat, wenn er glaubt, dass es ihm nicht möglich ist, zu sterben.

weiter. Unterscheiden würde sich ihre Lebenssituation hinsichtlich der Endlichkeit des eigenen Lebens und der damit zusammenhängenden Faktoren. Die Unsterbliche könnte sich im Gegensatz zur Sterblichen etwa bewusst machen, dass sie zu einem späteren Zeitpunkt ihres Lebens möglicherweise ganze Phasen dieses Lebens vergessen wird, da ihr Erinnerungsvermögen nicht ausreicht, um sich an ihre gesamte Vergangenheit zu erinnern, oder sich darüber im Klaren sein, dass sie unter Umständen auch sehr weitreichende Konsequenzen ihres Handelns miterlebt.

Die Lebensgestaltung der Unsterblichen sollte in bestimmten Bereichen also möglicherweise anderen Regeln folgen als die der Sterblichen. Das Bewusstsein von den Besonderheiten des unsterblichen Daseins und die Berücksichtigung dieser Besonderheiten ebenso wie eine grundsätzliche Bereitschaft, bestehende Überzeugungen zu hinterfragen und neue Informationen unvoreingenommen zu verarbeiten, könnten im Leben der Unsterblichen *zusammen* die Voraussetzungen von Authentizität darstellen: Sowohl die Sterbliche als auch die Unsterbliche sind in diesem Sinne umso authentischer, je umfassender sie sich mit ihrer eigenen Existenz auseinandersetzen. Dabei konnte nicht gezeigt werden, dass das Bewusstsein der eigenen Sterblichkeit (beziehungsweise Unsterblichkeit im Falle der Unsterblichen) eine besonders grundlegende Rolle spielt.

4.6 Zusammenfassung

In diesem vierten Kapitel habe ich untersucht, wie spezifische menschliche Tugenden und Werte mit dem Bewusstsein der eigenen Sterblichkeit beziehungsweise der Sterblichkeit selbst zusammenhängen. Zudem habe ich mich mit der Frage beschäftigt, ob die Begrenztheit der eigenen Lebenszeit eine notwendige Bedingung dafür darstellt, dass Personen ihre persönlichen Erfolge sowie ihre Beziehungen zu anderen Personen wertschätzen können. Im Zentrum eines letzten Abschnittes stand die Idee, dass eine bestimmte Form des Sterblichkeitsbewusstseins eine Bedingung authentischer Lebensführung darstellt.

Martha Nussbaum argumentiert dafür, dass die menschliche Sterblichkeit Bedingung des Todesrisikos ist. Dieses Todesrisiko wiederum sei notwendig dafür, dass Personen mutig und aufopferungsbereit sein könnten: Diese und ähnliche Eigenschaften bestünden im Wesentlichen darin, im Angesicht des Todes zu handeln, weswegen eine unsterbliche Person diese Eigenschaften nicht haben könne. Nussbaums Argument stellte sich aus mehreren Gründen als nicht überzeugend heraus. Erstens ist die Sterblichkeit in der Weise, wie sie in unserer Welt gegeben ist, keine notwendige Bedingung des Todesrisikos. Auch eine eingeschränkte, etwa kontingente Sterblichkeit könnte das Todesrisiko im lediglich potenziell unendlichen Leben gewährleisten. Zweitens ist das Todesrisiko keine notwendige Bedingung der von Nussbaum aufgezählten Tugenden: Eine Person kann auch mutig handeln, indem sie andere Risiken eingeht. Ähnliches gilt für Gerechtigkeit, Großzügigkeit oder Mäßigung – alle diese Tugenden können auch ohne das Todesrisiko erklärt werden und sind somit auch im Leben des Unsterblichen vorstellbar.

Nussbaum äußert darüber hinaus die Befürchtung, dass ein drastisch verlängertes Leben die zwischenmenschlichen Beziehungen radikal verändern würde. In Abschnitt 4.3 habe ich mich am Beispiel leiblicher Kinder mit der Frage auseinandergesetzt, ob sich die Beziehungen eines Unsterblichen zu den ihn umgebenden Personen mit der Zeit in einer Weise »abnutzen« würden, die es ihm unmöglich macht, neue Beziehungen mit vergleichbarer Intensität zu erleben. Da der Unsterbliche (bei entsprechender biologischer Verfassung) unbegrenzt viel Zeit hat, um immer wieder neue Kinder zu bekommen, ist zu befürchten, dass er die Beziehung zu diesen irgendwann nicht mehr auf dieselbe, intensive Weise pflegt, die uns in unserer Welt für eine Eltern-Kind-Beziehung angemessen zu sein scheint.

Dieser Befürchtung konnte die Schärfe genommen werden. Da wir in der Regel nicht befürchten, dass jemand, der drei oder vier Kinder hat, diese weniger liebt, sollten wir auch nicht befürchten, dass die Unsterbliche keine enge Beziehung zu all ihren Nachkommen aufbauen kann. Vergleichbares gilt auch für Liebes- und andere zwischenmenschliche Beziehungen.[80] Hinzu kommt, dass auch

80 In diesem Zusammenhang erwies sich die Unterscheidung zwischen singulärer und kollektiver Unsterblichkeit als relevant: Höchstwahrscheinlich ist es insbesondere in Hinblick auf zwischenmenschliche Beziehungen deutlich weniger wünschenswert, der einzige Unsterbliche in einer Welt voller Sterblicher zu sein, als unter anderen Unsterblichen zu leben.

bei Unsterblichen keine neue Beziehung einer früheren in allen Hinsichten gleicht – daher muss das Interesse der Unsterblichen an Liebesbeziehungen nicht grundsätzlich verloren gehen. Zugute kommt ihr in diesem Zusammenhang auch die Möglichkeit, Beziehungen dadurch zu festigen, dass sie besonders lange bestehen bleiben – länger, als es der Sterblichen mit ihrer begrenzten Lebensdauer möglich ist. Auch persönliche Erfolge verlören in einer Welt voller Unsterblicher nicht ihre Bedeutung. Da die Unsterbliche nur eine begrenzte Menge an Fähigkeiten hat und dementsprechend ebenso wie die Sterbliche nicht alles erreichen kann, sind ihre spezifischen Leistungen als ebenso wertvoll anzusehen und können von ihr selbst entsprechend wertgeschätzt werden.

Im Zentrum der letzten Abschnitte dieses Kapitels stand der Zusammenhang zwischen dem Sterblichkeitsbewusstsein einer Person und der authentischen Gestaltung ihres Lebens. Die Idee, dass das Bewusstsein des eigenen zukünftigen Todes essenziell dafür ist, Verantwortung für das eigene Leben zu übernehmen und es gemäß den eigenen Vorstellungen authentisch zu gestalten, wird insbesondere von Martin Heidegger vertreten. Heidegger geht davon aus, dass die Auseinandersetzung mit dem eigenen Tod die Person in besonderem Maße vereinzelt, also auf sich selbst zurückwirft, und sie erst dadurch in die Lage versetzt, ihre eigene Persönlichkeit zu erkennen und zu entfalten. Er spricht dem Tod eine Sonderstellung unter denjenigen Rahmenbedingungen zu, von denen eine Person wissen beziehungsweise die sie sich bewusst machen kann. Dabei geht es ihm weniger um das inhaltliche Ergebnis dieser Bemühungen, sondern vielmehr um den Prozess der Auseinandersetzung mit der – in seinen Augen – entscheidenden Rahmenbedingung der eigenen Existenz.

In meiner Analyse des Authentizitätsbegriffs und in der Auseinandersetzung mit Heideggers Argument habe ich zu zeigen versucht, dass ein besonderer Zugang zu diesen Rahmenbedingungen tatsächlich als Voraussetzung dafür betrachtet werden kann, sich authentisch zu verhalten, das heißt, seine Wünsche auf einer zweiten Ebene zu reflektieren und denjenigen Wünschen gemäß zu handeln, mit denen man sich identifiziert. Die von Heidegger angenommene Sonderstellung des Sterblichkeitsbewusstseins gegenüber anderen grundlegenden Aspekten der menschlichen Lebenssituation konnte jedoch nicht nachgewiesen werden – auch das

Bewusstsein anderer existenzieller Einschränkungen und Eigenschaften des Lebens erhöht die Freiheits- und Handlungsspielräume einer Person. Ebenso wie der Sterbliche, der nichts von seiner Sterblichkeit, dafür aber von seiner physischen, sozialen, räumlichen oder zeitlichen Situation weiß, könnte also auch der notwendig oder kontingent Unsterbliche, der sich seine Unsterblichkeit oder andere Rahmenbedingungen seiner Existenz vergegenwärtigt, ein authentisches Leben führen.

Insgesamt konnte ich in diesem vierten Kapitel meiner Untersuchung zeigen, dass spezifisch menschliche Wertesysteme der aktualen Welt nicht notwendig mit der Sterblichkeit verbunden sind. Auch Unsterbliche könnten sich zu altruistischen Handlungen verpflichtet fühlen, sich authentisch verhalten oder Ereignisse und Beziehungen in ihrem Leben wertschätzen. Sofern die untersuchten Werte wie Mut, Altruismus und Authentizität als Basis eines wünschenswerten Lebens angesehen werden, kann das Leben des Unsterblichen also ebenfalls wünschenswert sein.

5. Sterblichkeit und die narrative Dimension des Lebens

Der Begriff der Lebensgeschichte stellt eine Verbindung her zwischen dem Leben und den Geschichten, die Menschen niederschreiben oder sich gegenseitig erzählen. In einer seiner Bedeutungen bezeichnet er den Lebenslauf einer Person, also die Ereignisse ihres Lebens von ihrer Geburt bis zu ihrem Tod.

Dieser Lebenslauf ist selbst Gegenstand von Erzählungen. So versucht zum Beispiel das Genre der (Auto-)Biografie, ein individuelles menschliches Leben in seiner Gesamtheit erzählend wiederzugeben. Beginn und Endpunkt der biografischen Narration können dabei natürlich variieren. Soll jedoch das gesamte Leben einer Person nacherzählt werden, dann geben Geburt und Tod den Anfangs- und den Endpunkt dieser Geschichte vor.

Das Leben einer Person hat eine bestimmte *Struktur* – es beginnt mit der Geburt, worauf, wenn es nicht frühzeitig endet, Kindheit, Jugend, Erwachsenenalter, das hohe Alter und schließlich der Tod folgen –, in welche die einzelnen Episoden dieses Lebens eingebunden sind. Ebenso wie die Bedeutung einer Episode einer Geschichte sich erst im Zusammenspiel mit anderen Episoden und vor dem Hintergrund der gesamten Struktur erschließt, können auch Episoden eines Lebens vor dem Hintergrund früherer oder späterer Ereignisse in einem anderen Licht erscheinen. Diese und andere Gemeinsamkeiten zwischen der Struktur des menschlichen Lebens und der Struktur von Narrationen stehen im Zentrum dieses Kapitels.

5.1 Das narrativistische Argument für den Wert der Sterblichkeit

Geschichten zeichnen sich dadurch aus, dass sie eine bestimmte Form haben: einen bestimmten internen Aufbau – die Ereignisse folgen nicht zufällig aufeinander – sowie einen Anfang und ein Ende. Vertreter einer narrativistischen Theorie ziehen Parallelen zwischen solchen Geschichten und dem menschlichen Leben. Insbesondere das Todesereignis, so die Idee des narrativistischen Argumentes, gebe dem Leben die ihm eigentümliche Struktur, und ein Leben ohne dieses Ende, das heißt ein unsterbliches Leben, wäre demzufolge »formlos« und unvollständig. Entsprechend schreibt James Warren: »Ein Leben ist dann vollständig [...], wenn es eine erkennbare, abgeschlossene narrative Struktur aufweist, und es ist unvollständig, wenn es das nicht tut.«[1] Dabei wird postuliert, dass die (von Warren so bezeichnete) Vollständigkeit des Lebens eine notwendige Bedingung für dessen Wert darstellt.

Diese These kann in unterschiedlichen Varianten vertreten werden. Schwächere Versionen sehen die narrative Dimension des Lebens als besonders bedeutsam für dessen Wert an, stärkere Versionen versuchen, die narrative Dimension in eine narrativistische Ontologie der Person zu integrieren – sie betrachten die narrative Dimension des Lebens als Voraussetzung für Personalität. Diese unterschiedlichen Positionen gilt es voneinander abzugrenzen, und Begriffe wie »Vollständigkeit« oder »Abgeschlossenheit« müssen spezifiziert werden. Zunächst folgen jedoch einige Beispiele, die zeigen sollen, in welchen Kontexten ein narrativistisches Argument verwendet wird.[2]

Die besondere Bedeutung des Todes für die Form des menschlichen Lebens betont zum Beispiel Georg Simmel:

> Dies erst macht die formgebende Bedeutung des Todes klar. Er begrenzt, d. h. er formt unser Leben nicht erst in der Todesstunde, sondern er ist ein formales Moment unseres Lebens, das alle seine Inhalte färbt: die Begrenztheit des Lebensganzen durch den Tod wirkt auf jeden seiner Inhalte und Augenblicke vor; die Qualität und Form eines jeden wäre eine andere, wenn er sich über diese immanente Grenze hinaus erstrecken könnte.[3]

1 James Warren, *Facing Death. Epicurus and his Critics*, Oxford, New York 2004, S. 118.

2 Martin Heidegger kann ebenfalls als Vertreter einer Variante des narrativistischen Argumentes gelten, wenn er feststellt, dass die Auseinandersetzung mit dem eigenen Tod der Person ihr Leben *als Ganzes* ins Gedächtnis ruft. Vgl. Martin Heidegger, *Sein und Zeit*, Tübingen 1986, S. 264, 384, sowie meine Auseinandersetzung mit Heideggers Sein zum Tode in Kapitel 4 dieses Buches. Ein paradigmatisches Beispiel für eine narrativistische Theorie ist auch Lukrez' Vergleich des menschlichen Lebens mit einem Bankett, das eine besondere zeitliche Struktur aufweist, die nicht beliebig verändert und insbesondere nicht *verlängert* werden kann. Vgl. Lukrez, *Von der Natur*, Düsseldorf, Zürich 1991, S. 271-273.

3 Georg Simmel, »Zur Metaphysik des Todes«, in: ders., *Das Individuum und die Freiheit. Essais*, Berlin 1984, S. 29-35, hier S. 31.

Simmel nimmt an, dass das Leben eines Sterblichen sich von dem des Unsterblichen, der nicht im Bewusstsein seines jederzeit möglichen Todes lebt, radikal unterscheidet. Zudem glaubt er, dass die Begrenztheit des Lebens, die durch die Sterblichkeit zustande kommt, die Bedeutung *jedes einzelnen* Lebensmomentes in charakteristischer Weise mitbestimmt.

Diesen Einfluss des Todes sieht auch Mikel Burley in seinem Aufsatz »Immortality and Meaning«:

> Wenn man also zustimmt, dass eine notwendige Bedingung dafür, die Attraktivität eines Lebens zu bestimmen, darin besteht, dass dieses Leben als Ganzes vorstellbar ist, dann sieht es danach aus, dass solch eine Bestimmung im Fall eines vermeintlich unsterblichen Lebens nicht erfolgen kann. [...] [D]ie Attraktivität eines Lebens kann vernünftigerweise nur in solchen Fällen beurteilt werden, in denen das Leben wenigstens *als Ganzes vorgestellt* werden kann, und nichts könnte als Vorstellung eines unendlichen Lebens im Ganzen gelten.[4]

Während Simmel sich in der Bewertung des Einflusses, den die Sterblichkeit auf das menschliche Leben hat, zurückhält, kann nach Mikel Burley nur ein solches Leben wertvoll sein, das »als Ganzes vorgestellt« werden kann. Dies sei nur dann möglich, wenn das Leben mit dem Tod ende.

Noch wesentlich weiter geht in neuerer Zeit Todd May, der nicht nur mit Simmel und Burley vermutet, dass das Wissen um Tod und Sterblichkeit das Leben einer Person zu jedem Zeitpunkt radikal beeinflusst, sondern die Sterblichkeit sogar als Bedingung dafür zu betrachten scheint, dass ein Leben das Leben einer individuellen Person sein kann:

> Für Menschen wäre ein unsterbliches Leben formlos. Es hätte keine Grenzen und Konturen. Seine Farbe würde verblassen, und wir könnten dieses Verblassen von Anfang an vorhersehen. Es wäre unmöglich, ein unsterbliches Leben zu meinem oder deinem Leben zu machen. Weil es sich endlos hinziehen würde, wäre es früher oder später nur noch eine Kette von Ereignissen ohne jede Form.[5]

4 Mikel Burley, »Immortality and Meaning: Reflections on the Makropulos Debate«, in: *Philosophy* 84 (2009), S. 529-547, hier S. 546.

5 Todd May, *Death*, Stocksfield 2009, S. 68.

Eine Elimination der Sterblichkeit hätte seiner Ansicht nach gravierende Konsequenzen: Das Leben eines Unsterblichen sei formlos; die Form des Lebens allerdings sei eine essenzielle Bedingung dafür, dass ein Selbst über die Zeit hinweg existieren kann.[6]

Wie die Unterschiede zwischen den Argumentationen deutlich machen, können durch das narrativistische Argument in Bezug auf Tod und Sterblichkeit mindestens zwei verschiedene Beweisziele verfolgt werden: Während May narrativistisch zu begründen versucht, dass die Sterblichkeit eine Bedingung für einen Aspekt von Personalität darstellt, setzt Burley das narrativistische Argument ein, um zu zeigen, dass ein Leben ohne die Sterblichkeit nicht attraktiv sein kann.

Meine Untersuchung des narrativistischen Argumentes, nach dem die Sterblichkeit dem Leben eine Form gibt, die die notwendige Bedingung für dessen Attraktivität darstellt, wird folgendermaßen verlaufen: Um zunächst die Idee der Form oder Vollständigkeit des menschlichen Lebens zu explizieren, werde ich die unterschiedlichen narrativistischen Positionen knapp voneinander abgrenzen. Im Anschluss an die Darstellung des narrativistischen Arguments, das sich einerseits auf eine bestimmte narrativistische Position, andererseits auf eine bestimmte These über die Funktion des menschlichen Todes berufen muss, werde ich verschiedene Einwände dagegen untersuchen und zeigen, dass auf seiner Basis keine besondere Bedeutung der Sterblichkeit nachgewiesen werden kann.

Die Wurzeln der narrativistischen Theorie liegen in psychoanalytischen Theorien der 1980er Jahre. Innerhalb der Psychologie stellt das narrativistische Modell vor allem eine Abkehr von klassischen psychologischen Theorien dar: Das Selbst von Personen wird nicht mehr als Summe von Einzelereignissen betrachtet, die als objektive Fakten in der Welt die Person und ihre Persönlichkeit bestimmen und beeinflussen. Die Errungenschaft der narrativistischen Psychologie besteht darin, das Augenmerk stattdessen auf das Eingebettetsein einer Person in Raum und Zeit, also auf die allgegenwärtige Situationsgebundenheit einer jeden Person, gelenkt zu haben. Diese nimmt, so die Idee, Einfluss auf die Weise, wie diese Person vergangene Ereignisse miteinander in Verbindung bringt,

6 Vgl. zur Frage, ob die Sterblichkeit eine Bedingung personaler Identität darstellt, Abschnitt 2.2.

also Sinnzusammenhänge zwischen diesen herstellt, und so ihre eigene Persönlichkeit aus einer bestimmten Perspektive heraus als Erzähler selbst konstruiert.[7]

Der Psychologe Donald E. Polkinghorne sieht dementsprechend die Kernidee des narrativistischen Ansatzes darin, das Selbst des Menschen nicht mehr als Substanz, sondern als narrative, sich über die Zeit hinweg erstreckende Konstruktion zu verstehen: »Das Selbst als Narration oder Geschichte anstatt als Substanz zu betrachten erhellt die zeitliche Dimension und die Entwicklungsebene der menschlichen Existenz.«[8] Narrativistische Psychologen gehen davon aus, dass Personen dadurch, dass sie ihre Lebensgeschichten in einer bestimmten Weise erzählen, ihre Identität konstruieren.[9]

Solche psychologischen Ansätze zum narrativen Verständnis der Identität von Personen, ihrer Lebensrealität sowie ihrem Selbstverständnis wurden von philosophischer Seite auf verschiedene Weise nutzbar gemacht und haben in neuerer Zeit auch Einzug in eher analytisch ausgerichtete Debatten gehalten. Philosophische narrativistische Positionen setzen sich mit dem Sachverhalt auseinander, dass Personen die Ereignisse ihres Lebens in bestimmte Sinnzusammenhänge stellen, indem sie Geschichten darüber erzählen. Für die Art und Weise, wie eine Person ihr Leben führt, das heißt, wie sie sich selbst versteht und handelt, sei es entscheidend, wie eine Person die Ebene der »bloßen Fakten« interpretiert, genauer gesagt:

7 Vgl. z. B. Theodore R. Sarbin, *Narrative Psychology. The Storied Nature of Human Conduct,* New York 1986; Donald E. Polkinghorne, »Explorations of Narrative Identity«, in: *Psychological Inquiry* 7 (1996), S. 363-367.

8 Donald E. Polkinghorne, »Narrative and Self-Concept«, in: *Journal of Narrative and Life History* 1 (1991), S. 135-153, hier S. 135.

9 »[I]ndividuen konstruieren private und persönliche Geschichten, die verschiedene Ereignisse ihrer Leben zu einheitlichen und verständlichen Ganzen zusammenfügen. Dies sind Geschichten über das Selbst. Sie sind die Basis personaler Identität und des Selbstverständnisses, und sie geben Antworten auf die Frage ›Wer bin ich?‹.« Ebd., S. 136. Wenn Polkinghorne konstatiert, dass die Geschichten, die eine Person über ihr eigenes Leben konstruiert, ihre Identität ausmachen, bezieht er sich mit dem Begriff der »Identität« nicht auf die Frage, unter welchen Bedingungen eine Person mit sich selbst identisch ist, sondern auf das Selbst der Person – auf ihre Persönlichkeit sowie auf die Frage, womit eine Person sich identifiziert. Psychologische Theorien narrativer Identität sind also insbesondere von praktischer Relevanz, wenn es – zum Beispiel aus therapeutischen Gründen – darum geht, das Selbstbild einer Person besser zu verstehen und ggf. zu verändern.

welche Geschichte sie darüber erzählt. Stellen wir uns eine Person namens Chick vor, deren Leben folgende Episode enthält:

> Chick beginnt nach dem Abitur ein Studium der Philosophie. Nach einigen Semestern stellt er jedoch fest, dass ihm die akademische Philosophie keine Antworten auf die ihn interessierenden Fragen gibt. Infolgedessen bricht er sein Studium ab und schreibt sich für Psychologie ein.
> Chick selbst erklärt sich diese Phase seines Lebens auf die folgende Weise: »Ich habe einen Fehler gemacht, aber daraus gelernt. Es ist eben einfach nichts für mich, ausschließlich mit Texten zu arbeiten. Lieber beschäftige ich mich mit den Menschen selbst. Hätte ich von vornherein Psychologie studiert, hätte ich wahrscheinlich immer angenommen, dass Philosophie mir viel mehr gelegen hätte.«

Chick stellt die Ereignisse in einen bestimmten Sinnzusammenhang. Sein Philosophiestudium, das er nach einigen Semestern abbricht, betrachtet er als notwendige Bedingung für seinen späteren Erfolg. Seine Gründe für diese Betrachtungsweise sind sehr subjektiv: Wenn er sich introspektiv beobachtet, hält er es für wahrscheinlich, dass der Wert seines zukünftigen Lebens aufgrund des Gefühls, etwas verpasst zu haben, geringer gewesen wäre, hätte er die Erfahrung des Philosophiestudiums nicht gemacht. Die Ereignisse in Chicks Leben könnten aber auch auf ganz andere Weise interpretiert werden:

> Chicks Eltern, denen gegenüber er das längere Studium rechtfertigen muss, haben wenig Verständnis. Stattdessen betrachten sie das erste Studium als verlorene Zeit. Wenn Chicks Eltern miteinander über ihren Sohn sprechen, klingt es so: »Chick schafft es nie, eine Sache, die er angefangen hat, auch zu Ende zu bringen. Er ist eben einfach ein wankelmütiger und unentschlossener Mensch. Wenn er sich vorher ausreichend informiert hätte, hätte er direkt Psychologie studieren können. Außerdem muss man auch mal etwas zu Ende bringen können, obwohl es nicht den eigenen Erwartungen entspricht. Das muss Chick noch lernen.«

An diesem Beispiel wird deutlich, dass das Bild einer Person, das heißt der ihr durch sie selbst oder durch andere zugeschriebene Charakter, entscheidend davon abhängt, welche Geschichte man über die Ereignisse ihres Lebens erzählt: Ob man Chicks Philosophiestudium als »verschenkte Zeit« oder als notwendige Bedingung für seinen späteren Erfolg betrachtet, ist Interpretationssache. Sowohl Chick als auch seine Eltern verleihen einer bestimmten Zeitspanne von Chicks Leben im Nachhinein – im Licht anderer, späterer Ereignisse – eine bestimmte (und jeweils ganz unterschiedliche) Bedeutung.

Geschichten über unseren Lebenslauf zu erzählen, die die Ereignisse, die uns widerfahren sind, insbesondere im Licht der gegenwärtigen oder zu erwartenden Ereignisse interpretieren, stellt eine Möglichkeit dar, Bedeutungen zuzuschreiben und Sinnzusammenhänge herzustellen. Während zwischen den Ereignissen im Leben einer Person verschiedene Kausalzusammenhänge unabhängig von einem Erzähler, also einem Subjekt, das die Ereignisse interpretiert, bestehen, so muss dies nicht für alle Sinnzusammenhänge gelten.[10] Während es womöglich unabhängig von der jeweiligen Interpretation der Fall ist, dass Chick Philosophie und Psychologie deswegen studiert, weil er sich für Menschen interessiert, so könnte ein Vertreter der narrativistischen Position dafür argumentieren, dass die Wahrheit über die Frage, ob das Philosophiestudium die Bedingung für seinen späteren Erfolg oder verschenkte Zeit bedeutet, zunächst nicht existiert. Der Sinnzusammenhang zwischen den Einzelereignissen von Chicks Leben müsse erst durch einen Erzähler hergestellt werden; und die Wahrheit dieser Narration hänge dann von der Perspektive dieses Erzählers ab.[11]

10 Siehe zu diesem Punkt Bernard Williams, »Life as Narrative«, in: *European Journal of Philosophy* 17 (2007), S. 305-314, hier S. 306: »Philosophen waren und sind sich uneinig über das Ausmaß, in dem Kausalität der menschlichen Erklärung vorausgeht. Im Hinblick auf viele Kausalaussagen [...] können wir vernünftigerweise akzeptieren, dass es das ist, wie die Dinge sind, ob es nun jemanden gibt, der die Geschichte erzählt, oder nicht.«

11 Eine ähnliche Theorie perspektivrelativer Wahrheit vertritt z. B. John MacFarlane in Hinblick auf Geschmacksurteile. MacFarlane nimmt an, dass Geschmacksurteile (wie »lustig«, »lecker« etc.) abhängig von einem bestimmten personenrelativen Zuschreibungskontext wahr oder falsch sind. Vgl. John MacFarlane, »Relativism and Disagreement«, in: *Philosophical Studies* 132 (2007), S. 17-31. Entsprechendes könnte auch für die Narrationen über ein Leben gelten: Die

Der Narrativist sollte hierbei natürlich nicht davon ausgehen, dass in einem Zuschreibungskontext jede *beliebige* Geschichte über eine Sequenz von Ereignissen wahr sein kann – er muss Kriterien entwickeln, anhand deren beurteilt werden kann, welche Interpretation eine adäquate Interpretation darstellt. Chick, der eine Geschichte über die Zeit seines Studiums konstruiert, hat nicht dieselben Freiheiten wie eine Romanautorin, die die Handlung ihrer Geschichte vollständig *erfindet*. Entsprechend schreibt Stephen Mulhall: »[I]ndividuen sind nicht vollkommen frei, jede beliebige Geschichte auszuleben, die ihnen gefällt – [...] sie sind lediglich Koautoren der Narration, in der sie ihre eigenen Helden sind.«[12] Ebenfalls in diesem Sinn stellt David Velleman fest, dass das Selbst des Erzählers der eigenen Lebensgeschichte sowohl faktische *als auch* fiktive Elemente besitzt.[13] Auf diesen Punkt werde ich gleich erneut zu sprechen kommen.

Um im Folgenden das narrativistische Argument darstellen zu können, muss der Gehalt der narrativistischen Position näher spezifiziert werden: Dazu werde ich zwischen der narrativen *Praxis* von Personen – der Praxis, Lebensabschnitte narrativ zu interpretieren – und der narrativen *Struktur* des Lebens differenzieren. Erstere wird von Narrativisten als Voraussetzung von Personalität beziehungsweise eines persistierenden Selbst angesehen, während letztere als charakteristisches Merkmal eines attraktiven und wertvollen Lebens gelten kann.[14]

Behauptung, dass die Zeit des Philosophiestudiums für Chick vergeudet war, ist in seinem eigenen Zuschreibungskontext falsch, im Zuschreibungskontext seiner Eltern jedoch wahr. Dieser Vorschlag bedürfte als eine grundsätzliche Verteidigung der narrativistischen Position der weiteren Ausarbeitung, die ich in dieser Arbeit nicht leisten werde.

12 Stephen Mulhall, »Autobiography and Biography«, in: Richard Thomas Eldridge (Hg.), *The Oxford Handbook of Philosophy and Literature*, Oxford 2009, S. 180-198, hier S. 185.

13 Vgl. David J. Velleman, »The Self as a Narrator«, in: ders., *Self to Self. Selected Essays*, Cambridge 2006, S. 203-223, hier S. 220-223.

14 Es sind auch solche Positionen vorstellbar, nach denen die narrative Praxis zwar nicht Voraussetzung eines fortbestehenden Selbst, aber Bedingung eines wertvollen und/oder attraktiven Lebens darstellt. Da die narrative Praxis für das folgende narrativistische Argument jedoch keine wichtige Rolle spielt – sie muss lediglich von anderen narrativen Dimensionen des Lebens abgegrenzt werden –, werde ich diese Möglichkeit hier nicht ausarbeiten. In Abschnitt 5.3 werde ich

Mit dem Ausdruck »narrative Praxis« bezeichne ich die Disposition oder die Verhaltensweise von Menschen, ihre Lebensgeschichte unter narrativen Gesichtspunkten zu systematisieren. Es handelt sich dabei um dasjenige Verhalten, das Personen in solchen Theorien zugeschrieben wird, welche die narrative Perspektive von Personen auf ihre eigene Existenz als notwendige Bedingung eines persistierenden Selbst betrachten. Diese Theorien, die sich auf die narrative Praxis von Personen berufen, unterscheiden sich vor allem in Hinblick auf den Stellenwert, den sie den autobiografischen Narrationen einer Person gegenüber der Ebene der von Interpretationen unabhängigen Fakten einräumen – ein Spielraum, den ich bereits oben angesprochen habe.[15]

Demgegenüber bezeichnet der Ausdruck der narrativen Struktur kein menschliches Verhalten, sondern die tatsächliche Form des menschlichen Lebens. Man könnte einwenden, dass diese im engen Sinn nicht narrativ sein könne – der Begriff der Narration beinhalte einen Erzähler, der mehrere Ereignisse miteinander in Verbin-

jedoch den Versuch unternehmen, den Wert der Sterblichkeit auch in Hinblick auf die narrative Praxis von Personen zu beleuchten.

15 In seinem Aufsatz »The Self as a Center of Narrative Gravity« argumentiert Daniel Dennett dafür, dass ein Mensch sein Selbst erst durch die Geschichten, die er über sich erzählt, konstruiert und erschafft. Abgesehen von diesen Erzählungen existiere kein unabhängiges Selbst: »Wir versuchen, all unser Material in einer einzigen, guten Geschichte zusammenzufassen. Und diese Geschichte ist unsere Autobiografie. Der bedeutendste fiktive Charakter im Zentrum dieser Autobiografie ist das *Selbst*. Und wenn du immer noch wissen willst, was das Selbst *wirklich* ist, begehst du einen Kategorienfehler.« Daniel C. Dennett, »The Self as a Center of Narrative Gravity«, in: Frank S. Kessel u. a. (Hg.), *Self and Consciousness: Multiple Perspectives*, Hillsdale 1992, S. 103-115, hier S. 114, Hervorh. d. Autors.
Eine etwas abgeschwächte Version der narrativistischen Theorie von Personen vertritt David Velleman, der die Selbsterzählungen und -konstruktionen von Menschen ebenfalls als essenziell für die Beschaffenheit des Selbst betrachtet, dem Selbst als Erzähler jedoch durchaus eine unabhängige Realität zubilligt. Vgl. Velleman, »The Self as a Narrator«, S. 222. Die narrative Konstruktion der eigenen Biografie – die narrative Praxis – stellt bei diesen und anderen Autoren die Bedingung für die Existenz eines Selbst, das über die Zeit hinweg existieren kann und das die Basis für personale Fähigkeiten wie zum Beispiel Autonomie bildet, dar. Weitere Vertreter einer narrativen Ontologie der Person sind zum Beispiel Alasdair MacIntyre, *Der Verlust der Tugend. Zur moralischen Krise der Gegenwart*, Frankfurt/M. 1995; oder Charles Taylor, *Quellen des Selbst. Die Entstehung der neuzeitlichen Identität*, Frankfurt/M. 1994.

dung bringt, also eine Geschichte über diese Ereignisse erzählt beziehungsweise mindestens propositional konzipiert. Dennoch wird der Begriff der Narrativität beziehungsweise des narrativen Wertes des Lebens zum Beispiel von David Velleman auch in diesem Zusammenhang verwendet, um auf die – von einem Rezipienten unabhängige – *dramatische Struktur* der Ereignisse selbst hinzuweisen. Velleman untersucht die Rolle, die die Reihenfolge mehrerer Ereignisse für deren Gesamtbewertung spielt, und stellt fest, dass wir es für grundsätzlich wünschenswerter halten, wenn positiv bewertete auf negativ bewertete Ereignisse folgen anstatt umgekehrt.[16] In Bezug auf die narrative Struktur des menschlichen Lebens gilt es, darüber hinaus zu untersuchen, inwieweit bestimmte Fakten über das menschliche Leben für dessen Wert von essenzieller Bedeutung sind. Dazu könnte nicht nur die Reihenfolge von Ereignissen, sondern auch das Vorhandensein begrenzender, form- und strukturgebender Ereignisse wie zum Beispiel des Todes zählen.

Vertreter einer narrativistischen Theorie, die sich auf die dramatische Struktur der Ereignisse eines Lebens beziehen, sehen diese nicht als Bedingung für oder als entscheidendes Merkmal der personalen Fortexistenz, sondern betrachten sie als Bedingung eines attraktiven oder wertvollen Lebens. Diese Position wird besonders explizit von Alasdair MacIntyre vertreten:

> Worin besteht die Einheit eines individuellen Lebens? Die Antwort lautet, daß diese Einheit in der Einheit einer in einem einzigen Leben verkörperten Erzählung besteht. Zu fragen »Was ist das Gute für mich?« bedeutet zu fragen, wie ich diese Einheit am besten leben und vervollständigen könnte. [...] [D]ie einzigen Kriterien für Erfolg oder Scheitern im menschlichen Leben als Ganzem sind die Kriterien von Erfolg oder Scheitern in einer erzählten oder zu erzählenden Suche.[17]

Der Wert des Lebens, sein »Erfolg oder Scheitern«, ist, so die Idee, entscheidend abhängig von der narrativen Struktur des Lebens. Insbesondere diese Form der narrativistischen Theorie wird im Rahmen der Philosophie der Sterblichkeit vertreten und ist deswe-

16 Vgl. David J. Velleman, »Well-Being and Time«, in: John Martin Fischer (Hg.), *Metaphysics of Death*, Stanford 1993, S. 329-357; David J. Velleman, »Narrative Explanation«, in: *The Philosophical Review* 112 (2003), S. 1-25; aber auch Warren, *Facing Death*, S. 119, sowie Michael Slote, *Goods and Virtues*, Oxford 1989, S. 13.

17 MacIntyre, *Der Verlust der Tugend*, S. 292.

gen im Folgenden von besonderer Bedeutung. Die narrativistische Position, auf der das narrativistische Argument für den Wert von Tod und Sterblichkeit basiert, lautet dann wie folgt:

> (NP) Wenn man ein wünschenswertes Leben führt, dann bildet das eigene Leben eine vollständige Geschichte.

In Bezug auf die Frage nach den Implikationen der Sterblichkeit ist also insbesondere die Theorie der narrativen Struktur des Lebens als Bedingung für den Wert dieses Lebens von Interesse, da die Phänomene Sterblichkeit und Tod in besonderer Weise an der Formgebung des menschlichen Lebens beteiligt sind. Um die narrativistische Position besser zu verstehen, muss man sich eingehender mit dem Begriff der Geschichte oder Narration auseinandersetzen, wobei ich dies an dieser Stelle nicht in vollem Umfang leisten kann. Ich werde jedoch kurz die Kriterien zusammenfassen, die nach Tim Henning dafür in Anschlag gebracht werden sollten, eine Repräsentation oder Menge von Sätzen[18] als narrativ zu betrachten. Besondere Aufmerksamkeit gilt in Hinblick auf die Rolle des Todes der Abgeschlossenheitsbedingung, auf die ich anschließend näher eingehe.

Eine sprachliche oder mentale Repräsentation in Form einer Menge von Sätzen ist dann narrativ, wenn sie auf eine Menge zeitlich aufeinanderfolgender Ereignisse Bezug nimmt, die auf bestimmte Weise miteinander verknüpft sind und bei deren Darstellung die Perspektive der Beteiligten (hoffen, glauben, wünschen und so weiter) von Bedeutung ist. Für den Rezipienten (der auch zugleich der Erzähler sein kann) entsteht eine dramatische Struktur, die abhängig ist von der »subjektiven Wahrscheinlichkeit« der Ereignisse und deren »emotionaler Signifikanz«.[19] Mit dem Krite-

18 Bei Narrationen handelt es sich um Mengen von Sätzen, die bestimmte Bedingungen erfüllen. Diese Menge von Sätzen muss nicht ausgesprochen oder verschriftlicht werden, um eine Narration zu sein; es muss kein »kommunikatives Ereignis« stattfinden. Eine gedankliche Repräsentation der Ereignisse in einer bestimmten, im Folgenden näher spezifizierten Weise ist ausreichend, um die Kriterien der Narrativität zu erfüllen. Vgl. Peter Goldie, »One's Remembered Past. Narrative Thinking, Emotion, and the External Perspective«, in: *Philosophical Papers* 32 (2003), S. 301-319, hier S. 301.

19 Tim Henning, *Person sein und Geschichten erzählen. Eine Studie über personale Autonomie und narrative Gründe*, Berlin, New York 2009, S. 201.

rium der emotionalen Signifikanz, das ausdrückt, dass die Möglichkeit bestehen muss, die Repräsentation emotional zu bewerten, geht die Bedingung der Abgeschlossenheit einher.

> (AB) Damit man eine Geschichte über Ereignisse konstruieren kann, müssen diese zum Abschluss gekommen sein. Die Geschichte muss die Ereignisse vollständig beschreiben.

Eine Menge von Ereignissen muss also abgeschlossen sein, damit darüber eine Geschichte erzählt werden kann. Dabei sollte die Geschichte die Ereignisse vollständig beschreiben, also weder zu viele noch zu wenige Ereignisse beinhalten. Welche Elemente zu einer Geschichte gehören, ist eine schwierige Frage – wir haben dazu allerdings Intuitionen. Während wir zum Beispiel eine Geschichte, die mit einem so genannten Cliffhanger endet, als unabgeschlossen empfinden, gibt es auch solche Mengen von Sätzen, die klarerweise zu groß sind, das heißt *zu viele* Informationen enthalten: Wird uns gesagt, dass Hänsel und Gretel auf dem Weg nach Hause einige Male stehen bleiben, um sich die Schuhe zu binden, dann werden Ereignisse beschrieben, die für die eigentliche Handlung der Geschichte keine Rolle mehr spielen.[20] Solche intuitiven Urteile über die Vollständigkeit der Beschreibung einer Handlung sollte die Explikation der Abgeschlossenheitsbedingung – also das *Kriterium* dafür, dass eine Geschichte abgeschlossen und die Abgeschlossenheitsbedingung erfüllt ist – erklären können.

Was jedoch sind nun die Kriterien, anhand deren sich entscheiden lässt, ob eine bestimmte Information Teil einer Geschichte ist oder nicht? Auf Aristoteles geht der Vorschlag zurück, das Ende einer Geschichte sei dann erreicht, wenn sich nichts mehr mit Notwendigkeit oder Wahrscheinlichkeit ereigne.[21] Dieser Vorschlag wird von Velleman mit der Begründung zurückgewiesen, es sei gut vorstellbar, dass am Ende einer Geschichte bestimmte weitere Ereignisse notwendig oder wahrscheinlich, aber für die Geschichte trotzdem nicht mehr von Interesse seien.[22]

Velleman schlägt eine alternative Explikation der Abgeschlos-

20 Vgl. zu einem ähnlichen Beispiel ebd., S. 220.

21 Vgl. Aristoteles, *Poetik*, in: ders., *Werke in deutscher Übersetzung*, hg. v. Hellmut Flashar, Bd. 5, Darmstadt 2008, S. 12 (Kap. 7 1450b 28-34).

22 Vgl. Velleman, »Narrative Explanation«, S. 13.

senheitsbedingung vor, die sich auf die Natur menschlicher Empfindungen bezieht. Er nimmt an, dass die *dramatische Struktur* der Ereignisse – die Handlung der Geschichte – abgeschlossen sein muss, damit die Abgeschlossenheitsbedingung erfüllt ist:

> Der Sinn, in dem nichts dem Anfang einer Geschichte vorausgeht oder dem Ende einer Geschichte folgt, ist emotional. Die Geschichte beginnt mit den Umständen, die einen Affekt oder eine Sequenz von Affekten initiieren, und sie endet, wenn diese emotionale Sequenz auf eine bestimmte Art zu einem Abschluss gebracht wurde.[23]

Es gibt nach Velleman antizipierende oder initiatorische Emotionen, denen bestimmte andere, ihrem Wesen nach »auflösende« Emotionen folgen müssen.[24] Eine Geschichte, die mit einem Cliffhanger endet, ist demnach deswegen eine unvollständige Geschichte, weil wir als Rezipienten etwas befürchten, erwarten oder hoffen, ohne dass wir erfahren, ob sich die Befürchtung bewahrheiten oder die Hoffnung erfüllen wird. Eine Narration erfüllt dann die Kriterien der Abgeschlossenheitsbedingung, wenn alle antizipierenden Emotionen, die sie beinhaltet, durch entsprechende auflösende Emotionen beantwortet werden.[25]

Eine Theorie der narrativen Struktur des menschlichen Lebens und ein darauf aufbauendes Argument für den Wert der Sterblichkeit müssen die Anforderung erfüllen, dass ein menschliches Leben selbst die Bedingung der Abgeschlossenheit in irgendeiner Weise erfüllt. Ansonsten kann eine Menge von Sätzen, die das Leben einer Person beschreibt, selbst keine Narration sein. Philosophen, die der Auffassung sind, die Sterblichkeit sei aus narrativen Gründen wichtig für den Wert des Lebens, wenden die Bedingung der Abgeschlossenheit folglich auf das menschliche Leben an. Da

23 Ebd., S. 14.

24 Vgl. ebd.: »Emotionen qualifizieren sich natürlicherweise als initiatorisch [initiatory] oder als auflösend [conclusory] […].«

25 Dabei ist es nicht notwendig, dass der Rezipient der Geschichte die Emotionen auch tatsächlich *hat*. Henning spezifiziert, dass der Rezipient einer Narration selbiger »auf der Grundlage ihres Inhalts einen dramatischen Charakter zuschreiben« (Henning, *Person sein und Geschichten erzählen*, S. 200) können muss, ohne dass er die Spannung, die durch diesen dramatischen Charakter ausgelöst werden kann, tatsächlich empfinden muss. Die dramatische Struktur einer Handlung wird also eher durch Urteile als durch Emotionen erfasst.

eine Geschichte über das Leben erzählt werden soll, muss dieses als Handlung der Geschichte die Bedingungen erfüllen, die wir an Geschichten und deren Handlungen auch in anderen Kontexten stellen. Insofern ist die folgende Annahme für das narrativistische Argument von besonderer Bedeutung:

> (AB_L) Wenn das Leben eine vollständige Geschichte bildet, dann ist es dramatisch abgeschlossen.

Um die besondere Bedeutung der Sterblichkeit für den Wert des menschlichen Lebens nachzuweisen, gehen Vertreter des narrativistischen Argumentes davon aus, dass es die Sterblichkeit ist, die die dramatische Vollständigkeit des menschlichen Lebens gewährleistet und damit die Bedingung der Möglichkeit einer vollständigen Menge von Sätzen über das Leben bildet. Unser Leben ist dann also tatsächlich abgeschlossen; das heißt, die Abgeschlossenheitsbedingung, die wir an Geschichten stellen, wird auch durch eine vollständige Menge von Sätzen über unser Leben erfüllt. Dies, so das narrativistische Argument, ist deswegen der Fall, weil Personen sterblich sind – die letzten Sätze einer Narration über das menschliche Leben beziehen sich auf das Faktum des Todes. Der Tod bildet das dramatische Ende der Lebensgeschichte und löst die vorangegangenen antizipierenden Emotionen auf. Die menschliche Lebensgeschichte ist abgeschlossen:

> (AL) Das Leben wird nur durch den Tod dramatisch abgeschlossen.

Die These (AL) ist diejenige Annahme, die die zentrale Idee des »Formhabens« des menschlichen Lebens beinhaltet und die eine Analogie zwischen der Lebensgeschichte und anderen (literarischen) Geschichten in Bezug auf Abgeschlossenheit oder Vollständigkeit postuliert: Sie besagt, dass die Bedingung (AB_L) im menschlichen Leben erfüllt ist. Und damit das Leben einer Person durch den Tod beendet werden kann, muss diese Person sterblich sein:

> (AB_{ST}) Ein Leben, das durch den Tod abgeschlossen wird, ist sterblich.

Das narrativistische Argument für die Bedeutung der Sterblichkeit lautet also wie folgt:

(N1) Wenn man ein wünschenswertes Leben führt, dann bildet das eigene Leben eine vollständige Geschichte. *(NP)*
(N2) Wenn das Leben eine vollständige Geschichte bildet, dann ist es dramatisch abgeschlossen. *(AB_L)*
(N3) Das Leben wird nur durch den Tod dramatisch abgeschlossen. *(AL)*
(N4) Ein Leben, das durch den Tod abgeschlossen wird, ist sterblich. *(AB_{ST})*

(K) Die Sterblichkeit ist notwendige Bedingung eines wünschenswerten Lebens.

Im Folgenden werde ich zeigen, dass dieses Argument nicht überzeugend ist – aus narrativistischen Gründen kann die Sterblichkeit nicht als Bedingung für den Wert des Lebens betrachtet werden. Dabei geht es mir nicht darum, die narrativistischen Annahmen unabhängig vom dargestellten Argument für den Wert der Sterblichkeit zu kritisieren. Vielmehr hoffe ich zu zeigen, dass man unabhängig von der Plausibilität der narrativistischen Position auf ihrer Basis keinen besonderen Stellenwert der Sterblichkeit nachweisen kann.

5.2 Warum das narrativistische Argument nicht überzeugt

Bei der Zurückweisung des narrativistischen Argumentes werde ich insbesondere gegen die dritte Prämisse argumentieren, die besagt, dass nur der Tod die Abgeschlossenheit des Lebens gewährleistet. Gegen diese Annahme (AL) werde ich zwei Einwände formulieren, die deutlich machen: Die Abgeschlossenheitsbedingung, die wir an Geschichten stellen, darf nicht auf das menschliche Leben übertragen werden. Darüber hinaus werde ich einen Einwand gegen die erste Prämisse des narrativistischen Argumentes formulieren, die besagt, dass ein wünschenswertes Leben nur dann möglich ist, wenn dieses Leben eine vollständige Geschichte bildet. Der Wert des menschlichen Lebens und die Sterblichkeit hängen, wie ich im

Rahmen dieser Einwände zeigen werde, nicht in der Weise miteinander zusammen, die das narrativistische Argument nahelegt.

Mikel Burley vertritt in seiner Verteidigung der menschlichen Sterblichkeit die Annahme (AL) der Abgeschlossenheit des menschlichen Lebens in einer Form, die sich explizit auf die *Wahrnehmung* dieser Abgeschlossenheit durch die Person bezieht: »Es scheint vernünftig, anzunehmen, dass ein angemessenes Urteil über die Attraktivität eines Lebens zumindest als Minimalbedingung die Möglichkeit erfordert, sich dieses Leben in seiner Ganzheit vorzustellen und nicht nur einige Teile davon.«[26] Burley argumentiert dafür, dass es dem Unsterblichen nicht möglich sei, sein Leben als abgeschlossen wahrzunehmen und so ein vollständiges Bild dieses Lebens zu entwerfen, das als Basis dafür dienen könnte, dessen Gesamtwert abzuschätzen. Die Möglichkeit der Beurteilung des umfassenden Wertes eines Lebens müsse jedoch gegeben sein, damit dieses überhaupt einen Wert haben könne, weswegen das Leben des Unsterblichen grundsätzlich nicht wünschenswert sei. Dazu stellen sich mindestens zwei Fragen: erstens die Frage, ob ein *Sterblicher* sein Leben tatsächlich als Ganzes betrachten kann; und zweitens die Frage, ob Burleys Argumentation dafür, dass in dieser Besonderheit die Bedingung für den Wert des Lebens liegt, tatsächlich überzeugend ist.

Ich werde mich zunächst mit der ersten Frage auseinandersetzen. Aus Burleys Blickwinkel ist es die Sterblichkeit beziehungsweise der Tod, der die Abgeschlossenheit des menschlichen Lebens gewährleistet. Aus der Perspektive der betroffenen Person ist der Tod jedoch niemals bereits eingetreten; für sie ist die Sterblichkeit immer eine noch nicht aktualisierte Disposition. Das Ereignis, welches das faktische Abgeschlossensein des Lebens erst hervorrufen würde, liegt noch in der Zukunft.[27] Kathy Behrendt schreibt in diesem Sinn: »Wenn unsere Leben Geschichten sind, dann sind sie

26 Burley, »Immortality and Meaning«, S. 539.

27 Auf dieses Dilemma zwischen der Abgeschlossenheit der Lebensgeschichte und dem Bestreben, diese Abgeschlossenheit selbst in die Lebensgeschichte zu integrieren, weist zum Beispiel Kathleen Higgins hin: »Um an unsere Leben als Geschichten zu denken, müssen wir das Leben fortsetzen – aber damit die Geschichte zufriedenstellend ist, müssen wir uns unseren Tod vergegenwärtigen.« Kathleen Higgins, »Death and the Skeleton«, in: Jeff Malpas, Robert C. Solomon (Hg.), *Death and Philosophy*, London, New York 1998, S. 35-44, hier S. 37.

aus unserer Perspektive notwendigerweise unvollständig, und das ist die einzige Perspektive, die uns hier interessiert.«[28]

Behrendt problematisiert also die Prämisse (AL), aber nicht, indem sie sich direkt gegen die Annahme wendet, dass der Tod die Handlung des Lebens vervollständigt, sondern indem sie darauf hinweist, dass die Person, deren Leben es ist, die Realisierung der Abgeschlossenheit, den tatsächlichen Abschluss niemals erleben kann. Insofern kann der Tod nicht Teil unserer Lebensgeschichte sein, da er niemals ein vergangenes Ereignis ist, das wir selbst in unsere Geschichte integrieren, nachdem es sich ereignet hat. Wir können unsere Lebensgeschichte also niemals als ganze betrachten – unser Leben ist erst zu einem zukünftigen Zeitpunkt abgeschlossen, daher können wir *jetzt* auch keine vollständige Geschichte darüber erzählen.[29] Zu dem Zeitpunkt, zu dem die Ereignisse des Lebens abgeschlossen sind, existieren wir nicht mehr und können demzufolge auch keine Geschichte mehr konstruieren, die alle Ereignisse unseres Lebens beinhaltet.[30]

Natürlich ist es möglich, dass eine andere Person unser Leben als Ganzes betrachtet und unter Berücksichtigung seiner Abgeschlossenheit bewertet. Es kann aber nicht auf deren Perspektive ankommen, wenn es darum geht, herauszufinden, ob die Bedingungen dafür, dass das Leben einer Person lebenswert ist, erfüllt sind. Dies wäre schon deswegen skurril, weil eine Person, die das Leben einer anderen als Ganzes betrachtet, natürlich existieren kann, aber keineswegs existieren muss. Zudem kann die Attraktivität des eigenen Lebens für die Person selbst nicht von der Perspektive einer anderen Person abhängen.

Burley rechnet mit dem Einwand, dass auch die Sterbliche ihr

28 Kathy Behrendt, »Reasons to be Fearful. Strawson, Death and Narrative«, in: *Royal Institute of Philosophy Supplements* 82 (2007), S. 133-154, hier S. 148.

29 Sören Kierkegaard bringt eine ähnliche Beobachtung bereits 1843 in seinen Tagebüchern zum Ausdruck: »Es ist ganz wahr, was die Philosophie sagt, daß das Leben rückwärts verstanden werden muß. Aber darüber vergißt man den andern Satz, daß vorwärts gelebt werden muß. Welcher Satz, je mehr er durchgedacht wird, eben damit endet, daß das Leben in der Zeitlichkeit niemals recht verständlich wird [...].« Sören Kierkegaard, *Die Tagebücher 1834-1855*, München 1953, S. 174.

30 Vgl. zu diesem Problem der narrativistischen Position auch John J. Davenport, *Narrative Identity, Autonomy, and Mortality. From Frankfurt and MacIntyre to Kierkegaard*, New York 2012.

Leben gar nicht in dessen Gesamtheit betrachten kann, und versucht ihn zu entkräften:

> [S]elbst wenn uns nur begrenzt viele Informationen zugänglich sind, könnten wir im Fall eines endlichen Lebens prinzipiell ein vollständig abgerundetes Bild des infrage stehenden Lebens erwerben und demzufolge ein informiertes Urteil über die Attraktivität dieses Lebens treffen. Im Fall eines, wie man sagt, unendlichen Lebens könnten wir im Gegensatz dazu ein solches Bild nicht einmal prinzipiell erwerben, denn es gibt nichts, was als »vollständig abgerundetes Bild« eines endlosen Lebens gelten könnte [...].[31]

Burley gesteht zu, dass auch die Sterbliche ein vollständiges Bild ihres Lebens nur auf Basis von Spekulationen über die Zukunft entwerfen kann. Das ist jedoch unbefriedigend: Wieso sollte eine Person zu einem Zeitpunkt, der beispielsweise in der Mitte ihres Lebens liegt, ein »informiertes Urteil« über den Gesamtwert ihres Lebens treffen können – zumindest in einem Maße, welches die Möglichkeiten einer Unsterblichen in dieser Hinsicht übersteigt? Auch die Zukunft einer Sterblichen ist schließlich nicht vollständig vorhersagbar. Innerhalb der nächsten Lebensjahre könnte ihr etwas passieren, das entweder so schrecklich ist, dass es den Gesamtwert des Lebens drastisch verringert, oder das zweitens dazu führt, dass die bis zu diesem Zeitpunkt positiv bewerteten Erlebnisse uminterpretiert werden müssen (gerade die narrativistische Position selbst beinhaltet, dass vergangenen Ereignissen im Licht von zukünftigen eine neue Bedeutung zugeschrieben werden kann). Dies gesteht Burley zwar explizit zu, sieht hierin aber gerade ein Argument, das für seine Theorie spricht. Das unendliche unterscheide sich vom endlichen Leben qualitativ, denn für Ersteres gelte: »[M]an kann für immer fortfahren, neue Informationen zu erwerben, und immer noch wird das Leben das Bild von diesem Leben unendlich weit überholen.«[32]

Burley hat sicherlich darin recht, dass in dieser Tatsache einer der Unterschiede zwischen dem endlichen und dem unendlichen Leben liegt. Er missachtet jedoch die Gemeinsamkeit beider Leben, die für die Argumentation mindestens ebenso bedeutsam ist: Weder die Sterbliche noch die Unsterbliche kann *während ihres Lebens* ein vollständiges Bild ihres Lebens haben. Wieso die Sterbliche

31 Burley, »Immortality and Meaning«, S. 540.

32 Ebd.

»im Prinzip« ein vollständiges Bild ihres Lebens haben kann, bleibt unklar – es sei denn, »im Prinzip« bezeichnet lediglich den argumentativ wenig gewinnbringenden Sachverhalt, dass ihr Leben zu irgendeinem Zeitpunkt abgeschlossen sein *wird*.

Burleys Kritik an der Unsterblichkeit kann auch anders verstanden werden. In dieser neuen Lesart greift sie nicht auf die Prämisse zurück, dass die Sterbliche den Wert ihres Lebens zu irgendeinem bestimmten Zeitpunkt vollständig bestimmen kann. Stattdessen geht es Burley um eine »ganzheitliche Planung« des Lebens, die darin besteht, eine nicht zu konkrete, aber doch vollständige Vorstellung von denjenigen Ereignissen im Sinn zu haben, die das eigene Leben beinhalten *könnte* und *sollte*. Die Sterbliche kann damit rechnen, ein bestimmtes Alter (von gegenwärtig etwa 76 bis 80 Jahren in entwickelten Ländern[33]) zu erreichen, und auf dieser Basis Planungen zur Gestaltung dieser Zeit anstellen, die der Unsterblichen in dieser Form nicht möglich sind: Wenn ich davon ausgehen kann, ein Alter von Tausenden von Jahren zu erreichen, wird es mir unmöglich sein, jedes der darin enthaltenen Jahrzehnte auch nur vage zu verplanen. In Hinblick auf diesen Sachverhalt mag es richtig sein, dass die Sterbliche den Wert einzelner Ereignisse oder Episoden ihres Lebens schon vorab im Licht ihres geplanten Gesamtlebens bewerten kann, während dies der Unsterblichen nicht möglich ist. Als Unsterbliche kann ich kaum absehen, ob mir die Geburt eigener Kinder nach geraumer Zeit nicht mehr wünschenswert erscheint oder ob ich sie auch über einen extrem langen Zeitraum gerne so oft wie möglich erleben wollen würde. Sollte der letztgenannte Fall zutreffen, so ist es zumindest möglich, dass meine Bewertung der Relevanz dieser Einzelereignisse beziehungsweise -episoden sich gegenüber der aktualen Welt, in der die Geburt eines eigenen Kindes ein beinahe einzigartiges Erlebnis darstellt, verändert.[34] Als Unsterbliche kann ich die Einzelereignisse meines Lebens also nicht im Licht eines geplanten Gesamtlebens bewerten, da eine solche Planung entweder nicht existieren kann oder notorisch lücken- und fehlerhaft sein muss. Wenn die Unsterbliche den Wert eines Ereignisses bewertet, so muss dies im Licht vergangener

33 Vgl. Centers for Disease Control and Prevention (CDC), »Public Health and Aging. Trends in Aging – United States and Worldwide«, in: *Morbidity and Mortality Weekly Reports* 52 (2003), S. 101-106.

34 Diese Frage habe ich bereits in Abschnitt 4.3 dieses Buches diskutiert.

und in naher Zukunft liegender Ereignisse erfolgen. Zweifelsohne ist die Unsterbliche (in Hinblick auf die eingangs formulierte zweite Frage, ob der Wert des Lebens tatsächlich von einem vollständigen Lebensplan abhängen kann) in dieser Hinsicht mit sehr viel mehr Unsicherheiten konfrontiert als die Sterbliche, die, wenn sie sich auch über manches andere im Unklaren ist, doch sicher sein kann, dass sie in hundert Jahren nicht mehr existieren wird. Mit hoher Wahrscheinlichkeit würde sich aus diesem Grund das Leben der Unsterblichen von dem der Sterblichen in manchen Hinsichten unterscheiden. Dass jedoch diese Sicherheit der Sterblichen, deren hoher Preis die zukünftige Nichtexistenz ist, die Bedingung eines wertvollen Lebens darstellt, bedürfte weiterer Argumente.

Darüber hinaus stellt sich in Bezug auf Burleys Annahme, dass es die Vorstellung einer potenziell abgeschlossenen Form des Lebens ist, die diesem seinen Wert verleiht, das folgende Problem: Burley scheint davon auszugehen, dass die »prinzipielle Möglichkeit«, den Wert eines Lebens zu bestimmen, die Bedingung dafür darstellt, dass dieses Leben überhaupt einen Wert *haben* kann. Wieso dies der Fall sein sollte, ist jedoch überhaupt nicht klar. Bei der Frage, wie der Wert eines Lebens zu bestimmen ist, handelt es sich um ein epistemisches Problem. Diese epistemische Dimension des Lebenswertes bestimmt jedoch nicht die ontologische Ebene, auf der ein Leben einen bestimmten Wert einfach hat oder eben nicht hat – ein Leben kann einer Person lebenswert erscheinen und damit für diese Person lebenswert sein, ohne dass es ihr (oder einem Außenstehenden) möglich ist, den gesamten Wert dieses Lebens, der alle zukünftigen Ereignisse berücksichtigt, zu berechnen. Unabhängig von der Frage, ob die prinzipielle Möglichkeit, den Gesamtwert ihres Lebens zu bestimmen, der Sterblichen gegeben ist oder nicht, ist es also ebenfalls fraglich, wieso sie das überhaupt tun oder wollen sollte.

Das narrativistische Argument muss sich mit dem von Behrendt formulierten Einwand also durchaus auseinandersetzen. Die Prämisse (AL) der Abgeschlossenheit des menschlichen Lebens ist in dieser Hinsicht tatsächlich problematisch, da die Person, deren Leben es ist, den Abschluss ihrer Lebensgeschichte nicht erlebt. Burleys Argument der grundsätzlichen Planbarkeit des Lebens der Sterblichen, die somit die Möglichkeit hat, die Ereignisse ihres Lebens in Hinblick auf ihren Lebensentwurf zu bewerten, ist für die Frage nach den Implikationen der Sterblichkeit in der aktualen Welt gewinnbringend. Behrendts Einwand kann dieses Argument schlussendlich jedoch nicht entkräften.

Eine weitere Schwierigkeit für den Narrativisten besteht darin, zu erklären, wieso die bloße Endlichkeit des menschlichen Lebens diejenigen Kriterien erfüllen soll, die wir an die Abgeschlossenheit (von Geschichten) stellen. Die Abgeschlossenheitsbedingung wurde an dieser Stelle in Hinblick auf die emotionale Strukturierung verstanden; das bedeutet, dass eine Geschichte dann abgeschlossen ist, wenn die Erwartungen des Rezipienten – Hoffnung, Angst, Sorge und so weiter – aufgelöst, also erfüllt oder nicht erfüllt wurden. Die Gleichsetzung von menschlicher Sterblichkeit und Abgeschlossenheit / Vollständigkeit / Ganzheit in dem Sinn, wie wir sie von Geschichten erwarten, war also viel zu voreilig. Diese Voreiligkeit erklärt sich wahrscheinlich durch die oberflächliche Gemeinsamkeit der *Endlichkeit*. Die Endlichkeit des menschlichen Lebens ist von derjenigen von Geschichten jedoch grundsätzlich verschieden, weswegen die Prämisse (AL) endgültig verworfen werden muss, wie ich nun zeigen werde.

Die Abgeschlossenheitsbedingung verlangt nicht nur, dass eine Geschichte irgendwann *endet*. Wir erwarten, dass die Spannung, die im Verlauf der Geschichte aufgebaut wurde, aufgelöst wird. Im Anschluss bleiben wir mit Enttäuschung über das tatsächlich eingetretene unglückliche Ende oder Erleichterung über die überraschende Wendung zum Guten zurück. Um diese »Auflösung« zu gewährleisten, darf die Geschichte nicht einfach nur enden, wie durch die Explikation der Abgeschlossenheitsbedingung deutlich wurde. Sie muss an einer Stelle enden, an der alle bisher durch antizipierende Emotionen aufgebauten Erwartungen erfüllt, jedoch keine neuen Erwartungen geweckt werden und somit »alle Fragen beantwortet« sind. Die Abgeschlossenheitsbedingung erfordert also viel mehr als bloße Endlichkeit – sie erfordert emotionale Abgeschlossenheit und Vollständigkeit, also eine *besondere Art* von Ende.

Wird die Sterblichkeit diesem Anspruch gerecht, und kann somit der Tod nicht nur als das Ende, sondern auch als notwendiger und wünschenswerter Abschluss der Lebensgeschichte angesehen werden? Es ist keinesfalls notwendigerweise der Fall, dass sich der Tod immer dann ereignet, wenn keine antizipierenden Emotionen in Bezug auf das eigene Leben mehr vorhanden sind, die durch entsprechende auflösende Emotionen beantwortet wurden. Das menschliche Leben unterliegt zwar zum Teil den Eingriffen derjenigen Person, die das Leben führt und damit auch einen Teil der für dieses Leben relevanten Entscheidungen trifft. Ereignisse wie zum Beispiel Unfälle, der Ausbruch tödlicher Krankheiten und so weiter liegen aber außerhalb der Macht der Person, die sich mit ihrem Tod konfrontiert sieht, ohne dass sichergestellt ist, dass sie keine Hoffnungen, Erwartungen, Befürchtungen, Ängste und so weiter mehr hat, deren Auflösung beziehungsweise Beantwortung sie sich von ihrem Leben erwartet. Erst wenn dies der Fall wäre – wenn es in einem Leben keine offenen Fragen, keine in emotionaler Hinsicht unabgeschlossenen Handlungsstränge mehr gäbe, wenn der Spannungsbogen der Lebensgeschichte tatsächlich einen Endpunkt erreicht hätte –, würde diese Lebensgeschichte die Abgeschlossenheitsbedingung erfüllen, die wir an Narrationen formulieren.[35]

Dass die Abgeschlossenheitsbedingung in Bezug auf (literarische) Geschichten von großer Bedeutung ist, zeigt sich vor allem daran, dass den Ereignissen einer Geschichte durch ihr Ende oft eine ganz neue Bedeutung, nämlich ihre spezifische Funktion im Spannungsbogen der Handlung, zugewiesen wird. Für das menschliche Leben gilt dies offensichtlich nicht. Etwas scheint grundsätzlich problematisch zu sein an der Idee, menschliche Leben oder, genauer, begonnene Projekte in erster Linie in Hinblick auf die Frage zu bewerten, ob sie abgeschlossen werden können oder nicht. In diesem Sinn unterscheidet auch May an anderer Stelle selbst zwischen dem Abschluss und dem Abbruch eines Vorhabens durch den Tod und kritisiert die Idee, den Wert eines Projektes ausgehend von dessen Ende zu beurteilen: »Es [das begonnene Projekt] hat kein Ende, das seine Bedeutung erst erzeugt. Es ist seine eigene Bedeutung. […] Wenn ich sterbe, während ich ein Buch schreibe, vervollständigt dies nicht das Buch. Was das Buch vervollständigt ist, es zu Ende zu schreiben.«[36]

35 Im Hinblick auf die oben getroffene Differenzierung zwischen tatsächlicher und potenzieller, das heißt erwartbarer Abgeschlossenheit müsste man genauer sagen: Es ist zwar erwartbar, dass das Leben enden wird. Es ist jedoch nicht erwartbar, dass das Leben abgeschlossen sein wird in dem Sinn, den wir von Geschichten verlangen.

36 May, *Death*, S. 28.

Die Annahme, die Endlichkeit des menschlichen Lebens erfülle die Kriterien der Abgeschlossenheit, erwächst aus einem Missverständnis der Abgeschlossenheitsbedingung (AB). Wenn man dieses Missverständnis beseitigt, wird deutlich, dass die Prämisse (AL), die besagt, dass die Abgeschlossenheit des Lebens durch die Sterblichkeit garantiert ist, nicht aufrechterhalten werden kann. Bei diesem Missverständnis handelt es sich um eine Verwechslung der Ebene der Sprache mit der Ebene der Handlung von Geschichten. Um diese Unklarheit auszuräumen, ist es hilfreich, sich zu vergegenwärtigen, welche Intuition wir mit der Abgeschlossenheitsbedingung genau erfassen wollten. Die Abgeschlossenheitsbedingung (AB) besagt, dass die Ereignisse, die in einer Geschichte beschrieben werden, abgeschlossen sein und vollständig beschrieben werden müssen. Sie trifft also eine Aussage darüber, welche Ereignisse in eine Geschichte integriert werden müssen, um diese zu einem (dramatischen) Abschluss zu bringen und somit zu vervollständigen. Die Abgeschlossenheitsbedingung beschäftigt sich nicht mit dem (trivialen) Sachverhalt, dass die meisten[37] Geschichten irgendwann in dem Sinn enden, dass sie einen letzten Satz haben (also auf der Ebene der Sprache vollständig sind).

Es existieren jedoch auch solche literarischen Geschichten, die auf der Handlungsebene – also der Ebene der tatsächlichen Ereignisse (im Gegensatz zur Ebene der Repräsentation) – gar nicht abgeschlossen sind. Bei solchen Narrationen, deren Handlung entgegen der Abgeschlossenheitsbedingung nicht vollständig wiedergegeben wird, handelt es sich um Geschichten mit so genanntem offenen Ende. Das Problem des offenen Endes ist in Hinblick auf das Spannungsfeld zwischen Lebensgeschichten und anderen Geschichten, die uns in der Literatur begegnen, aufschlussreich. Ein möglicher Einwand gegen den Versuch, die spezifische Form des Lebens durch dessen narrative Abgeschlossenheit zu erklären, besteht nämlich in dem Hinweis, dass auch Geschichten diese Abgeschlossenheitsbedingung nicht immer erfüllen: Immerhin gibt es Mengen von Sätzen, die die Abgeschlossenheitsbedingung nicht erfüllen, die wir aber, etwa aufgrund ihrer dramatischen Struktur, trotzdem als Geschichten (mit offenem Ende) klassifizieren. Wenn wir die spezifische Bedeutung des Todes im Hinblick auf seine

37 Darüber hinaus sind Geschichten – z. B. Fortsetzungsromane – vorstellbar, die nicht in diesem Sinne enden.

abschließende Funktion nachweisen wollen und dies unter Zuhilfenahme narrativistischer Theorien der Vollständigkeit erfolgen soll, darf die Abgeschlossenheitsbedingung an Geschichten jedoch keinesfalls aufgegeben werden. Wenn eine Menge von Sätzen eine Narration sein könnte, *ohne* abgeschlossen, vollständig oder »ganz« zu sein, dann könnte eine Lebensgeschichte unter Umständen ebenfalls auch dann eine formhafte Lebensgeschichte sein, wenn Tod und Sterblichkeit nicht vorhanden sind und dementsprechend auch keine abschließende Funktion haben können. Abgeschlossene, vollständige Geschichten (ohne offene Enden), so Kritiker der Abgeschlossenheitsbedingung, stellen innerhalb der Vielfalt narrativer Konstrukte nicht die einzige Möglichkeit dar, eine Geschichte zu erzählen.

Bei diesem Einwand handelt es sich in der Tat um ein Problem für jede narrative Theorie, die die Abgeschlossenheits- oder Vollständigkeitsbedingung beibehalten möchte. Diese Prämisse beizubehalten ist nicht nur notwendig, um das narrativistische Argument aufrechtzuerhalten; die Abgeschlossenheitsbedingung diente auch als Erklärung für die oben skizzierte Intuition, dass manche Vorkommnisse zur Geschichte dazugehören, andere wiederum nicht. Diese Intuition spricht, so könnte der Narrativist argumentieren, dafür, dass auch das Modell des offenen Endes selbst nur auf Basis einer Theorie erklärt werden kann, welche die Abgeschlossenheit zumindest prinzipiell als Merkmal von Geschichten ansieht. Wenn das Vorhandensein eines Endes oder Abschlusses für Narrativität keine wesentliche Rolle spielte, könnte man nicht erklären, wie eine Geschichte mit offenem Ende sich von einer abgeschlossenen Geschichte unterscheidet. Weil wir erwarten, dass eine Geschichte zu Ende gebracht wird, haben wir bei einem offenen Ende das Gefühl, dass uns das Ende vorenthalten wurde. Geschichten mit offenem Ende sind demnach nicht als Geschichten zu klassifizieren, wie etwa Tim Henning annimmt:

> Was Geschichten mit offenem Ende also auszeichnet, ist, dass sie uns einen Teil der ganzen Geschichte vorenthalten. Daher sollte eine Theorie der Narrativität *nicht sie selbst*, sondern *sie inklusive des vorenthaltenen Teils* als Narrationen qualifizieren. Sie selbst hingegen sind *Teile* von Geschichten, keine Geschichten.[38]

38 Henning, *Person sein und Geschichten erzählen*, S. 225, Hervorh. d. Autors.

Diese Replik auf den Einwand, dass manche Geschichten nicht abgeschlossen sind, sondern offene Enden haben, ist zwar möglicherweise überzeugend in Bezug auf den Begriff der Geschichte oder der Narration selbst. Unbeantwortet in Hinblick auf das Argumentationsziel des Philosophen, der narrativistisch für die Bedeutung des Todes argumentiert, bleibt jedoch eine andere Frage: Wieso sollte das menschliche Leben, zumindest das Leben des Unsterblichen, wie eine Geschichte und nicht *wie ein Teil einer Geschichte* sein? Auch eine nicht abgeschlossene Menge von Sätzen mit offenem Ende hat narrative Aspekte, die jene wenn auch nicht zu einer Geschichte, so doch zu einer Einheit mit Sinnzusammenhängen formen. Könnte es sich bei der Lebensgeschichte des Unsterblichen nicht um eine solche sinnhafte Menge von Sätzen mit offenem Ende handeln?

Der Narrativist scheint eine Antwort parat zu haben: Das menschliche Leben ist, sofern es ein endliches ist, wie eine abgeschlossene, also nichtoffene Geschichte, denn die Abgeschlossenheit der Ereignisse des Lebens ist ja de facto durch den menschlichen Tod gewährleistet. Wenn die Sterblichkeit für das endliche menschliche Leben eine sinnstiftende Funktion erfüllt, lässt sie sich nicht einfach aus dem Leben eliminieren, da dieses so diejenigen Sinnzusammenhänge, die aus der Abgeschlossenheit überhaupt erst erwachsen, verlöre. »Geschichten« mit offenem Ende sind im strengen Sinn eben keine Geschichten, sondern nur Teile davon – ebenso wäre eine Lebensgeschichte mit offenem Ende eine Menge von Sätzen, die aufgrund ihrer Unvollständigkeit kein vollständiges, sinnvolles Leben repräsentieren kann.

Der oben angesprochene Fehler, der in der Gleichsetzung von bloßer Endlichkeit mit Abgeschlossenheit besteht, tritt hier erneut auf: Das Leben ist, wie deutlich wurde, faktisch in der Regel nicht dramatisch abgeschlossen (und dementsprechend kann auch eine Narration über dieses Leben nicht abgeschlossen sein). Die Analogie zwischen dem endlichen/unendlichen Leben einerseits, vollständigen/offenen Geschichten andererseits muss umformuliert werden. Das Leben der sterblichen Person ähnelt keiner dramatisch vollständigen Geschichte, sondern eher einer Geschichte mit offenem Ende. Es ist zwar in der Regel nicht dramatisch geschlossen, da in der Handlung nicht alle antizipierenden Emotionen aufgelöst werden, es hat allerdings ein Ende in dem Sinn, dass keine weiteren

Sätze über seine Handlung formuliert werden können: Die Handlung wird durch das Ereignis des Todes endgültig beendet.

Wenn das Leben des Sterblichen so ist wie eine Geschichte mit offenem Ende – die abbricht, ohne dass alle offenen Fragen beantwortet sind –, dann bietet die Lebensgeschichte der unsterblichen Person das Potenzial zu einer unendlichen Geschichte, also einer Geschichte zum Beispiel in der Form eines Fortsetzungsromans, der nie zu Ende erzählt ist. Zum literarischen Phänomen der klassischen, dramatisch abgeschlossenen Geschichte bietet weder die Lebensgeschichte des Sterblichen noch die des Unsterblichen ein geeignetes Analogon.

In gewisser Weise scheint der Tod die Abgeschlossenheitsbedingung aber dennoch zu erfüllen, obwohl das Leben Episoden beinhalten kann, die durch den Tod lediglich abgebrochen wurden, und die Lebensgeschichte somit kein vollständiges narratives Ganzes ergibt: Wir wissen immer, wie eine Lebensgeschichte ausgegangen ist und sind damit prinzipiell im Besitz aller Informationen.[39] Während es in Bezug auf literarische »Geschichten mit offenem Ende« (unvollständige Teile von Geschichten) in manchen Fällen Sinn ergeben könnte, zu fragen, was mit den Akteuren nach dem Ende der Geschichte geschieht (zum Beispiel weil die Akteure tatsächlich existieren und in ihren Leben weitere Ereignisse stattgefunden haben, die von der Geschichte nicht beschrieben wurden), so ist dies bei einer Person nach ihrem Tod sicherlich nicht der Fall. Wir *wissen*, wie die Handlung zu Ende gegangen ist, nämlich mit dem Tod. In diesem Fall verfügen wir bereits über alle Informationen, die über das Leben der Person existieren.

Narrative Geschlossenheit bieten Tod und Sterblichkeit also insofern, als dass es keine offenen Fragen im Sinn fehlender Informationen über den Fortgang der Handlung mehr gibt. In einer anderen Hinsicht bleibt das Problem, dass der Tod die narrative Vollständigkeit nicht garantiert, aber bestehen. Der Tod legt zwar sowohl das Ende der Geschichte als auch der Ereignisse in dieser Geschichte, also das Ende ihrer Handlung, fest. Jedoch steht er nicht zwingend in direktem inhaltlichen Zusammenhang mit der

39 Dies trifft natürlich nur entweder aus der Außenperspektive oder dann zu, wenn die Person selbst ihren eigenen Tod vorwegnimmt und ihre zukünftige Lebensgeschichte hypothetisch entwirft. Diese Schwierigkeit habe ich bereits diskutiert und lasse sie daher an dieser Stelle unberücksichtigt.

vorhergegangenen Handlung der Lebensgeschichte (zum Beispiel, wenn er sich unerwartet und plötzlich ereignet). Daher kann er die offenen Handlungsstränge der Lebensgeschichte dramatisch nicht so vervollständigen, wie es die Prämisse (AL) des narrativistischen Argumentes fordert.

Narrative Abgeschlossenheit oder Vollständigkeit bezieht sich also einerseits darauf, dass eine Geschichte nicht nur auf sprachlicher Ebene, sondern auch auf der Ebene der Handlung enden muss – sonst wäre sie lediglich ein unvollständiger Teil einer Geschichte wie eine »Geschichte mit offenem Ende«. Darüber hinaus muss dieses Ende mit der vorhergegangenen Handlung der Lebensgeschichte in ausreichender Weise in Zusammenhang stehen und die durch die Handlung ausgelösten antizipierenden Emotionen auflösen, nicht einfach abbrechen. Der Tod kann die Bedingung der narrativen Abgeschlossenheit in der Regel also nicht erfüllen.

Die voreilige Analogie zwischen Tod einerseits und dem Abschluss einer dramatisch (und damit emotional) geschlossenen Geschichte andererseits entsteht, wie deutlich wurde, durch die oberflächliche Gemeinsamkeit beider Phänomene: die Tatsache, dass beides mit dem Ende einer Geschichte auf sprachlicher Ebene zusammenfällt. Erzählt man die Lebensgeschichte einer Person, so endet diese mit einem oder mehreren Sätzen über ihren Tod. Die vorhergegangene Kette der Ereignisse wird dadurch abgebrochen; auf sprachlicher Ebene ist die Lebensgeschichte also zu Ende im selben Sinn, in dem auch eine andere Geschichte (ausgenommen eine Fortsetzungsgeschichte) irgendwann zu Ende erzählt ist. Ähnlich wie im Fall einer Geschichte mit offenem Ende (die, wie angenommen wurde, im strengen Sinn nur als Teil einer Geschichte zu betrachten ist) bedeutet dies jedoch nicht, dass die Lebensgeschichte dramatisch abgeschlossen ist im Sinn der eingangs formulierten Explikation der Abgeschlossenheitsbedingung (AB). Nach dieser Explikation ist die Handlung einer Geschichte dann vollständig, wenn alle antizipierenden Emotionen eines potenziellen Rezipienten aufgelöst wurden. Der Tod löst keine vorhergegangenen antizipierenden Emotionen auf und schafft keine geschlossene dramatische Struktur.

In Hinblick auf die Frage nach der narrativen Abgeschlossenheit steht der Narrativist noch vor einem weiteren Problem: Selbst wenn eine Menge von Sätzen über ein Leben in der gleichen Hinsicht vollständig wäre wie eine literarische Geschichte (was sie, wie gezeigt wurde, in den meisten Fällen nicht ist), hätte der Narrativist noch nicht gezeigt, wieso diese Abgeschlossenheit, die für Geschichten in der Tat von großer Bedeutung zu sein scheint, für den Wert des menschlichen Lebens dieselbe Wichtigkeit haben sollte. Im Rahmen eines normativen Gedankenexperimentes wird sich zeigen, dass es für ein wünschens- und lebenswertes Leben nicht notwendig ist, eine abgeschlossene Geschichte über dieses Leben konstruieren zu können. Die erste Prämisse (NP) des narrativistischen Argumentes ist also ebenfalls nicht überzeugend.

Stellen wir uns die Geschichte eines Lebens vor, in dem die Annahme (AL) tatsächlich zutrifft, in dem also der Tod die Handlung der Lebensgeschichte dramatisch abschließt und vervollständigt. Wie könnte eine solche Lebensgeschichte aussehen? Ebenso wie jede andere Geschichte kann auch die Geschichte des Lebens einer Person auf mindestens zwei verschiedene Weisen abgeschlossen sein: Sie kann ein glückliches oder aber ein unglückliches Ende nehmen.[40] Im Fall eines glücklichen Endes wenden sich die Dinge zum Guten, Hoffnungen werden erfüllt, Befürchtungen bleiben unbegründet. Im Fall des unglücklichen Ausgangs erfüllen sich die Befürchtungen, Hoffnungen zerschlagen sich, und möglicherweise ereignen sich kurz vor dem Ende der Geschichte dramatische Wendungen, die die Gesamtbewertung des beschriebenen Lebens drastisch verschlechtern. Ein Beispiel:

> Isis leidet an einer tödlichen Krankheit, und nur eine Organspende kann ihr Leben retten. Isis' Eltern sind schon vor einiger Zeit verstorben. Sie versucht ihren Bruder zu erreichen, zu dem sie seit langer Zeit keinen Kontakt mehr hat und der im Ausland lebt, aber es gelingt ihr nicht, da dieser offenbar mehrfach umgezogen ist. Schließlich macht sie jedoch seine neue Adresse ausfindig, und er erklärt sich, nachdem er sich verschiedenen medizinischen Tests unterzogen hat, zur Organspende bereit. Er tritt die Reise zu Isis' Wohnort an, und Isis schöpft erneut Hoffnung, ihre Krankheit besiegen zu kön-

40 Hierbei handelt es sich natürlich um eine holzschnittartige Vereinfachung der tatsächlichen Vielfalt von Emotionen, die das Ende einer Geschichte bei ihrem Rezipienten wachrufen kann. Für die Argumentation ist diese grobe Unterscheidung jedoch ausreichend.

nen. Auf der Reise kommt ihr Bruder allerdings durch einen tragischen Unfall ums Leben, und die entsprechenden Organe werden zerstört. Ohne Spenderorgan hat auch Isis keine Überlebenschance und stirbt kurz darauf.

Wie ist dieser beispielhafte Auszug aus dem Ende einer Lebensgeschichte in Hinblick auf die Abgeschlossenheitsbedingung zu bewerten? Isis als Rezipientin ihrer eigenen Lebensgeschichte hat zum Zeitpunkt ihres Todes keine offenen Fragen an die Zukunft mehr, die Geschichte ist also dramatisch vollständig und mit Isis' Tod abgeschlossen. Zudem hat sie auch eine dramatische Struktur: Mit der Nachricht, dass ihr Bruder eines seiner Organe spenden wird, schöpft Isis Hoffnung, und es sieht zunächst danach aus, als könnte ihre Geschichte doch noch ein gutes Ende nehmen.

Wäre ihr Bruder nicht verunglückt, hätte diese Episode in Isis' Leben einen positiven Abschluss finden können. Der dramatische Abschluss bezöge sich in diesem Fall allerdings erstens nicht auf Isis' ganze Lebensgeschichte, sondern lediglich auf einen Teil davon, und zweitens hätte nicht Isis' Tod die Ereignisse zu einem Abschluss gebracht. Sofern die gesamte Lebensgeschichte (und nicht nur eine Episode dieser Geschichte) abgeschlossen ist, so ist es *immer* der Tod, der die Geschichte abschließt. Dies ist jedoch in sehr vielen Fällen kein wünschenswertes, also ein »unglückliches« Ende der Geschichte. Sogar in solchen Fällen, in denen wir den Tod als nicht gar so schlimm ansehen (zum Beispiel, weil eine Person alle ihre Lebenspläne realisieren konnte), scheint es prima facie wünschenswert, die Geschichte der Person könnte, wenn schon nicht weitergehen, so doch auf eine andere Weise enden als durch den Tod. Bei näherer Betrachtung zeigt sich jedoch keine Möglichkeit, diesen intuitiven Wunsch zu realisieren: Wie sonst sollte die Geschichte einer Person unwiderruflich enden als durch ihre Eliminierung, also durch den Beginn ihrer Nicht-mehr-Existenz? Jede Alternative, die die absolute Auslöschung der Person vermeidet, scheint nicht wirklich als Ende ihrer Geschichte geeignet zu sein: Sobald wir annehmen, dass eine Person ein neues Leben lebt, müssen wir ebenfalls annehmen, dass irgendeine Form der zum Beispiel psychischen Kontinuität besteht (sonst könnten beide Leben nicht die Leben derselben Person sein). Sofern wir die Abgeschlossenheit einer Lebensgeschichte also tatsächlich wollen sollten, handelt es sich beim Tod um die einzige Möglichkeit, diese zu realisieren.

Die Rekapitulation der letzten Lebenstage von Isis lässt sich offenbar durchaus in die Form einer Geschichte bringen. Wir können die Geschehnisse auf eine Weise erzählen, in der alle Bedingungen, die wir an Geschichten stellen, erfüllt sind – inklusive der Abgeschlossenheitsbedingung, da die zugrunde liegende Handlung (das Leben der Person Isis) in der relevanten Hinsicht vollständig ist. Es handelt sich dabei zwar um eine Geschichte (alle Bedingungen an Narrativität sind erfüllt), jedoch keinesfalls um eine Geschichte mit einem glücklichen Verlauf. (Bestenfalls handelt es sich um eine schöne Geschichte, wenn man Liebhaber trauriger Geschichten ist.) Ein Leben, dessen Geschichte die Abgeschlossenheitsbedingung erfüllt, muss also keinesfalls wünschens- und lebenswert sein. Ein Vertreter des narrativistischen Arguments sollte jedoch gar nicht behaupten, dass es sich bei einer narrativ vollständigen Lebensgeschichte immer um ein lebenswertes Leben handeln muss. Vielmehr könnte er die Auffassung vertreten, dass die narrative Abgeschlossenheit eine notwendige Bedingung der *Möglichkeit* eines wünschenswerten Lebens darstellt. Narrative Vollständigkeit kann den Wert des Lebens zwar nicht garantieren, dieser ist ohne jene jedoch gar nicht möglich. Narrative Vollständigkeit oder Abgeschlossenheit ist keine hinreichende, sondern lediglich eine notwendige Bedingung für ein wünschenswertes Leben.

Dennoch kann der Idee, dass die Abgeschlossenheit der Lebensgeschichte der Lebensqualität gar nicht zuträglich ist und wir strikter zwischen ästhetischem Wert und Lebenswert differenzieren müssen, argumentativ Rechnung getragen werden. Dafür muss der Einwand umgedreht werden: Ein Leben, das voller positiv bewerteter Ereignisse ist, können wir auch dann als lebenswert beurteilen, wenn es zum unter narrativen Gesichtspunkten völlig falschen Zeitpunkt endet; wenn es also gar nicht als Geschichte erzählt werden kann, da es die Abgeschlossenheitsbedingung nicht erfüllt. Vor die Wahl gestellt, würden sicherlich die meisten Menschen ein gutes Leben, in dem die Abgeschlossenheitsbedingung nicht erfüllt ist, einem Leben vorziehen, das die Ganzheitsbedingung zwar erfüllt, dies jedoch auf so tragische Weise wie im dargestellten Beispiel tut. Demzufolge kann die Abgeschlossenheit der Lebensgeschichte nicht die Relevanz für Wert und Wünschbarkeit des Lebens haben, die ihr durch das narrativistische Argument zugeschrieben wird, und damit kann sie auch nicht die Bedingung der Möglichkeit von Lebensqualität darstellen.[41]

Die Bedingung der Abgeschlossenheit spielt nur bei der Bewertung der ästhetischen Qualität einer Geschichte eine Rolle. Diese ästhetische Bewertung ist für den Wert des menschlichen Lebens jedoch nur von untergeordnetem Interesse, wie das Beispiel von Isis' ästhetisch-narrativ gelungener, aber tragischer Lebensgeschichte verdeutlicht. Der Frage nach dem ästhetischen Wert steht im Fall der Lebensgeschichte die Frage gegenüber, ob die Handlung einer Geschichte gut, also glücklich oder lebenswert, aus der Perspektive der Akteure gewesen ist. Dass Ganz- und Abgeschlossenheit des Lebens für die Beantwortung dieser Frage besonders wichtig oder gar notwendig sein sollen, konnte durch das narrativistische Argument nicht nachgewiesen werden.[42]

41 Auch Connie Rosati weist darauf hin, dass gelungene Leben und narrativ gelungene Elemente – Handlungsstränge – nicht zusammenfallen müssen: »Viele gelungene menschliche Leben, sogar mit unseren begrenzten zeitlichen und materiellen Ressourcen, vervollständigen einen ›Handlungsstrang‹, nur um den Kurs zu ändern und einen neuen zu eröffnen; und manche gelungenen Leben gelingen erst, nachdem sie einen misslungenen Handlungsstrang aufgegeben haben.« Connie Rosati, »The Makropulos Case Revisited: Reflections on Immortality and Agency«, in: Ben Bradley u. a. (Hg.), *Handbook of the Philosophy of Death,* Oxford u. a. 2013, S. 355-390, hier S. 376.

42 Sebastian Knell, der sich ebenfalls mit der Frage nach der narrativen Vollständigkeit von Lebensgeschichten auseinandersetzt, unterscheidet zwischen guten und schlechten Lebensgeschichten, wobei seine Verwendung des Begriffs »Geschichte« die Abgeschlossenheit derselben nicht impliziert. Vgl. Sebastian Knell, »Sollen wir sehr viel länger leben wollen? Reflexionen zu radikaler Lebensverlängerung, maximaler Langlebigkeit und biologischer Unsterblichkeit«, in: ders., Marcel Weber (Hg.), *Länger leben? Philosophische und biowissenschaftliche Perspektiven,* Frankfurt/M. 2009, S. 117-151, hier S. 133 f. Diese Begriffsverwendung ist gewinnbringend, da sich auf ihrer Basis untersuchen lässt, wodurch sich ein erfülltes Leben einer sterblichen Person auszeichnet. Hierbei ist die narrative Geschlossenheit in dem Sinn, dass die Person ihre Projekte zu Ende bringen konnte, sicherlich von Bedeutung und wirft die interessante Zusatzfrage auf, ob – unter narrativen Gesichtspunkten – der Tod nicht sogar umso schlimmer ist, da er narrative Sequenzen unterbricht.

5.3 Narrative Praxis und der Wert des Lebens

Zu Beginn meiner Auseinandersetzung mit dem narrativistischen Argument habe ich zwischen der narrativen Praxis von Personen und der narrativen Struktur des Lebens unterschieden. Dabei zeigte sich, dass es für den Narrativisten, der eine herausragende Bedeutung der Sterblichkeit für den Wert des Lebens nachweisen will, besonders naheliegend ist, sich auf die narrative Struktur des Lebens zu beziehen. Aus diesem Grund basiert die zweite Prämisse des narrativistischen Argumentes (AB_L), die besagt, dass die dramatische Abgeschlossenheit des menschlichen Lebens eine notwendige Bedingung dafür ist, dass dieses eine vollständige Geschichte bildet, auf der narrativen Struktur dieses Lebens. Im Zentrum stand dabei die konkrete Form des Lebens selbst, zunächst unabhängig von der Einstellung oder dem Verhalten der Person *zu* dieser Struktur. In diesem Abschnitt möchte ich untersuchen, ob diese Annahme in einer Weise modifiziert werden kann, die anstelle der narrativen Struktur die narrative Praxis von Personen berücksichtigt, und ob eine solche Modifikation das narrativistische Argument (in einer neuen Version) stärken kann. Die folgenden Modifikationen des narrativistischen Argumentes können also als Versuche verstanden werden, das Augenmerk weg von der narrativen Struktur des Lebens hin zur narrativen Praxis von Personen zu lenken. Aber inwiefern könnte der Versuch von Personen, ihr Leben unter narrativen Gesichtspunkten zu strukturieren, eine besondere Bedeutung beziehungsweise einen besonderen Wert der Sterblichkeit aufzeigen?

Eine erste Möglichkeit, für die narrative Praxis als Bedingung der Möglichkeit eines wünschenswerten Lebens zu argumentieren, besteht in der Strategie, nicht die narrative Abgeschlossenheit selbst, sondern das Streben nach einer bestimmten, näher zu spezifizierenden Form dieser Abgeschlossenheit als Basis des gelingenden Lebens zu betrachten. Diese Argumentation ähnelt derjenigen Mikel Burleys, der, wie zu Beginn dieses Kapitels dargelegt, davon ausgeht, dass es die *Vorstellung des Lebens in seiner Ganzheit* sei, die eine Bedingung eines wünschenswerten Lebens bilde.[43] Möglicher-

43 Eine gewisse Verwandtschaft weist diese Position zu derjenigen Heideggers auf, die ich im 4. Kapitel diskutiert habe. Heidegger steht für ein prozessuales Ver-

weise geht es Burley dabei weniger um die Frage, ob das Leben tatsächlich (narrativ) abgeschlossen ist, sondern eher um die Perspektive von Personen auf ihr Leben, die für Sterbliche eine ganz andere ist als für Unsterbliche. Eine Person, die sich ihres sicheren zukünftigen Todes bewusst ist, kann einen Lebensplan entwickeln, der sich über alle Phasen des Lebens erstreckt und so gemäß der narrativistischen Grundidee jeder einzelnen dieser Phasen ihren Sinn verleiht.[44] Dies ist eine der basalen narrativistischen Intuitionen über die Beschaffenheit des menschlichen Lebens, wie auch Jeff McMahan feststellt: »Wenn ein Leben eine narrative Einheit bildet, leitet sich die Bedeutung oder Signifikanz jedes Abschnitts zum Teil von dessen Beziehungen sowohl zu dem ab, was vorher war, als auch zu dem, was nachher sein wird – zum Beispiel wenn ein späterer Abschnitt das Versprechen eines früheren erfüllt.«[45]

Das Argument, das dieser besonderen Perspektive des Sterblichen Rechnung trägt, könnte etwa folgendermaßen aufgebaut sein:

(P1) Nur wenn das Leben endlich ist, kann man einen Plan für das ganze eigene Leben haben.

(P2) Nur wenn man einen Plan für das ganze eigene Leben hat, können die einzelnen Phasen dieses Lebens bedeutungsvoll und damit wünschenswert sein.

(K) Nur wenn das Leben endlich ist, können die einzelnen Phasen dieses Lebens bedeutungsvoll und damit wünschenswert sein.

ständnis von Authentizität, die demnach in dem stetigen *Bemühen* darum besteht, sich die Gegebenheiten der eigenen Existenz bewusst zu machen. Die im Folgenden diskutierte narrative Praxis könnte darin bestehen, sich sein Leben in Heideggers Sinn »als Ganzes« bewusst zu machen.

44 Auf diese besondere dramatische Struktur des sterblichen Lebens und die damit einhergehende Praxis, das eigene Leben in besonderer Weise zu »komponieren«, weist auch Velleman hin: »Im mittleren Alter ertappt man sich selbst dabei, den Höhepunkt einer bestimmten Geschichte zu komponieren – einer Geschichte, die nun festgelegt genug ist, um verdorben zu werden.« (Velleman, »Well-Being and Time«, S. 341.)

45 Jeff McMahan, *The Ethics of Killing. Problems at the Margins of Life*, New York 2002, S. 175.

Die Phasen im Leben einer Unsterblichen sind diesem Argument zufolge also nicht wünschenswert, da es der Unsterblichen nicht möglich ist, den Phasen ihres Lebens eine Bedeutung im Licht ihres Lebensplans zu geben. Wenn die Phasen eines wünschenswerten Lebens selbst wünschenswert sein müssen – und diese Annahme ist plausibel –, dann könnte die Unsterbliche demnach kein wünschenswertes Leben führen.

Hier ist zunächst einmal zu beachten, dass der Begriff der narrativen Geschlossenheit in dem Sinn, in dem er bisher verstanden wurde, hier keine Rolle mehr spielt. Das Argument beinhaltet nicht, dass man eine Vorstellung einer bestimmten, in sich geschlossenen dramatischen Struktur haben muss, die das Leben deswegen aufweist, weil es endlich ist, also durch den Tod beendet wird. Ebenso kann es Vertretern einer solchen Variante des Argumentes nicht darum gehen, dass der Wert des Lebens vom Streben nach narrativer Abgeschlossenheit in diesem Sinn abhängen soll: Wenn diese, wie ich hoffentlich gezeigt habe, gar nicht unbedingt wünschenswert ist, so wäre es ein Streben danach wahrscheinlich ebenso wenig. Stattdessen ist es nach dem oben vorgeschlagenen Argument der Tod, der es der Person ermöglicht, der Lebensgeschichte eine dramatische Struktur zu *geben*, weil jene sich über einen überschaubaren Zeitraum erstreckt, der von einer Person vorausschauend geplant und gestaltet werden kann. Diese Planungen beziehen sich nicht auf narrative Abgeschlossenheit, sondern vielmehr auf übergeordnete Wünsche, Ziele oder Vorstellungen, die für das gesamte Leben relevant sind und diesem so seine individuelle Form geben. Das bloße Faktum des zukünftigen Lebensendes (auch dann, wenn es sich dabei nicht um einen Abschluss im oben genannten Sinn, sondern um einen Abbruch handelt) ist ausreichend, um diese Möglichkeit zu garantieren.

Handelt es sich hierbei um eine bessere Variante des narrativistischen Arguments? Bei der vorhergegangenen Diskussion im letzten Abschnitt habe ich Burley darin zugestimmt, dass sich das Leben der Sterblichen von dem der Unsterblichen in der Hinsicht unterscheidet, dass jene zumindest prinzipiell einen Gesamtentwurf ihres Lebens haben kann (auch wenn dieser natürlich von der individuellen Lebensgeschichte durchkreuzt werden kann). Die erste Prämisse scheint also wahr zu sein. Die zweite Prämisse, die besagt, dass es *nur* im Licht eines Gesamtentwurfs des Lebens möglich sei, den einzelnen Phasen des eigenen Lebens einen Sinn zu verleihen, verlangt jedoch zu viel. Möglicherweise gestalten manche Menschen ihr Leben und die einzelnen Phasen dieses Lebens auf diese Weise (auch wenn sie diesen Lebensplan vielleicht nicht explizit oder bewusst formulieren): Sie haben dann eine Vorstellung davon, welche Ereignisse in ihrem Leben vorkommen sollten und welche Bedeutung diesen (im Vergleich zu anderen) Ereignissen zukommt. Nur wenn dies in der aktualen Welt für alle Personen gelten würde, müsste sich das Leben des Unsterblichen von dem des Sterblichen unterscheiden. Sogar in diesem extremen Fall jedoch könnte auch die Unsterbliche ihr Leben – zwar nicht im Ganzen, aber in Teilen – im Licht derjenigen Ziele bewerten, die sie gegenwärtig hat oder zu einem früheren Zeitpunkt hatte. McMahan stellt in der oben zitierten Passage fest, dass die narrative Einheit eines Lebens sich zum Beispiel darin ausdrückt, dass eine spätere Episode des Lebens die Erwartungen einer früheren erfüllt. Dies kann selbstverständlich auch im Leben der Unsterblichen der Fall sein. Wahrscheinlich ist es für sie zwar unmöglich, ein übergeordnetes Lebensziel oder -konzept zu entwickeln, das *alle* Phasen des Lebens zusammenhält und *jeder* Phase des Lebens ihre Bedeutung verleiht. Daraus folgt aber keineswegs, dass auch nur eine Lebensphase der Unsterblichen sinn-, wert- oder bedeutungslos sein muss, sondern lediglich, dass ihre Bewertungen kein vollständiges kohärentes Gesamtbild ergeben, in das sich alle Bewertungen der Person in ein Gesamtlebenskonzept integrieren lassen. Sowohl die Sterbliche als auch die Unsterbliche können den Phasen ihres Lebens im Licht früherer oder späterer Lebensphasen, früherer oder späterer Wünsche und Ereignisse Bedeutung verleihen.

Wenn die Variante des narrativistischen Argumentes, die nicht auf tatsächlicher narrativer Vollständigkeit der Lebensgeschichte, sondern auf der narrativen Praxis von Personen basiert, die narrativistische Position stärken soll, muss eine andere Lesart gefunden werden. Da ein Plan, der das gesamte Leben umfasst, offenbar nicht essenziell für ein wertvolles Leben ist, könnte der Narrativist stattdessen die These vertreten, dass die narrative Praxis die Bedingung eines attraktiven Lebens darstellt. Es wäre demnach eine bestimmte Einstellung oder ein bestimmtes Verhalten, das eine notwendige Bedingung oder essenzieller Bestandteil eines lebenswerten Lebens wäre: die Interpretation vergangener und die Erwartung/Planung zukünftiger Ereignisse; das Bestreben, Ereignisse des Lebens in narrative Zusammenhänge zu setzen und so (kleinere) Geschichten über das eigene Leben zu konstruieren.

Ein solches Verhalten mag für die Person erstrebenswert sein,[46] impliziert jedoch in keiner Weise die Notwendigkeit der Abgeschlossenheit des Lebens *als Ganzes*. Wenn es eine Bedingung für ein wünschenswertes Leben darstellt, Geschichten über das Leben zu konstruieren, und auch für diese Geschichten die Abgeschlossenheitsbedingung erfüllt sein soll, so können sich diese Geschichten eben nicht auf das ganze Leben, sondern nur auf Teile davon beziehen. Ein Beispiel: Nicolas konstruiert eine Geschichte über seine berufliche Laufbahn, eine weitere über die Entwicklung seiner Beziehung zu seiner Lebenspartnerin und eine dritte über die Beziehung zu seinen Eltern. Eine dieser Geschichten ist abgeschlossen, da der Spannungsbogen sich aufgelöst hat (zum Beispiel indem Nicolas sich nach jahrelangen Konflikten schlussendlich mit seinen Eltern versöhnt); die beiden anderen sind noch unabgeschlossen, da es noch offene Fragen an die Zukunft gibt (ob Nicolas aufgrund seines beruflichen Engagements befördert wird oder ob er sich selbstständig macht, ob er mit seiner Partnerin zusammenbleiben und womöglich mit ihr Kinder bekommen wird). Diese unvollständigen narrativen Elemente sind selbst noch keine Geschichten, da sie noch keinen narrativen Abschluss gefunden haben. Dadurch, dass Nicolas Geschichten über die einzelnen Episoden und Handlungsstränge seines bisherigen Lebens konzipiert (indem er einzelne Kausalzusammenhänge besonders hervorhebt, Ereignisse als Ende einer alten oder Beginn einer neuen Episode betrachtet und so weiter), interpretiert und bewertet er die Ereignisse seines Lebens in einer besonderen Weise, die wiederum seine zukünftigen Entscheidungen beeinflusst und so einen entscheidenden Bestandteil seiner Lebensrealität ausmacht.

Nehmen wir für einen Moment an, bei der in diesem Beispiel geschilderten narrativen Praxis von Personen handele es sich tatsächlich um eine Bedingung für ein gelingendes Leben. Die Geschichten über Episoden des Lebens, die Nicolas konstruiert, müssten (um Geschichten zu sein) unter anderem der Abgeschlos-

46 Vgl. zur kritischen Diskussion dieser Frage Galen Strawson, »Against Narrativity«, in: *Ratio* 17 (2004), S. 428-452.

senheitsbedingung genügen. Welche Implikationen hätte das für die Bedeutung von Tod und Sterblichkeit in Nicolas' Leben? Augenscheinlich nur diejenige, dass der Tod eben manche dieser Episoden-Geschichten unterbricht, andere nicht. Keine der Geschichten umfasst das gesamte Leben der Person. Die narrative Dimension des Lebens bestehe, so zum Beispiel Velleman, vielmehr darin, mehrere Geschichten zu konstruieren, die sich zu keiner vollständigen Lebensgeschichte zusammensetzen:

> Meiner Ansicht nach [...] erzählen wir viele kleine, unzusammenhängende Geschichten über uns selbst – kurze Episoden, die nicht in unsere Lebensgeschichten einfließen. Der Prozess des Selbst-Erzählens formt unsere alltäglichen Leben zu Einheiten, die so klein sind wie das Einnehmen einer Mahlzeit, das Entgegennehmen eines Anrufs oder sogar das Kratzen aufgrund eines Juckreizes; aber unsere Lebensgeschichten geben nicht jede eingenommene Mahlzeit, jedes beantwortete Telefonat oder jeden Juckreiz wieder. Da die Narrationen dieser kleinen Episoden nie zu einer einzigen Geschichte zusammengefasst werden, kann ihr Protagonist seine Einheit nicht aus ihrer ableiten.[47]

Sebastian Knell meint, dass ein gutes Leben sich dadurch auszeichnet, dass möglichst *viele* dieser Lebensgeschichten beziehungsweise Handlungsstränge zum Zeitpunkt des Todes abgeschlossen sind. Ein Leben, in dem der Tod viele Handlungsstränge unterbricht, würden wir als schlechtes Leben beurteilen.[48] In Bezug auf die unmittelbar abgebrochenen Projekte ist diese Bewertung überzeugend – die letzte Phase des Lebens ist dann weniger attraktiv, wenn in ihr die Projekte der Person durch den Tod abgebrochen werden. Es lassen sich jedoch grundsätzliche Zweifel an der verbreiteten Idee anmelden, die Qualität eines *gesamten* Lebens sei ausgehend vom Tod her zu beurteilen. Sicherlich ist der Tod dann ein Übel für die Person, wenn er es unmöglich macht, verschiedene Wünsche zu erfüllen und Vorhaben in die Tat umzusetzen (und dies dürfte sich in einer komplexen Berechnung des Gesamtwertes des Lebens auch niederschlagen). Daraus folgt jedoch nicht, dass der Wert des Lebens erst zum Zeitpunkt des Todes festgelegt wird: Ein Leben kann auch dann wertvoll sein, wenn der Tod sich zum falschen Zeitpunkt ereignet. Ebenso ist die Idee, dass der Tod die Absurdi-

47 Velleman, »The Self as a Narrator«, S. 222 f.

48 Vgl. Knell, »Sollen wir sehr viel länger leben wollen?«, S. 133.

tät des Lebens begründet oder untermauert, da er sich überhaupt ereignet,[49] nicht überzeugend. Der Wert der Einzelereignisse des Lebens ergibt sich zwar zum Teil aus ihren Relationen zu anderen Ereignissen (wie etwa dem Tod), aber eben nur zum Teil: Zumindest ein entscheidender Teil des Wertes eines Ereignisses scheint dann festzustehen, wenn dieses sich ereignet hat. Dieser Wert wird etwa durch die positiven oder negativen Gefühle bestimmt, die die betreffende Person während des Ereignisses empfindet und die sich auch dann nicht rückwirkend verändern, wenn sie später in einem anderen Licht erscheinen. Entsprechend schreibt auch Steven Luper:

> Ein Leben kann nicht allein aufgrund der Tatsache zu einem guten oder schlechten werden, dass es möglicherweise endet, ebenso wie ein Auto nicht allein aufgrund der Tatsache gut oder schlecht sein kann, dass es möglicherweise verschrottet wird. Sein Ende beeinflusst den Wert eines Lebens nur indirekt, indem es das Ausmaß beeinflusst, in dem dieses Leben mit den Dingen angefüllt ist, die das Leben lebenswert machen. Tatsächlich hat der *Tod* den Wert, den er hat, nur durch den Wert des Lebens, das er beendet.[50]

Darüber hinaus ist es in vielen Fällen sicherlich tatsächlich wünschenswert, möglichst viele Projekte abzuschließen, bevor sich der Tod ereignet – sich zu der Person, die man liebt, bekannt zu haben, alle Wagner-Opern in mindestens zwei verschiedenen Inszenierungen gesehen, die perfekte Bolognese gekocht, einen Gedichtband veröffentlicht, die Kinder großgezogen oder einfach das getan oder erlebt zu haben, was man in seinem Leben eben sonst noch tun

49 Diese Idee wird etwa von Jean-Paul Sartre und Albert Camus vertreten, vgl. Albert Camus, *Der Mythos des Sisyphos*, Reinbek 1999, sowie Jean-Paul Sartre, *Das Sein und das Nichts. Versuch einer phänomenologischen Ontologie*, Reinbek 1952, S. 926: »Da der Tod nicht auf der Grundlage unserer Freiheit erscheint, kann er nur *dem Leben jede Bedeutung nehmen*. Wenn ich Erwartung von Erwartungen von Erwartung bin und wenn der Gegenstand meiner letzten Erwartung und der, der wartet, mit einemmal beseitigt werden, erhält die Erwartung dadurch rückwirkend den Charakter *von Absurdität*.« (Hervorh. d. Autors). Zur Kritik an Sartre stellt Bernard N. Schumacher, *Der Tod in der Philosophie der Gegenwart*, Darmstadt 2004, S. 132, fest: »In der Tat bin ich imstande, viele Handlungen in meinem Leben mit einem Sinn zu belegen, ihnen Sinn zu verleihen, selbst wenn ich letztendlich sterben muss [...]. Die Tatsache der Rückkehr ins Nichts an sich beraubt meine vergangenen Handlungen nicht des Sinns [...].«

50 Steven Luper, *Invulnerability. On Securing Happiness*, Chicago 1996, S. 143.

oder erleben wollte. Insofern stellt der Tod für diejenigen narrativistischen Positionen, die ihr Augenmerk vor allem auf die diachrone Identität von Personen legen, vielleicht sogar ein besonderes Übel dar, da er Episoden mit einer bestimmten emotionalen Struktur unterbricht und so die Auflösung einzelner antizipierender Emotionen verhindert. Unsterblichkeit wäre in dieser Hinsicht sicherlich die bessere Option, da sie den Abschluss aller Projekte vor dem Tod prinzipiell erlaubt (im Fall der kontingenten Unsterblichkeit) oder garantiert (im Fall der notwendigen Unsterblichkeit).

Wenn man den Wert abgeschlossener Episoden betont, übersieht man dabei womöglich den oben diskutierten Sachverhalt, dass narrative Vollständigkeit keinesfalls immer positive Abgeschlossenheit bedeuten muss, auch wenn Formulierungen wie »abgeschlossene Projekte« oder die oben genannten Beispiele dies zu implizieren scheinen – in diesen Fällen handelt es sich um Happy Ends. Ebenso wie in literarischen Geschichten gibt es jedoch auch im Leben unglückliche Enden, an denen sich eine Befürchtung bewahrheitet, sich eine Angst als begründet erweist oder sich einfach alles zum Schlechten wendet, etwa wenn ein Vorhaben unwiderruflich misslingt. Narrative Abgeschlossenheit, sowohl narrative Geschlossenheit des ganzen Lebens als auch die, die sich auf einzelne Episoden des Lebens bezieht, ist also nicht per se wünschenswert, sondern in manchen Fällen vielleicht sogar von größerem Übel als ein Leben (oder als der Teil eines Lebens), das abbricht, bevor es zum dramatisch-narrativ richtigen Zeitpunkt enden konnte.

Wer die narrative Praxis von Personen als Basis eines wie auch immer gelingenden Lebens ansieht, kann so zwar das im letzten Abschnitt diskutierte Problem umgehen, dass eine Lebensgeschichte erst in der Zukunft abgeschlossen sein wird und die Person so niemals eine vollständige Geschichte über ihr ganzes Leben wird konzipieren können. Über Notwendigkeit oder Bedeutung von Tod und Sterblichkeit kann eine solche Position jedoch keine Aussagen mehr treffen: Unter narrativen Gesichtspunkten, also als Bedingung der Möglichkeit narrativer Vollständigkeit, stellt die Sterblichkeit einer Person keine Bedingung für deren gelingendes oder wünschenswertes Leben dar.

Eine dritte Strategie könnte im Versuch bestehen, dafür zu sorgen, dass der Tod zu keinem Zeitpunkt »narrativ ungünstig« ist, sich also jederzeit ereignen kann, ohne Fragen in Hinblick auf die

Zukunft unbeantwortet zu lassen. Die Idee besteht hier darin, erst gar keinen Spannungsbogen, keine dramatische Struktur des eigenen Lebens zu konstruieren und darüber hinaus zu hoffen, dass auch ohne eigenes Zutun keine Ereignisse eintreten, die so genannte antizipierende Emotionen hervorrufen. Eine derartige Strategie diskutiert Steven Luper in seinem Buch *Invulnerability*. Wenn es sich beim Tod um ein Übel handelt, weil er manche unserer Wünsche frustriert, so besteht eine Möglichkeit, dieses Übel zu minimieren, darin, die eigenen Wünsche dahingehend zu modifizieren, dass sie vom Tod nicht frustriert werden können: »Was sie [Personen, die ihre Wünsche in dieser Weise anpassen wollen] tun müssen, ist, zu vermeiden, dass sie einige erfüllende oder wichtige Wünsche haben, die vom Tod frustriert werden können.«[51] Wünsche, die nicht vom Tod frustriert werden beziehungsweise sogar durch diesen erfüllt werden können, sind nach Luper erstens konditionale,[52] zweitens von der eigenen Existenz unabhängige oder drittens »eskapistische« Wünsche [*escape desires*][53] wie zum Beispiel der Wunsch nach dem Ende des eigenen Lebens. Für eine Person, die ausschließlich Wünsche der genannten drei Arten hat, kann der eigene Tod kein Übel sein. Übersetzt in die narrativistische Terminologie heißt das, dass die Person keine Projekte beginnt, die offene Fragen in Bezug auf den Fortgang der Lebenshandlung aufwerfen würden.[54] Die Lebensgeschichten dieser von Luper »Thanatics«[55] genannten Personen wären bereits während ihres Lebens zu jedem Zeitpunkt emotional und damit narrativ abgeschlossen. Eine solche Strategie könnte als eine Praxis bezeichnet werden, die darin besteht, die narrative Abgeschlossenheit der Lebensgeschichte durch die Vermeidung narrativer Strukturen zu erreichen.

51 Ebd., S. 113.

52 Vgl. zu konditionalen, also an die eigene Existenz gekoppelten Wünschen Abschnitt 2.1 dieses Buches.

53 Luper, *Invulnerability*, S. 113.

54 Laut Luper kann das Leben der »Thanatics«, die ihr Wunschprofil in dieser Weise modifiziert haben, immer noch überraschend viele von den verbliebenen Wünschen motivierte Projekte beinhalten. Es ist also nicht notwendigerweise der Fall, dass eine Person, die ausschließlich unabhängige, konditionale und eskapistische Wünsche hat, überhaupt nichts mehr tun will oder ihrem Leben sofort ein Ende setzen muss. Sie kann jedoch keine Projekte haben, die ihr einen Grund zum Weiterleben geben. Vgl. ebd., S. 115-117, u. S. 140-148.

55 Ebd., S. 115.

Dieser Vorschlag ist als Variante des narrativistischen Argumentes aus mehreren Gründen ungeeignet. Erstens kann die vorgestellte Praxis der Wunschmodifikation nicht mehr als narrativ verstanden werden, da sie darin besteht, keine narrativen Strukturen zu entwickeln. Sie ist also vielmehr antinarrativ. Eine Person, die ihr Leben ohne solche Projekte gestaltet, deren Realisierung eine gewisse Zeit in Anspruch nimmt, kann insofern keine Geschichte über dieses Leben erzählen, da Geschichten einen Spannungsbogen haben müssen, der ihre dramatische Struktur bestimmt. Das Leben solcher Personen kann nicht als Geschichte konstruiert werden, weil es eine andere Bedingung an Geschichten nicht erfüllt: Es hat keine dramatische Struktur. Wenn es die Bedingung eines wünschenswerten Lebens ist, eine Geschichte über dieses Leben konstruieren zu können (wie durch Bedingung (AB_L) gefordert), dann kann das Leben einer solchen Person nicht wünschenswert sein.

Selbst wenn wir das narrativistische Argument außen vor lassen und die Bedingung (AB_L) aufgeben, ist intuitiv einsichtig, dass das Leben der Person, die ihr Leben antinarrativ strukturiert, nicht wünschenswert sein kann. Personen, die keine größeren Projekte beginnen, sind einerseits »todestolerant«[56] – der Tod stellt kein Übel für diese Personen dar, und dementsprechend verhält es sich auch mit ihrer Sterblichkeit. Andererseits haben sie auch keinen Grund, sich die Fortsetzung ihres Lebens zu wünschen – schon diese Minimalbedingung an ein wertvolles Leben, die Attraktivitätsbedingung, ist also nicht erfüllt. Die meisten Möglichkeiten, das eigene Leben zu gestalten, sind Personen, die ihr Leben antinarrativ strukturieren, versperrt: »[S]ie müssen alle Wünsche vermeiden, die dazu in der Lage sind, ihnen einen Grund zum Leben zu geben. […] Weil die Thanatics sich selbst keinerlei Motivation zu leben erlauben dürfen, müssen sie sicherstellen, dass sie niemals denken, dass es *gut* ist, zu leben.«[57] Die antinarrative Person hätte also weder aus narrativistischer noch aus einer anderen Perspektive ein wünschenswertes Leben.

Abschließend ist zu bemerken, dass, selbst wenn ein solches Leben in einem bestimmten Rahmen wünschenswert sein könnte, nichts dafür spricht, dass dieses Leben wertvoller wäre als eines, in dem die Sterblichkeit gar nicht gegeben ist. Vertretern des narrati-

56 Ebd., S. 141.
57 Ebd., Hervorh. d. Autors.

vistischen Argumentes geht es darum, eine besondere Bedeutung der Sterblichkeit für das menschliche Leben nachzuweisen. Die antinarrative Praxis stellt jedoch bestenfalls eine Möglichkeit dar, das Übel des Todes zu verringern (in diesem Zusammenhang wird die Option der Wunsch-Modifikation auch von Luper diskutiert). Selbst wenn die antinarrative Praxis in dieser Hinsicht erfolgversprechend wäre – was sie, wie ich gezeigt habe, nicht ist –, zeigte das keinesfalls, dass es sich bei einem Leben *ohne* Tod nicht dennoch um die bessere Option handelt.

5.4 Zusammenfassung

In diesem Kapitel habe ich die Idee untersucht, dass die Eigenschaft der Sterblichkeit dem menschlichen Leben die ihm eigentümliche Form gibt und dass diese Form eine notwendige Bedingung für ein gutes Leben oder dafür darstellt, dass ein Leben überhaupt als das Leben einer Person bezeichnet werden kann. Dafür habe ich zunächst zwischen der narrativen Praxis von Personen und der narrativen Struktur des menschlichen Lebens differenziert. Auf dieser Basis wurde die eingangs formulierte Idee von der Bedeutung der Sterblichkeit für die Form des Lebens herausgearbeitet.

Anschließend habe ich zwei Haupteinwände gegen dieses Argument vorgebracht und diskutiert. Der erste dieser Einwände bezieht sich auf das Problem, dass Geschichten zwar einerseits Abgeschlossenheit erfordern, die Lebensgeschichte andererseits für diejenige Person, deren Leben es ist, zu allen relevanten Zeitpunkten (das heißt während ihres Lebens) nicht abgeschlossen ist. Der zweite Einwand problematisiert die Annahme, dass der Tod einen Abschluss für die Lebensgeschichte bildet, und vermutet, dass er eher als Abbruch anstatt als abschließendes, das Leben vollendendes Ereignis zu verstehen ist. Der Tod und das Ende einer Geschichte sind in der relevanten Hinsicht ganz unterschiedlicher Natur: Das Ende einer Geschichte ergibt sich aus der Struktur der Handlung heraus zwingend dann, wenn der Spannungsbogen sein Ende erreicht hat, indem alle emotionalen Erwartungen befriedigt worden sind. Der Tod hingegen ist für das Leben lediglich ein Einschnitt, der sich nur selten aus der Struktur der Handlung heraus ergibt. Darüber hinaus stellte sich die grundsätzlich positive Bewertung narrativer Geschlossenheit als zweifelhaft heraus. Beide Einwände zeigen also, dass die formgebende Bedeutung der menschlichen Sterblichkeit auf Basis der narrativistischen Position nicht nachgewiesen werden kann.

Auch der Versuch, ein Argument zu finden, das die Bedeutung des Todes für den Wert des Lebens auf Basis der narrativen Praxis von Personen belegt, scheiterte. Erstens scheint der Versuch einer Person, zum Zeitpunkt ihres Todes eine möglichst abgeschlossene und vollständige Lebensgeschichte zu erzählen, für die Frage, ob dieses Leben wünschenswert ist, ohne Belang zu sein. Zweitens ist es zwar möglich, dass es für Personen wünschenswert ist, Episoden ihres Lebens narrativ zu interpretieren; hierfür stellt der Tod jedoch keine Bedingung dar.

Ein unsterbliches Leben müsste nicht form-, kontur-, grenzen- oder farblos sein, wie Todd May in der zu Beginn dieses Kapitels zitierten Passage befürchtet. Diejenigen Eigenschaften des personalen Lebens, die er als wünschenswert betrachtet, wären auch auf andere Weise als durch die Sterblichkeit sichergestellt: Form, Konturen und Grenzen sind im Rahmen einer narrativistischen Position schon dadurch gewährleistet, dass das Leben einer Person narrative Elemente, die nicht geschlossen sind, sowie narrativ abgeschlossene Episoden beinhaltet.

6. Fazit

Erinnern wir uns an Alise, deren Bekanntschaft wir zu Beginn dieses Buches gemacht haben und die aufgrund einer Tablette, die sie als junge Frau eingenommen hat, notwendig unsterblich ist. Zwar leidet sie nicht unter dem Fluch der unendlichen Alterung, die den völligen körperlichen und geistigen Verfall mit sich brächte. Jedoch führt ihre Form der Unsterblichkeit – bei der sie für immer in einem bestimmten biologischen Alter verharrt – bei ihr zu einer Form der Gleichgültigkeit, Langeweile, Kälte, Motivations- und Trostlosigkeit, die für sie vielleicht noch unerträglicher ist als ein Zustand, in dem ihre physischen Kräfte immer mehr nachlassen.

Alises Form der Unsterblichkeit birgt im Wesentlichen zwei substanzielle Probleme: Alise ist erstens notwendig, nicht kontingent unsterblich, sodass sie ihr Leben auch dann, wenn es für sie unerträglich geworden ist, nicht beenden kann, egal, wie groß die physischen oder psychischen Qualen werden, die sie durchlebt. Zweitens ist die Wahrscheinlichkeit, *dass* ihr Leben unerträglich wird, dadurch wesentlich erhöht, dass sie singulär, nicht kollektiv unsterblich ist: Sie ist die einzige Unsterbliche in einer Welt voller Sterblicher, was sich insbesondere dann schmerzlich offenbart, wenn sie den Tod ihrer eigenen Kinder miterlebt. Notwendige und singuläre Unsterblichkeit zusammen machen ein für die Person wünschenswertes unendliches Leben nahezu unmöglich.[1]

Alises Beispiel und die Diskussion der Argumente für den Wert der Sterblichkeit in den Kapiteln 2 bis 5 konnten zeigen, dass nicht *jede* Form der Unsterblichkeit wünschenswert zu sein scheint: Notwendige und singuläre Unsterblichkeit sind vielleicht keine Garanten eines unglücklichen Lebens, jedoch könnten sie ein solches wahrscheinlicher machen, wie Alises Leben ebenso wie die zahlreichen Darstellungen dieser Formen der Unsterblichkeit in Belletristik und Film verdeutlichen. Aus dieser Erkenntnis folgt allerdings nicht, dass die Unsterblichkeit in allen Fällen abzulehnen und die

1 Eine detailreichere Beschreibung des jeweiligen Zustands kann dessen Bewertung mehr oder weniger geringfügig beeinflussen. Dazu zählen etwa Informationen darüber, wie die notwendige Unsterblichkeit genau realisiert und ob sie z. B. mit unendlicher Alterung verbunden ist.

Sterblichkeit damit notwendige Bedingung eines wünschenswerten Lebens ist. Kontingente und kollektive Unsterblichkeit erscheinen als attraktive Alternative nicht nur zu anderen Formen der Unsterblichkeit, sondern auch zur notwendigen Sterblichkeit der aktualen Welt.

Im Rahmen der Diskussion der Argumente im zweiten bis fünften Kapitel habe ich gezeigt, dass Alises Schicksal ganz anders verlaufen wäre, wenn die Tablette ihr eine andere Form des unendlichen Lebens beschert hätte. Ein lediglich potenziell unendlich langes Leben, das die Person beenden kann, wenn sie nicht mehr leben will, kann die Sehnsucht nach Unsterblichkeit zumindest teilweise befriedigen,[2] ohne die Person zum ewigen Leben unter unerträglichen Bedingungen zu verdammen. Wer kontingent unsterblich ist, könnte davon befreit sein, an physischen Alterungserscheinungen wie eingeschränkter Fitness oder erhöhter Anfälligkeit für viele Krankheiten zu leiden und aufgrund dieser Probleme schlussendlich zu versterben.

Wäre Alise darüber hinaus nicht die einzige Unsterbliche in einer Welt voller Sterblicher, sondern würde ihr Schicksal mit ihren Angehörigen und Freunden teilen, stünde einem gelingenden Leben grundsätzlich nichts im Wege. Zweifellos wäre eine solche Welt voller Unsterblicher in vielen Hinsichten anders als die gegenwärtige menschliche Lebenssituation. So würden sich wahrscheinlich etwa die Grenzen zwischen den Generationen auflösen, um nur eines unter zahlreichen Beispielen zu nennen. Es spricht jedoch auf Basis der untersuchten und zurückgewiesenen Argumente nichts dagegen, dass auch ein solches Leben sowohl *menschlich* als auch *wünschenswert* sein könnte – attraktiver als ein sterbliches Leben, in dem die Person die Begrenztheit ihrer Lebenszeit sowie die Gewissheit ihres zukünftigen Todes bewältigen muss.

Unsterblichkeit – dies gilt sowohl für die notwendige als auch für die kontingente Form – ist, wie ich gezeigt habe, prinzipiell verträglich damit, während des ganzen Lebens eine individuelle

2 Sofern der Wunsch nach Unsterblichkeit daran gekoppelt ist, immun gegen alle Krankheiten und unverletzbar zu sein, wird die kontingente Unsterblichkeit, die lediglich die körperliche Alterung und deren Begleiterscheinungen ausschließt, dieser Sehnsucht natürlich nicht vollends gerecht. Der Wunsch nach dieser tatsächlichen, notwendigen Unsterblichkeit sollte allerdings im Licht etwa von Alises Lebensgeschichte deutlich weniger dringlich erscheinen.

Persönlichkeit zu haben, deren Kern gewisse Grundpräferenzen bilden. Diese Persönlichkeit kann sich, motiviert etwa durch einschneidende Lebensereignisse oder durch Beziehungen zu anderen Personen, so weit verändern, dass ein abwechslungsreiches Leben gewährleistet ist. Nicht Interesselosigkeit, sondern vielmehr sich verändernde, über das ganze Leben gesehen besonders breit gefächerte Interessen könnten die Folge sein.

Auch die Fähigkeit, altruistisch zu handeln, müsste nicht verloren gehen. Wie ich zeigen konnte, sind altruistische Handlungen etwa durch den Wunsch motiviert, das Leid anderer Personen zu beenden. Diesen Wunsch können Unsterbliche ebenso wie Sterbliche verspüren, ohne Gefahr zu laufen, altruistische (oder andere) Handlungen sehr lange aufzuschieben. Objektive Dringlichkeiten bestehen in der Welt unabhängig davon, ob sie von sterblichen oder unsterblichen Personen bevölkert wird. Wenn eine Unsterbliche sich diese und andere Rahmenbedingungen ihrer eigenen Existenz bewusst macht, kann sie ihr Leben zudem in derselben Weise aufgeklärt, authentisch und eigenverantwortlich gestalten, wie wir es von sterblichen Personen erwarten.

Ihr Leben würde zwar niemals durch den Tod abgeschlossen, weswegen niemand eine vollständige Geschichte über ihr Leben erzählen könnte. Dies mindert den Wert ihres Lebens allerdings nicht. Ebenso wie eine Sterbliche kann sie sowohl vergangene als auch zukünftige Ereignisse in Sinnzusammenhänge stellen und so Narrationen über Episoden ihres Lebens konstruieren, die der Abgeschlossenheitsbedingung an Geschichten genügen und die den Wert jedes einzelnen Moments ihres Lebens sowie ihre Fähigkeit, diesen wertzuschätzen, sicherstellen.

Alises Wünsche an ein unendliches Leben – mehr Zeit mit den Menschen zu verbringen, die sie liebt, mehr Zeit in ihre Interessen zu investieren, mehr Zeit zu haben, um neue Interessen zu entwickeln, ihre Urenkel und Ururenkel kennenzulernen und so weiter – könnten von einer solchen Form der Unsterblichkeit prinzipiell befriedigt werden. Es ist also nicht nur der Fall, dass diejenigen Aspekte, die wir am sterblichen Leben schätzen, im unsterblichen Leben nicht verloren gehen müssten. Darüber hinaus kann eine bestimmte Form der Unsterblichkeit auch halten, was sie verspricht: eine Steigerung der Attraktivität des Lebens durch die verlängerte Lebenszeit.

Meine Analyse der Implikationen der Sterblichkeit konnte also zeigen, dass verschiedene Aspekte des menschlichen Lebens wie etwa dessen eigenverantwortliche Gestaltung nicht notwendigerweise mit der Sterblichkeit verknüpft sind. Die Untersuchung der verschiedenen Argumente für den Wert der Sterblichkeit offenbart darüber hinaus Erkenntnisse über die Rolle der Sterblichkeit im menschlichen Leben *in der aktualen Welt*. So formt die Sterblichkeit dieses Leben in einer charakteristischen Weise, die es zum Beispiel vernünftig macht, das Leben so zu planen, als würde man ein Alter von etwa achtzig Jahren erreichen. Da (wie ich im fünften Kapitel zeigen konnte) die Geschichte eines Lebens zum Zeitpunkt des Todes nicht dramatisch abgeschlossen sein muss, damit dieses Leben wünschenswert ist, sollte auch eine ältere sterbliche Person längerfristige Vorhaben in die Tat umsetzen, die schlimmstenfalls durch den Tod abgebrochen werden. Die Sterblichkeit begrenzt die Zeit, die einer Person zur Verfügung steht, um ihre Lebensprojekte und -träume zu realisieren und um Beziehungen zu anderen Menschen einzugehen. Zwischenmenschliche Beziehungen überhaupt sind in der aktualen Welt unter anderem dadurch bestimmt, dass Menschen der gleichen oder unterschiedlichen Generationen angehören. Einzelne menschliche Handlungen und Verhaltensweisen können unter Berücksichtigung empirischer Studien als Versuch interpretiert werden, die Bedrohung durch den eigenen Tod zu kompensieren; und auch die menschliche Persönlichkeit entwickelt sich insbesondere im Verhältnis zur verbleibenden Zeit bis zum Tod. In Abschnitt 4.5 ist deutlich geworden, dass die Auseinandersetzung mit den Rahmenbedingungen der eigenen Existenz prinzipiell wünschenswert ist – entsprechend gilt dies in der aktualen Welt für die Auseinandersetzung mit der eigenen Sterblichkeit, die eine authentische Lebensführung ermöglicht.

All diese Implikationen der (notwendigen) Sterblichkeit zeichnen das menschliche Leben in der gegenwärtigen Situation zweifellos aus. Sie sind, wie ich in dieser Arbeit zeigen konnte, jedoch keineswegs konstitutiv für den Wert dieses Lebens. Vielmehr handelt es sich dabei um die Einschränkungen und Begrenzungen, denen die Sterblichkeit das menschliche Leben unterwirft. Der emotional ohnehin nachvollziehbare Wunsch, diese vertrauten Begrenzungen zu überwinden, erscheint im Licht der vorliegenden Untersuchung als rational gerechtfertigt.

Die in dieser Arbeit diskutierten wichtigsten Argumente für den Wert der Sterblichkeit können auch als Argumente gegen die Attraktivität der medizinisch-technologischen Lebensverlängerung verstanden werden. Da ich diese Argumente aber widerlegen konnte, steht Bestrebungen medizinisch-technologischer Art, die Lebensspanne von Menschen drastisch zu verlängern, zumindest von dieser Seite nichts im Wege.

Eine Frage, die man häufig hört, wenn man sich mit der kontrafaktischen Möglichkeit personaler Unsterblichkeit auseinandersetzt, lautet etwa wie folgt: »Wir müssen uns doch sowieso mit unserer Sterblichkeit abfinden. Ist es dann nicht ganz egal, ob es besser wäre, unsterblich zu sein?« Ich finde diese Frage befremdlich. Weil man etwas nicht ändern kann, sollte man nicht fragen, ob es ein Übel ist? Bedeutet das, dass es egal ist, ob es Krankheiten, Kriege oder Hunger gibt – nur weil wir daran zum gegenwärtigen Zeitpunkt vielleicht nichts ändern können? Das ist eine sehr merkwürdig anmutende, quietistische Position, die womöglich auch in der Fülle an Ratgebern, die zur Gelassenheit angesichts des unausweichlichen Todes aufrufen, ihren Ausdruck findet.[3]

In der vorliegenden Arbeit habe ich gezeigt, dass es sich bei der Sterblichkeit um eine in vielen Hinsichten kontingente Limitation des menschlichen Lebens handelt. Die Sterblichkeit ist nicht notwendig dafür, dass das menschliche Leben lebenswert ist, und in den meisten Fällen – immer dann, wenn die sterbende Person Wünsche und Ziele hat, die sie aufgrund ihres Todes nicht mehr realisieren kann – ist sie ein Übel.[4] Ein Übel verliert seinen Status als Übel nicht dadurch, dass zum gegenwärtigen Zeitpunkt keine Möglichkeit besteht, es zu eliminieren. Die Apologie von Beschränkungen, die aktuell nicht aufgehoben werden können, stellt einen Kategorienfehler dar, wenn sie die Tatsache der Nichtaufhebbarkeit *als Begründung* für eine bestimmte Bewertung nutzt[5]

3 Vgl. z. B. Wilhelm Schmid, *Gelassenheit. Was wir gewinnen, wenn wir älter werden*, Berlin 2014, oder Verena Begemann u. a., *Sterben und Gelassenheit. Von der Kunst, den Tod ins Leben zu lassen*, Göttingen 2013.

4 Nach dieser Position, die von Bernard Williams vertreten wird – vgl. Abschnitt 2.1 –, ist die Sterblichkeit nur dann *kein* Übel für eine Person, wenn sie sich ihren eigenen Tod wünscht und/oder keine Wünsche mehr hat, die ihre eigene Fortexistenz implizieren.

5 Die Frage nach der Bewertung einer Situation gehört zu einer anderen Kategorie als die Frage nach der Veränderbarkeit einer Situation.

und damit die wahrheitsgetreue Sicht auf die Welt verzerrt. Gerade um diese sollten wir uns aber bemühen,[6] aus einer Verpflichtung zur Wahrheit heraus und natürlich auch, weil Überzeugungen über die Bewertung einer Situation auf andere Überzeugungen und auf Handlungen einwirken können. Aus lebenspraktischen Gründen mag es in einigen Hinsichten hilfreich sein, sich mit der eigenen Sterblichkeit zu arrangieren; zudem ist es zugegebenermaßen eine äußerst komplexe und in hohem Maße spekulative Aufgabe, sich ein alternatives Szenario – eine Welt ohne Sterblichkeit – konsistent auszumalen. Im Sinn einer wahrheitsorientierten Philosophie und einer wahrheitsorientierten Perspektive auf das eigene Leben sprechen die in dieser Arbeit diskutierten Argumente jedoch dafür, die Sterblichkeit nicht als konstitutiv für den Wert des menschlichen Lebens zu betrachten.

6 Dieses Streben nach einer wahrheitsgetreuen Sicht auf die Welt habe ich in Abschnitt 4.4 als epistemische Authentizität bezeichnet.

Literaturverzeichnis

Adams, Douglas, *Das Leben, das Universum und der ganze Rest*, München 1983.

Aristoteles, *Poetik*, in: ders., *Werke in deutscher Übersetzung*, hg. v. Hellmut Flashar, Bd. 5, Darmstadt 2008.

Assmann, Jan, *Tod und Jenseits im alten Ägypten*, München 2001.

Audi, Robert, »Dispositional Beliefs and Dispositions to Believe«, in: *Noûs* 28 (1994), S. 419-434.

Baars, Jan, »Philosophy of Aging, Time, and Finitude«, in: Thomas R. Cole u. a. (Hg.), *A Guide to Humanistic Studies in Aging: What Does it Mean to Grow Old?,* Baltimore 2010, S. 105-120.

Baker, Lynne Rudder, »Material Persons and the Doctrine of Resurrection«, in: *Faith and Philosophy* 18 (2001), S. 151-167.

–, »Death and the Afterlife«, in: William J. Wainwright (Hg.), *The Oxford Handbook of Philosophy of Religion*, Oxford 2005, S. 366-391.

Baudisch, Annette, Vaupel, James W., »Getting to the Root of Aging«, in: *Science* 336 (2012), S. 618 f.

Beauvoir, Simone de, *Alle Menschen sind sterblich*, Reinbek 1970.

Beckermann, Ansgar, *Analytische Einführung in die Philosophie des Geistes*, Berlin, New York 2001.

Begemann, Verena u. a., *Sterben und Gelassenheit. Von der Kunst, den Tod ins Leben zu lassen*, Göttingen 2013.

Behrendt, Kathy, »Reasons to be Fearful. Strawson, Death and Narrative«, in: *Royal Institute of Philosophy Supplements* 82 (2007), S. 133-154.

Belshaw, Christopher, *Ten Good Questions about Life and Death*, Malden 2005.

Benatar, David, »Introduction«, in: ders. (Hg.), *Life, Death, and Meaning. Key Philosophical Readings on the Big Questions,* Lanham 2009, S. 1-17.

Block, Ned, »On a Confusion about a Function of Consciousness«, in: *Behavioral and Brain Sciences* 18 (1995), S. 227-287.

Borges, Jorge Luis, »Der Unsterbliche«, in: ders., *Die Bibliothek von Babel*, Stuttgart 1974, S. 3-20.

Bortolotti, Lisa, Nagasawa, Yujin, »Immortality Without Boredom«, in: *Ratio* 22 (2009), S. 261-277.

Bransen, Jan, »True to Ourselves«, in: *International Journal of Philosophical Studies* 6 (1998), S. 67-85.

Brendel, Elke, »Alter – philosophisch betrachtet«, ⟨http://www.gehirn-und-geist.de/artikel/866794⟩, letzter Zugriff 30. 7. 2014.

Brown, James Robert, *The Laboratory of the Mind. Thought Experiments in the Natural Sciences*, London, New York 1991.

Bruner, Jerome S., *Acts of Meaning*, Cambridge 1991.

Burley, Mikel, »Immortality and Meaning: Reflections on the Makropulos Debate«, in: *Philosophy* 84 (2009), S. 529-547.

Burris, Christopher T., Rempel, John K., »›It's the End of the World as We Know It‹: Threat and the Spatial-Symbolic Self«, in: *Journal of Personality and Social Psychology* 86 (2004), S. 19-42.

Camus, Albert, *Der Mythos des Sisyphos*, Reinbek 1999.

Carman, Taylor, *Heidegger's Analytic. Interpretation, Discourse, and Authenticity in Being and Time*, Cambridge 2003.

Carstensen, Laura L., »The Influence of a Sense of Time on Human Development«, in: *Science* 312 (2006), S. 1913 ff.

–, »Growing Old or Living Long: Take Your Pick«, 2007, ⟨http://www.issues.org/23.2/carstensen.html⟩, letzter Zugriff 29. 1. 2013.

–, *A Long Bright Future. Happiness, Health, and Financial Security in an Age of Increased Longevity*, New York 2009.

Centers for Disease Control and Prevention (CDC), »Public Health and Aging. Trends in Aging – United States and Worldwide«, in: *Morbidity and Mortality Weekly Reports* 52 (2003), S. 101-106.

Chappell, Timothy, »Infinity Goes Up On Trial: Must Immortality Be Meaningless?«, in: *European Journal of Philosophy* 17 (2007), S. 30-44.

Childers, Perry, Wimmer, Mary, »The Concept of Death in Early Childhood«, in: *Child Development* 42 (1971), S. 1299-1301.

Cicero, Marcus Tullius, *Cato der Ältere über das Alter*, München 1963.

Davenport, John J., *Narrative Identity, Autonomy, and Mortality. From Frankfurt and MacIntyre to Kierkegaard*, New York 2012.

Davidson, Donald, »Handlungen, Gründe und Ursachen«, in: ders., *Handlung und Ereignis*, Frankfurt/M. 1990, S. 19-42.

–, »Handeln«, in: ders., *Handlung und Ereignis*, Frankfurt/M. 1990, S. 73-98.

Dennett, Daniel C., »The Self as a Center of Narrative Gravity«, in: Frank S. Kessel u. a. (Hg.), *Self and Consciousness: Multiple Perspectives*, Hillsdale 1992, S. 103-115.

Döring, Sabine, *Gründe und Gefühle. Rationale Motivation durch emotionale Vernunft*, Berlin, New York 2008.

Dworkin, Gerald, *The Theory and Practice of Autonomy*, Cambridge 1988.

Edwards, Paul, *Heidegger und der Tod. Eine kritische Würdigung*, Darmstadt 1985.
Ekstrom, Laura W., »Ambivalence and Authentic Agency«, in: *Ratio* 23 (2010), S. 374-392.

Feldmann, Klaus, *Tod und Gesellschaft. Sozialwissenschaftliche Thanatologie im Überblick*, Wiesbaden 2004.
Fischer, John Martin, »Why Immortality is Not so Bad«, in: *International Journal of Philosophical Studies* 2 (1994), S. 257-270.
–, »Contribution on Martha Nussbaum's The Therapy of Desire«, in: *Philosophy and Phenomenological Research* 59 (1999), S. 787-792.
Fisher, Tony, »Heidegger and the Narrativity Debate«, in: *Continental Philosophy Review* 43 (2010), S. 241-265.
Foster, John, *The Immaterial Self: A Defence of the Cartesian Dualist Conception of the Mind*, London, New York 1991.
Frankfurt, Harry G., »Willensfreiheit und der Begriff der Person«, in: ders., *Freiheit und Selbstbestimmung*, Berlin 2001, S. 65-83.
–, »Identifikation und ungeteilter Wille«, in: ders., *Freiheit und Selbstbestimmung*, Berlin 2001, S. 116-137.
Frankl, Viktor, *Ärztliche Seelsorge. Grundlagen der Logotherapie und Existenzanalyse*, Wien 1966.
Freud, Sigmund, »Zeitgemäßes über Krieg und Tod«, in: ders., *Fragen der Gesellschaft, Ursprünge der Religion*, Sigmund Freud Studienausgabe, hg. v. Alexander Mitscherlich u. a., Bd. IX, Frankfurt/M. 1974.

Gallois, Andre, »Identity Over Time«, in: Edward N. Zalta (Hg.), *The Stanford Encyclopedia of Philosophy*, Ausgabe Sommer 2012, ⟨http://plato.stanford.edu/archives/sum2012/entries/identity-time/⟩, letzter Zugriff 25. 11. 2014.
Gendler, Tamar Szabó, *Thought Experiment. On the Powers and Limits of Imaginary Cases*, New York, London 2000.
Goldie, Peter, »One's Remembered Past. Narrative Thinking, Emotion, and the External Perspective«, in: *Philosophical Papers* 32 (2003), S. 301-319.
Gorner, Paul, *Heidegger's Being and Time. An Introduction*, Cambridge, New York 2007.
Greenberg, Jeff u. a., »Evidence for Terror Management Theory II: The Effects of Mortality Salience on Reactions to Those Who Threaten or Bolster the Cultural Worldview«, in: *Journal of Personality and Social Psychology* 58 (1990), S. 308-318.
– u. a., »Why Do People Need Self-Esteem? Converging Evidence That

Self-Esteem Serves an Anxiety-Buffering Function«, in: *Journal of Personality and Social Psychology* 63 (1992), S. 913-922.

– u. a., »Role of Consciousness and Accessibility of Death-Related Thoughts in Mortality Salience Effects«, in: *Journal of Personality and Social Psychology* 67 (1994), S. 627-637.

Grundmann, Thomas, »Egoismus, Altruismus und die Furcht vor dem eigenen Tod«, unveröffentl. Vortrag bei der Tagung *Sterben und Tod* an der Humboldt-Universität Berlin, 14. Juni 2012.

Gulick, Robert van, »Consciousness«, in: Edward N. Zalta (Hg.), *The Stanford Encyclopedia of Philosophy*, Ausgabe Sommer 2011, 〈http://plato.stanford.edu/archives/sum2011/entries/consciousness/〉, letzter Zugriff: 1. 12. 2014.

Harris, John, »Immortal Ethics«, in: *Annals of New York Academy of Sciences* 1019 (2004), S. 527-534.

Hayflick, Leonard, *How and Why We Age*, New York 1994.

Heidegger, Martin, *Sein und Zeit*, Tübingen 1986.

Helm, Bennett W., *Emotional Reason. Deliberation, Motivation, and the Nature of Value,* Cambridge, New York 2001.

Henning, Tim, *Person sein und Geschichten erzählen. Eine Studie über personale Autonomie und narrative Gründe*, Berlin, New York 2009.

Higgins, Kathleen, »Death and the Skeleton«, in: Jeff Malpas, Robert C. Solomon (Hg.), *Death and Philosophy*, London, New York 1998, S. 35-44.

Himma, Kenneth Einar, »What Is a Problem for All Is a Problem for None: Substance Dualism, Physicalism, and the Mind-Body Problem«, in: *American Philosophical Quarterly* 42 (2005), S. 81-92.

Hirschberger, Gilad u. a., »Looking Away from Death: Defensive Attention as a Form of Terror Management«, in: *Journal of Experimental Social Psychology* 46 (2010), S. 172-178.

Holbrook, Colin u. a., »Unconscious Vigilance: Worldview Defense Without Adaptations for Terror, Coalition, or Uncertainty Management«, in: *Journal of Personality and Social Psychology* 101 (2011), S. 451-466.

Holliday, Robin, *Understanding Ageing*, Cambridge 1995.

–, »Aging is No Longer an Unsolved Problem in Biology«, in: Suresh I. S. Rattan u. a. (Hg.), *Understanding and Modulating Aging*, New York 2006, S. 1-9.

Horrobin, Steven, »Immortality, Human Nature, and the Value of Life Extension«, in: *Bioethics* 20 (2006), S. 279-292.

Huber, Christoph, »›Only Lovers Left Alive‹: Die unsterbliche Hipster-Sicht«, in: *Die Presse* vom 22. 12. 2013, 〈http://diepresse.com/home/

kultur/film/filmkritik/1510331/Only-Lovers-Left-Alive_Die-unsterbliche-HipsterSicht⟩, letzter Zugriff 27. 6. 2014.
Hwang, Mark I., »Decision Making Under Time Pressure. A Model for Information Systems Research«, in: *Information & Management* 27 (1994), S. 197-203.

Janáček, Leoš, *Die Sache Makropulos. Oper nach der gleichnamigen Komödie von Karel Čapek*, Wien 1927.
Johnston, Mark, *Surviving Death*, Princeton, Oxford 2010.
Jonas, Hans, »Last und Segen der Sterblichkeit«, in: ders., *Philosophische Untersuchungen und metaphysische Vermutungen*, Frankfurt/M. 1992, S. 81-100.

Kass, Leon, »The Case for Mortality«, in: *The American Scholar* 52 (1983), S. 173-191.
–, »L'Chaim and its Limits: Why not Immortality?«, 2001, ⟨http://www.firstthings.com/article/2001/05/lchaim-and-its-limits-why-not-immortality⟩, letzter Zugriff 31. 5. 2013.
Kernis, Michael H. u. a., »Stability and Level of Self-Esteem as Predictors of Anger Arousal and Hostility«, in: *Journal of Personality and Social Psychology* 56 (1989), S. 1013-1022.
–, Goldman, Brian M., »A Multicomponent Conceptualization of Authenticity: Theory and Research«, in: *Advances in Experimental Social Psychology* 38 (2006), S. 283-357.
Kierkegaard, Sören, *Die Tagebücher 1834-1855*, München 1953.
King, Magda, *A Guide to Heidegger*'s *Being and Time*, Albany 2001.
Kirkpatrick, Lee A., Navarrete, Carlos David, »Reports of My Death Anxiety Have Been Greatly Exaggerated: A Critique of Terror Management Theory from an Evolutionary Perspective«, in: *Psychological Inquiry* 17 (2006), S. 288-298.
Knell, Sebastian, »Endliche Lebenszeit: Evaluative und begriffliche Überlegungen«, in: Thomas Rentsch (Hg.), *Einheit der Vernunft? Normativität zwischen Theorie und Praxis*, Paderborn 2006, S. 301-319.
–, »Sollen wir sehr viel länger leben wollen? Reflexionen zu radikaler Lebensverlängerung, maximaler Langlebigkeit und biologischer Unsterblichkeit«, in: ders., Marcel Weber (Hg.), *Länger leben? Philosophische und biowissenschaftliche Perspektiven*, Frankfurt/M. 2009, S. 117-151.
Knobe, Joshua, »Ordinary Ethical Reasoning and the Ideal of ›Being Yourself‹«, in: *Philosophical Psychology* 18 (2005), S. 327-340.
Koestenbaum, Peter, *Is there an Answer to Death?*, Englewood Cliffs, London 1976.

Kosloff, Spee u.a., »The Effects of Mortality Salience on Political Preferences: The Roles of Charisma and Political Orientation«, in: *Journal of Experimental Social Psychology* 46 (2010), S. 139-145.
Kreuels, Marianne, »Kontingente und notwendige Unsterblichkeit. Einige begriffliche Präzisierungen zur Makropulos-Debatte«, in: *Zeitschrift für philosophische Forschung* 64 (2010), S. 246-259.
Kripke, Saul A., *Name und Notwendigkeit*, Frankfurt/M. 1993.

Lafontaine, Céline, *Die postmortale Gesellschaft*, Wiesbaden 2010.
Lansdown, Richard, Benjamin, Gail, »The Development of the Concept of Death in Children Aged 5-9 Years«, in: *Child: Care, Health, and Development* 11 (1985), S. 13-20.
Leary, Mark R., Schreindorfer, Lisa S., »Unresolved Issues with Terror Management Theory«, in: *Psychological Inquiry* 8 (1997), S. 26-29.
Lewis, David, »Überleben und Identität«, in: Ludwig Siep (Hg.), *Identität der Person. Aufsätze aus der nordamerikanischen Gegenwartsphilosophie*, Basel, Stuttgart 1983, S. 68-95.
Lovecraft, Howard Phillips, »Cthulhus Ruf«, in: *Cthulhu. Geistergeschichten*, Frankfurt/M. 1972.
Lukrez, *Von der Natur*, Düsseldorf, Zürich 1991.
Luper, Steven, *Invulnerability. On Securing Happiness*, Chicago 1996.

MacFarlane, John, »Relativism and Disagreement«, in: *Philosophical Studies* 132 (2007), S. 17-31.
MacIntyre, Alasdair, *Der Verlust der Tugend. Zur moralischen Krise der Gegenwart*, Frankfurt/M. 1995.
Malpas, Jeff, »Death and the Unity of a Life«, in: ders., Robert C. Solomon (Hg.), *Death and Philosophy*, London, New York 1998, S. 108-120.
Mather, Mara u.a., »Risk Preferences and Aging: The ›Certainty Effect‹ in Older Adults' Decision Making«, in: *Psychology and Aging* 27 (2012), S. 801-816.
May, Todd, *Death*, Stocksfield 2009.
McGregor, Ian u.a., »Compensatory Conviction in the Face of Personal Uncertainty: Going to Extremes and Being Oneself«, in: *Journal of Personality and Social Psychology* 80 (2001), S. 472-488.
McMahan, Jeff, *The Ethics of Killing. Problems at the Margins of Life*, New York 2002.
Mellor, David H., »Dispositions«, in: Hans Burkhardt, Barry Smith (Hg.), *Handbook of Metaphysics and Ontology*, Bd. 1 (A-K), München, Philadelphia 1991, S. 221.
Molnar, George, *Powers. A Study in Metaphysics*, Oxford, New York 2003.

Mulhall, Stephen, »Autobiography and Biography«, in: Richard Thomas Eldridge (Hg.), *The Oxford Handbook of Philosophy and Literature*, Oxford 2009, S. 180-198.

Navarrete, C. David u. a., »Anxiety and Intergroup Bias. Terror Management or Coalitional Psychology?«, in: *Group Processes & Intergroup Relations* 7 (2004), S. 370-397.

Noonan, Jeff, »The Life-Value of Death. Mortality, Finitude and Meaningful Lives«, in: *Journal of Philosophy of Life* 3 (2013), S. 1-23.

Nozick, Robert, *Anarchie, Staat, Utopia*, München 1976.

Nussbaum, Martha C., *Therapy of Desire. Theory and Practice in Hellenistic Ethics*, Princeton 1994.

–, »Reply to Papers in Symposium on Nussbaum, The Therapy of Desire«, in: *Philosophy and Phenomenological Research* 59 (1999), S. 811-819.

Oshana, Marina, »Autonomy and the Question of Authenticity«, in: *Social Theory and Practice* 33 (2007), S. 411-429.

Parfit, Derek, *Reasons and Persons*, New York 1986.

Platon, *Phaidon*, in: ders., *Werke in acht Bänden*, hg. v. Gunther Eigler, Bd. 3, Darmstadt 1974.

Polkinghorne, Donald E., »Narrative and Self-Concept«, in: *Journal of Narrative and Life History* 1 (1991), S. 135-153.

–, »Explorations of Narrative Identity«, in: *Psychological Inquiry* 7 (1996), S. 363-367.

Pyszczynski, Tom u. a., »A Dual-Process Model of Defense Against Conscious and Unconscious Death-Related Thoughts. An Extension of Terror Management Theory«, in: *Psychological Review* 106 (1999), S. 835-845.

Quante, Michael, *Person*, Berlin, New York 2007.

Quoidbach, Jordi u. a., »The End of History Illusion«, in: *Science* 339 (2013), S. 96-98.

Rhodewalt, Frederick, Tragakis, Michael W., »Self-Esteem and Self-Regulation: Toward Optimal Studies of Self-Esteem«, in: *Psychological Inquiry* 14 (2003), S. 66-70.

Rorty, Amelie Oksenberg, »Fearing Death«, in: *Philosophy* 58 (1983), S. 175-188.

Rosati, Connie, »The Makropulos Case Revisited: Reflections on Immortality and Agency«, in: Ben Bradley u. a. (Hg.), *Handbook of the Philosophy of Death*, Oxford u. a. 2013, S. 355-390.

Rosenthal, David M., »Two Concepts of Consciousness«, in: *Philosophical Studies: An International Journal for Philosophy in the Analytic Tradition* 49 (1986), S. 329-359.
Rowe, John W., Kahn, Robert L., »Human Aging. Usual and Successful«, in: *Science* 237 (1987), S. 143-149.

Sarbin, Theodore R. (Hg.), *Narrative Psychology. The Storied Nature of Human Conduct*, New York 1986.
Sartre, Jean-Paul, *Das Sein und das Nichts. Versuch einer phänomenologischen Ontologie*, Reinbek 1952.
Scarre, Geoffrey, *Death*, Stocksfield 2007.
Schechtman, Marya, *The Constitution of Selves*, Ithaca 1996.
Schmid, Wilhelm, *Gelassenheit. Was wir gewinnen, wenn wir älter werden*, Berlin 2014.
Schroeder, Tim, »Desire«, in: Edward N. Zalta (Hg.), *The Stanford Encyclopedia of Philosophy*, Ausgabe Frühjahr 2014, ⟨http://plato.stanford.edu/archives/spr2014/entries/desire/⟩, letzter Zugriff: 18. 11. 2014.
Schumacher, Bernard N., *Der Tod in der Philosophie der Gegenwart*, Darmstadt 2004.
Sierra, Felipe u. a., »Prospects for Life Span Extension«, in: *Annual Review of Medicine* 60 (2009), S. 457-469.
Simmel, Georg, »Zur Metaphysik des Todes«, in: ders., *Das Individuum und die Freiheit. Essais*, Berlin 1984, S. 29-35.
Slater, Philip E., »Toward a Dualistic Theory of Identification«, in: *Merrill-Palmer Quarterly of Behavior and Development* 7 (1961), S. 113-126.
Slote, Michael, *Goods and Virtues*, Oxford 1989.
Smuts, Aaron, »Wings of Desire: Reflections on the Tedium of Immortality«, in: *Film and Philosophy* 13 (2008), S. 137-151.
Sophokles, *Ödipus auf Kolonos*, Freiburg i. Br. 1948.
Sorensen, Roy A., *Thought Experiments*, Oxford, New York 1992.
Steele, Hunter, »Could Body-Bound Immortality be Liveable?«, in: *Mind* 85 (1976), S. 424-427.
Sternberg, Robert J., Frensch, Peter A. (Hg.), *Complex Problem Solving: Principles and Mechanisms*, Hillsdale 1991.
Stone, Arthur A. u. a., »A Snapshot of the Age Distribution of Psychological Well-Being in the United States«, in: *Proceedings of the National Academy of Sciences of the United States of America* 107 (2010), S. 9985-9990.
Strawson, Galen, »Against Narrativity«, in: *Ratio* 17 (2004), S. 428-452.
Sutin, Angelina R., »Happiness Increases with Age, Across Generations«, ⟨http://www.psychologicalscience.org/index.php/news/releases/happier-with-age.html⟩, letzter Zugriff 24. 11. 2014.

Svenson, Ola, Maule, A. John, *Time Pressure and Stress in Human Judgment and Decision Making*, New York 1993.
Swift, Jonathan, *Gullivers Reisen*, Frankfurt/M. 1974.
Swinburne, Richard, *The Evolution of the Soul*, Oxford 1986.

Taylor, Charles, *The Ethics of Authenticity*, Cambridge 1992.
–, *Quellen des Selbst. Die Entstehung der neuzeitlichen Identität*, Frankfurt/M. 1994.
Temkin, Larry S., »Is Living Longer Living Better?«, in: *Journal of Applied Philosophy* 25 (2008), S. 193-210.

Unger, Peter, *All the Power in the World*, New York 2006.

Vail, Kenneth E. u. a., »When Death is Good for Life: Considering the Positive Trajectories of Terror Management«, in: *Personality and Social Psychology Review* 16 (2012), S. 303-329.
Valberg, Jerry J., *Dream, Death, and the Self*, Princeton, Oxford 2007.
Velleman, David J., »Well-Being and Time«, in: John Martin Fischer (Hg.), *Metaphysics of Death*, Stanford 1993, S. 329-357.
–, »Narrative Explanation«, in: *The Philosophical Review* 112 (2003), S. 1-25.
–, »The Self as a Narrator«, in: ders., *Self to Self. Selected Essays*, Cambridge 2006, S. 203-223.
Vian, Boris, *Der Schaum der Tage*, Frankfurt/M. 1979.

Ware, Bronnie, *Fünf Dinge, die Sterbende am meisten bereuen. Einsichten, die Ihr Leben verändern werden*, München 2013.
Warren, James, *Facing Death. Epicurus and his Critics*, Oxford, New York 2004.
Williams, Bernard, »Die Sache Makropulos: Reflexionen über die Langeweile der Unsterblichkeit«, in: ders., *Probleme des Selbst. Philosophische Aufsätze 1956-1972*, Stuttgart 1978, S. 133-162.
–, »Life as Narrative«, in: *European Journal of Philosophy* 17 (2007), S. 305-314.
Wilson, Timothy D., *Strangers to Ourselves. Discovering the Adaptive Unconscious*, Cambridge, London 2002.
Wisnewski, Jeremy, »Is the Immortal Life Worth Living?«, in: *International Journal for Philosophy of Religion* 58 (2005), S. 27-36.

Young, Julian, »Death and Authenticity«, in: Jeff Malpas, Robert C. Solomon (Hg.), *Death and Philosophy*, London, New York 1998, S. 101-107.

Zglinicki, Thomas von, Nikolaus, Thorsten, »Alter und Altern«, in: Robert F. Schmidt, Florian Lang (Hg.), *Physiologie des Menschen*, Berlin, Heidelberg 2007, S. 953-967.

Donald Davidson/Richard Rorty. Wozu Wahrheit? Eine Debatte. Herausgegeben von Mike Sandbothe. stw 1691. 350 Seiten

Michael Dummett
- Ursprünge der analytischen Philosophie. Übersetzt von Joachim Schulte. stw 1003. 200 Seiten
- Wahrheit und Vergangenheit. Übersetzt von Joachim Schulte. Broschur. 137 Seiten

Nelson Goodman
- Sprachen der Kunst. Entwurf einer Symboltheorie. Übersetzt von Bernd Philippi. stw 1304. 254 Seiten
- Tatsache, Fiktion, Voraussage. Übersetzt von Hermann Vetter. Mit einem Vorwort von Hilary Putnam. stw 732. 167 Seiten
- Weisen der Welterzeugung. Übersetzt von Max Looser. stw 863. 179 Seiten

Nelson Goodman/Catherine Z. Elgin. Revisionen. Philosophie und anderen Künste und Wissenschaften. Übersetzt von Bernd Philippi. 225 Seiten. Gebunden

R. M. Hare. Die Sprache der Moral. Übersetzt von Petra von Morstein. stw 412. 243 Seiten

Martin Hollis. Rationalität und soziales Verstehen. Übersetzt von Joachim Schulte. stw 928. 118 Seiten

Bertram Kienzle (Hg.). Zustand und Ereignis. Eingeleitet, übersetzt und herausgegeben von Bertram Kienzle. stw 1116. 471 Seiten

Bertram Kienzle/Helmut Pape (Hg.). Dimensionen des Selbst. Selbstbewußtsein, Reflexivität und Bedingungen von Kommunikation. stw 942. 453 Seiten

NF 135/2/8.07

Sybille Krämer. Sprache, Sprechakt, Kommunikation. Sprachtheoretische Positionen des 20. Jahrhunderts. stw 1521. 288 Seiten

Saul A. Kripke
- Name und Notwendigkeit. Übersetzt von Ursula Wolf. stw 1056. 192 Seiten
- Wittgenstein über Regeln und Privatsprache. Eine elementare Darstellung. Übersetzt von Helmut Pape. stw 1783. 185 Seiten

John McDowell
- Geist und Welt. Übersetzt von Thomas Blume, Holm Bräuer und Gregory Klass. stw 1528. 221 Seiten
- Wert und Wirklichkeit. Aufsätze zur Moralphilosophie. Übersetzt von Joachim Schulte. Mit einer Einleitung von Axel Honneth und Martin Seel. Gebunden. 240 Seiten

Brian McGuiness. Wittgensteins frühe Jahre. Übersetzt von Joachim Schulte. Gebunden und stw 1014. 492 Seiten

Performanz. Zwischen Sprachphilosophie und Kulturwissenschaften. Herausgegeben von Uwe Wirth. stw 1575. 448 Seiten

Eva Picardi/Joachim Schulte (Hg.). Die Wahrheit der Interpretation. Beiträge zur Philosophie Donald Davidsons. stw 897. 282 Seiten

Hilary Putnam. Vernunft, Wahrheit und Geschichte. Übersetzt von Joachim Schulte. stw 853. 294 Seiten

Willard Van Orman Quine
- Theorien und Dinge. Übersetzt von Joachim Schulte. stw 960. 257 Seiten
- Die Wurzeln der Referenz. Übersetzt von Hermann Vetter. stw 764. 204 Seiten

NF 135/3/8.07

Sebastian Rödl. Kategorien des Zeitlichen. Eine Untersuchung der Formen des endlichen Verstandes. stw 1748. 215 Seiten

Richard Rorty
- Kontigenz, Ironie und Solidarität. Übersetzt von Christa Krüger. stw 981. 325 Seiten
- Der Spiegel der Natur: Eine Kritik der Philosophie. Übersetzt von Michael Gebauer. stw 686. 438 Seiten
- Wahrheit und Fortschritt. Übersetzt von Joachim Schulte. 515 Seiten. Gebunden. stw 1620. 516 Seiten

Eike von Savigny/Oliver Scholz (Hg.). Wittgenstein über die Seele. stw 1173. 304 Seiten

Moritz Schlick
- Fragen der Ethik. Herausgeben und eingeleitet von Rainer Hegselmann. stw 477. 208 Seiten
- Philosophische Logik. Herausgegeben und eingeleitet von Bernd Philippi. stw 598. 353 Seiten

Hans Julius Schneider. Phantasie und Kalkül. Über die Polarität von Handlung und Struktur in der Sprache. stw 1431. 595 Seiten

Joachim Schulte. Chor und Gesetz. Wittgenstein im Kontext. stw 899. 166 Seiten

Joachim Schulte (Hg.). ›Texte‹ zum Tractatus. Aufsätze von Hidé Ishiguro, Anthony Kenny, Norman Malcolm, Brian McGuiness, David Pears, Frank Ramsey, Peter Simons. Herausgegeben und übersetzt von Joachim Schulte. stw 771. 194 Seiten

John R. Searle
- Ausdruck und Bedeutung. Untersuchungen zur Sprechakttheorie. Übersetzt von Andreas Kemmerling. stw 349. 212 Seiten

NF 135/4/8.07

- Geist. Eine Einführung. Übersetzt von Sibylle Salewski. Gebunden. 323 Seiten.
- Geist, Sprache und Gesellschaft. Übersetzt von Harvey P. Gavagai. 192 Seiten. Gebunden und stw 1670. 192 Seiten
- Intentionalität. Eine Abhandlung zur Philosophie des Geistes. Übersetzt von Harvey P. Gavagai. stw 956. 353 Seiten
- Sprechakte. Ein sprachphilosophischer Essay. Übersetzt von R. und R. Wiggershaus. stw 458. 306 Seiten

Gottfried Seebaß. Das Problem von Sprache und Denken. stw 279. 495 Seiten

Gunnar Skirbekk (Hg.). Wahrheitstheorien. Eine Auswahl aus den Diskussionen über Wahrheit im 20. Jahrhundert. stw 210. 532 Seiten

Stephen E. Toulmin
- Menschliches Erkennen. Kritik der kollektiven Vernunft. Übersetzt von Hermann Vetter. stw 437. 603 Seiten
- Voraussicht und Verstehen. Ein Versuch über die Ziele der Wissenschaft. Übersetzt von Eberhard Bubser. stw 358. 138 Seiten

Ernst Tugendhat
- Selbstbewußtsein und Selbstbestimmung. Sprachanalytische Interpretationen. stw 221. 365 Seiten
- Vorlesungen zur Einführung in die sprachanalytische Philosophie. stw 45. 535 Seiten

Albrecht Wellmer
- Wie Worte Sinn machen. Aufsätze zur Sprachphilosophie. stw 1852. 350 Seiten
- Sprachphilosophie. Eine Vorlesung. Herausgegeben von Thomas Hoffmann, Juliane Rebentisch und Ruth Sonderegger. stw 1692. 472 Seiten

NF 135/5/8.07

Ludwig Wittgenstein

- Werkausgabe in acht Bänden. 3497 Seiten. Leinen in Kassette. Als stw 501 - 508, auch einzeln lieferbar
- Logische-philosophische Abhandlung. Tractatus logicophilosophicus. Kritische Edition. Herausgegeben von Brian McGuiness und Joachim Schulte. Gebunden und stw 1359. 310 Seiten
- Philosophische Untersuchungen: Kritisch-genetische Edition. Herausgegeben von Joachim Schulte in Zusammenarbeit mit Heikki Nymann, Eike von Savigny und Georg Henrik von Wright. 1168 Seiten. Gebunden
- Vorlesungen 1930–1935. Cambridge 1930–1932. Aus den Aufzeichnungen von John King und Desmond Lee. Herausgegeben von Desmond Lee. Cambridge 1932–1935. Aus den Aufzeichnungen von Alice Ambrose und Margaret Macdonald. Herausgegeben von Alice Ambrose. Übersetzt von Joachim Schulte. stw 865. 452 Seiten
- Vortrag über Ethik. Und andere kleine Schriften. Herausgegeben und übersetzt von Joachim Schulte. stw 770. 142 Seiten

Crispin Wright. Wahrheit und Objektivität. Übersetzt von Wolfram Karl Köck. 312 Seiten. Gebunden

Georg Henrik von Wright. Wittgenstein. Übersetzt von Joachim Schulte. 226 Seiten. Gebunden

NF 135/6/8.07

NF 155/1/3.07

Gerhard Roth
- Aus Sicht des Gehirns. 216 Seiten. Kartoniert
- Fühlen, Denken, Handeln. Wie das Gehirn unser Verhalten steuert. stw 1678. 608 Seiten
- Das Gehirn und seine Wirklichkeit. Kognitive Neurobiologie und ihre philosophischen Konsequenzen. stw 1275. 384 Seiten

John R. Searle. Freiheit und Neurobiologie. 91 Seiten. Kartoniert

Wolf Singer
- Ein neues Menschenbild? Gespräche über Hirnforschung. stw 1596. 144 Seiten
- Der Beobachter im Gehirn. Essays zur Hirnforschung. stw 1571. 240 Seiten
- Vom Gehirn zum Bewußtsein. 59 Seiten. Gebunden

NF 155/2/3.07